SAFE

2016 国家外汇管理局
重要文件选编

State Administration
of Foreign Exchange
2016 SELECTED IMPORTANT DOCUMENTS

国家外汇管理局综合司 编

中国财经出版传媒集团
中国财政经济出版社

图书在版编目（CIP）数据

国家外汇管理局重要文件选编.2016/国家外汇管理局综合司编.—北京：中国财政经济出版社，2017.6

ISBN 978-7-5095-7430-0

Ⅰ.①国… Ⅱ.①国… Ⅲ.①外汇管理-金融法-汇编-中国 ②外汇管理-文件-汇编-中国 Ⅳ.①D922.286.9 ②F832.63

中国版本图书馆 CIP 数据核字（2017）第091823号

责任编辑：贾延平　张　莹　　　责任校对：杨瑞琦
封面设计：孙俪铭

中国财政经济出版社 出版

URL：http://www.cfeph.cn

E-mail：cfeph@cfeph.cn

（版权所有　翻印必究）

社址：北京市海淀区阜成路甲28号　邮政编码：100142

营销中心电话：88190406　北京财经书店电话：64033436　84041336

北京联兴盛业印刷股份有限公司印刷

787×1092毫米　16开　21.25印张　738 000字

2017年9月第1版　2017年9月北京第1次印刷

定价：90.00元

ISBN 978-7-5095-7430-0

（图书出现印装问题，本社负责调换）

本社质量投诉电话：010-88190744

打击盗版举报热线：010-88190414　QQ：447268889

目 录

第一章 综合管理

国家外汇管理局公告

[2016] 第 2 号 …………………………………………………… (1)

国家外汇管理局关于进一步促进贸易投资便利化完善真实性审核的通知

汇发 [2016] 7 号 …………………………………………………… (3)

  附 1：推进贸易投资便利化　维护外汇市场供求秩序

    （国家外汇管理局新闻稿　2016 年 4 月 29 日）

  附 2：国家外汇管理局有关负责人就进一步促进贸易投资便利化

    完善真实性审核有关问题答记者问

    （2016 年 4 月 29 日）

国家外汇管理局关于宣布废止失效 14 件和修改 1 件外汇管理规范性

 文件的通知

汇发 [2016] 13 号 …………………………………………………… (13)

国家外汇管理局关于公布废止和失效 27 件外汇管理规范性文件的

 通知

汇发 [2016] 29 号 …………………………………………………… (15)

  附：持续开展外汇管理法规清理　推进"放管服"和供给侧

   结构性改革最新要闻

   （国家外汇管理局新闻稿　2016 年 11 月 4 日）

国家外汇管理局综合司关于印发《国家外汇管理局 2016 年政务公开

 工作要点及任务分工》的通知

汇综发 [2016] 73 号 ………………………………………………… (17)

第二章　结售汇与外汇市场管理

国家外汇管理局关于印发《外币代兑机构和自助兑换机业务管理
　　规定》的通知
汇发〔2016〕11 号 ………………………………………………（ 18 ）
国家外汇管理局综合司关于上海易兑外币兑换有限公司新增外币电子
　　旅行支票产品种类的批复
汇综复〔2016〕25 号 ……………………………………………（ 20 ）

第三章　国际收支统计

国家外汇管理局关于印发《贸易信贷调查制度》的通知
汇发〔2016〕1 号 ………………………………………………（ 21 ）
　　　附：国家外汇管理局修订《贸易信贷调查制度》
　　　（国家外汇管理局新闻稿　2016 年 1 月 14 日）
国家外汇管理局关于印发《通过银行进行国际收支统计申报业务
　　指引（2016 年版）》的通知
汇发〔2016〕4 号 ………………………………………………（ 41 ）
国家外汇管理局关于印发《对外金融资产负债及交易统计制度》
　　的通知
汇发〔2016〕15 号 ………………………………………………（ 42 ）

第四章　经常项目外汇管理

海关总署　商务部　税务总局　工商总局　质检总局　外汇局关于
　　进一步优化电子口岸企业入网资格审查流程的通知
署岸发〔2016〕165 号 …………………………………………（206）
国家外汇管理局关于规范货物贸易外汇收支电子单证审核的通知
汇发〔2016〕25 号 ………………………………………………（208）

第五章　资本项目外汇管理

国家外汇管理局公告
[2016] 第 1 号 ……………………………………………………（209）
　　附：改革合格境外机构投资者外汇管理制度　进一步扩大境内
　　　　资本市场开放
　　　（国家外汇管理局新闻稿　2016 年 2 月 4 日）
印发《关于对财政性资金管理使用领域相关失信责任主体实施
　　联合惩戒的合作备忘录》的通知
发改财金 [2016] 2641 号 …………………………………（211）
中国人民银行　国家外汇管理局关于人民币合格境外机构投资者
　　境内证券投资管理有关问题的通知
银发 [2016] 227 号 …………………………………………（248）
国家外汇管理局关于境外机构投资者投资银行间债券市场有关外汇
　　管理问题的通知
汇发 [2016] 12 号 …………………………………………（254）
国家外汇管理局关于改革和规范资本项目结汇管理政策的通知
汇发 [2016] 16 号 …………………………………………（257）
　　附：改革规范资本项目结汇管理　进一步便利跨境投融资
　　　（国家外汇管理局新闻稿　2016 年 6 月 15 日）

第六章　外汇管理检查

关于印发《关于对纳税信用 A 级纳税人实施联合激励措施的合作
　　备忘录》的通知
发改财金 [2016] 1467 号 …………………………………（263）
关于印发《关于实施优秀青年志愿者守信联合激励加快推进青年
　　信用体系建设的行动计划》的通知
发改财金 [2016] 2012 号 …………………………………（264）
印发《关于对海关高级认证企业实施联合激励的合作备忘录》的

通知

发改财金〔2016〕2190号 ……………………………………（266）

印发《关于对严重质量违法失信行为当事人实施联合惩戒的合作
  备忘录》的通知

发改财金〔2016〕2202号 ……………………………………（267）

国家外汇管理局综合司关于印发《外汇行政许可和行政处罚信息
  公开工作制度》的通知

汇综发〔2016〕59号 …………………………………………（312）

附　录

现行有效外汇管理主要法规目录（截至2016年12月31日）………（314）

索引（按文件文号分类排序）……………………………………（330）

第一章　综合管理

国家外汇管理局公告

[2016] 第 2 号

为配合推进"三证合一"登记制度改革，按照《国务院办公厅关于加快推进"三证合一"登记制度改革的意见》（国办发〔2015〕50号）和《国务院关于批转发展改革委等部门法人和其他组织统一社会信用代码制度建设总体方案的通知》（国发〔2015〕33号）的文件精神，国家外汇管理局决定在外汇管理领域内使用、推广"三证合一、一照一码"营业执照。即已领取加载统一社会信用代码的"三证合一、一照一码"营业执照的机构在办理业务时，不再提供组织机构代码证和税务登记证。

为做好与统一社会信用代码过渡期的衔接，机构持有的原发证照在国务院设置的过渡期内可继续使用。过渡期间涉及填写组织机构代码的可填写组织机构代码或统一社会信用代码。其中，在外汇业务相关系统或数据报送中涉及填写组织机构代码的可填写组织机构代码或统一社会信用代码的第9～17位。过渡期结束后，机构在办理相关业务时，一律使用加载统一社会信用代码的"三证合一、一照一码"营业执照，原发证照不再有效。

本公告发布后，外汇管理规定中涉及"三证"内容均按照上述要求执行（主要规定参考目录见附件）。

特此公告。

附件:"三证合一"登记制度改革所涉主要外汇管理法规参考目录(内容详见光盘)

二〇一六年七月一日

国家外汇管理局关于进一步促进贸易投资便利化完善真实性审核的通知

汇发〔2016〕7号

国家外汇管理局各省、自治区、直辖市分局、外汇管理部,深圳、大连、青岛、厦门、宁波市分局,各中资外汇指定银行:

为推进外汇管理改革,促进贸易投资便利化,支持实体经济发展,防范跨境资金流动风险,现就有关促进外汇管理便利化和完善真实性审核措施通知如下:

一、扩大银行结售汇综合头寸下限。上年度结售汇业务量等值2 000亿美元以上的银行,头寸下限调整为-50亿美元;等值200亿美元至2 000亿美元之间的,做市商银行头寸下限调整为-20亿美元,非做市商银行头寸下限调整为-10亿美元;等值10亿美元至200亿美元之间的,做市商银行头寸下限调整为-5亿美元,非做市商银行头寸下限调整为-3亿美元;等值1亿美元至10亿美元之间的银行,头寸下限调整为-2亿美元;等值1亿美元以下以及新取得结售汇业务资格的银行,头寸下限调整为-0.5亿美元。调整后的结售汇综合头寸下限,自本通知发布之日起自动生效。

二、丰富远期结汇交割方式。银行为机构客户办理远期结汇业务,在坚持实需原则前提下,到期交割方式可以自主选择全额或差额结算。远期结汇差额结算的货币和参考价遵照执行期权业务的有关外汇管理规定。

三、简化A类企业货物贸易外汇收入管理。货物贸易外汇管理分类等级为A类的企业贸易外汇收入(不含退汇业务及离岸转手买卖业务)暂不进入出口收入待核查账户,可直接进入经常项目外汇账户或结汇。

四、统一中、外资企业外债结汇管理政策，中资非金融企业借用的外债资金可以按现行外商投资企业外债管理规定结汇使用。

五、规范货物贸易离岸转手买卖外汇收支管理。银行为企业办理离岸转手买卖收支业务时，应逐笔审核合同、发票、真实有效的运输单据、提单仓单等货权凭证，确保交易的真实性、合规性和合理性。同一笔离岸转手买卖业务应在同一家银行网点采用同一币种（外币或人民币）办理收支结算。

货物贸易外汇管理分类等级为 B 类的企业暂停办理离岸转手买卖外汇收支业务。

六、规范直接投资外汇利润汇出管理。银行为境内机构办理等值 5 万美元以上（不含）利润汇出，应按真实交易原则审核与本次利润汇出相关的董事会利润分配决议（或合伙人利润分配决议）、税务备案表原件及证明本次利润情况的财务报表。每笔利润汇出后，银行应在相关税务备案表原件上加章签注该笔利润实际汇出金额及汇出日期。

七、规范货物贸易风险提示函管理措施。国家外汇管理局分支局（以下简称外汇局）可对资金流与货物流严重不匹配或资金单向流动较大的企业发送风险提示函（见附件），要求其在 10 个工作日内说明情况。企业未及时说明情况或不能提供证明材料并做出合理解释的，外汇局可依据《货物贸易外汇管理指引实施细则》第五十五条等规定，将其列为 B 类企业，实施严格监管。此类企业列入 B 类后，符合相关指标连续 3 个月正常等条件的，外汇局可将其恢复为 A 类。

八、违反本通知规定的，由外汇局根据《外汇管理条例》依法处罚。

九、本通知自发布之日起施行。《国家外汇管理局关于加强外汇资金流入管理有关问题的通知》（汇发〔2013〕20 号）同时废止。

《国家外汇管理局关于印发货物贸易外汇管理法规有关问题的通知》（汇发〔2012〕38 号）、《国家外汇管理局关于发布〈外债登记管理办法〉的通知》（汇发〔2013〕19 号）、《国家外汇管理局关于印发服务贸易外汇管理法规的通知》（汇发〔2013〕30 号）、《国家外汇管理局关于进一步改进和调整资本项目外汇管理政策的通知》（汇发〔2014〕2 号）、《国家外汇管理局关于废止和修改涉及注册资本登记制度改革相关规范性文件的通知》（汇发〔2015〕20 号）等以往规定与本通知内容不一致的，以本通知为准。

各分局、外汇管理部接到本通知后，应尽快转发辖内中心支局、支局和外汇指定银行，并认真遵照执行。

附件：国家外汇管理局××分（支）局风险提示函（内容详见光盘）

二〇一六年四月二十六日

附1：

推进贸易投资便利化
维护外汇市场供求秩序

（国家外汇管理局新闻稿 2016年4月29日）

为推进外汇管理改革，促进贸易投资便利化，支持实体经济发展，防范跨境资金流动风险，日前，国家外汇管理局发布《国家外汇管理局关于进一步促进贸易投资便利化完善真实性审核的通知》（汇发〔2016〕7号，以下简称《通知》）。

《通知》的主要内容包括四大方面九项措施。

一、扩大流入，增加外汇供给。一是进一步扩大银行持有的结售汇头寸下限。银行持有更多负头寸，有利于银行筹集并供给更多的外汇，增强外汇市场自我调节能力，进一步为实体经济防范汇率风险提供更好的金融服务。二是允许中资非金融企业借用的外债资金按现行外商投资企业外债管理规定结汇使用，统一中外资企业政策。三是A类的企业贸易外汇收入（不含退汇业务及离岸转手买卖业务）暂不进入出口收入待核查账户，可直接进入经常项目外汇账户或结汇。简化企业收汇和结汇手续，降低收结汇资金成本。

二、加强单证审核，规范管理。一是明确货物贸易离岸转手买卖单证审核要求，同一笔离岸转手买卖业务应在同一家银行网点采用同一币种（外币或人民币）办理收支结算；B类的企业暂停办理离岸转手买卖外汇收支业务。二是完善直接投资外汇利润汇出管理。明确银行为境内机构办理等值5万美元以上（不含）利润汇出业务的单证审核要求。三是规范货物贸易风险提示函制度，对货物贸易外汇收支异常的企业提示风险。

三、丰富产品，便于对冲汇率风险。允许银行为机构客户办理差额交割的远期结汇业务，满足企业既持有外币资产又防范汇率风险的需要。

四、清理法规，明确罚则。废止《国家外汇管理局关于加强外汇资金流入管理有关问题的通知》（汇发〔2013〕20号）。明确违反《通知》，根据《外汇管理条例》依法处罚。

《通知》自发布之日起施行。

附 2：

国家外汇管理局有关负责人就进一步促进贸易投资便利化完善真实性审核有关问题答记者问

（2016 年 4 月 29 日）

日前，国家外汇管理局印发《国家外汇管理局关于进一步促进贸易投资便利化完善真实性审核的通知》（汇发〔2016〕7 号，以下简称《通知》）。国家外汇管理局有关负责人就相关问题回答了记者提问。

一、《通知》出台的主要背景和思路是什么？

答：2016 年以来，外汇形势总体趋稳向好，但外汇市场平衡基础仍不稳固。面对此形势，外汇管理部门及时调整工作重心，多措并举，在改革开放总原则下坚守风险底线。一是不失时机加快外汇管理重点领域改革。用扩大流入、扩大外汇供给对冲外汇收支风险，支持和便利市场主体正常合理用汇，服务贸易投资便利化。二是加强购付汇真实性合规性审核。在不影响市场主体合理的用汇需求及正常货物贸易业务的同时，针对借助货物贸易、直接投资等渠道非法跨境套利或违规调配跨境资金的行为加强真实性审核，防范和堵截违规购付汇行为，维护外汇市场供求秩序。

二、《通知》主要内容有哪些？

答：《通知》的主要内容包括四大方面九项措施：

（一）扩大流入，增加外汇供给。一是进一步扩大银行持有的结售汇头寸下限。银行持有更多负头寸，有利于银行筹集并供给更多的外汇，增强外汇市场自我调节能力，进一步为实体经济防范汇率风险，提供更好的金融服务。二是允许中资非金融企业借用的外债资金按现行外商投资企业外债管理规定结汇使用。三是 A 类的企业贸易外汇收入（不含退汇业务及离岸转手买卖业务）暂不进入出口收入待核查账户，可直接进入经常项目外汇账户或结汇。简化企业收汇和结汇手续，降低收结汇资金成本。

（二）加强单证审核，规范管理。一是明确货物贸易离岸转手买卖单证审核要求，同一笔离岸转手买卖业务应在同一家银行网点采用同一币种（外币或人民币）办理收支结算；B类的企业暂停办理离岸转手买卖外汇收支业务。二是完善直接投资外汇利润汇出管理。明确银行为境内机构办理等值5万美元以上（不含）利润汇出业务的单证审核要求。三是规范货物贸易风险提示函制度。对货物贸易外汇收支异常的企业提示风险。

（三）丰富产品，便于对冲汇率风险。允许银行为机构客户办理差额交割的远期结汇业务，满足企业既持有外币资产又防范汇率风险的需要。

（四）清理法规，明确罚则。废止《国家外汇管理局关于加强外汇资金流入管理有关问题的通知》（汇发〔2013〕20号）。明确违反《通知》，根据《外汇管理条例》依法处罚。

三、扩大银行结售汇综合头寸下限的主要考虑是什么？

答：为进一步发展外汇市场，增强金融机构外汇交易和风险管理的自主性与灵活性，在2015年初扩大银行结售汇综合头寸上下限额度的基础上，《通知》进一步扩大头寸下限。此次调整下限综合考虑了各银行在外汇市场代客、自营和做市交易情况以及市场需求等因素。经测算，调整后头寸下限总计约增加1 000亿美元。

扩大结售汇综合头寸下限有利于增强外汇市场的自我调节能力，加快培育形成自主定价、自担风险、自求平衡的市场格局，也有利于通过便利银行在外汇市场的产品定价和风险管理，进一步为实体经济防范汇率风险提供更好的金融服务。扩大头寸下限后，银行在实际运用本外币资金时应严格遵守金融监管部门的各项管理要求，切实做好风险控制。

四、远期结汇差额交割的推出有何意义？

答：远期交易在到期交割时有全额和差额两种结算方式。全额结算是指交易双方按照约定的远期汇率对合约本金进行本外币实际交付，差额结算是交易双方按照约定的远期汇率与参考价对合约本金进行差价结算。这两种结算方式都是市场主体管理外币现金流、资产汇率风险的正常交易机制。

近年来，随着藏汇于民稳步推进，市场主体除了对外汇收支这类现金流进行套期保值的传统需求外，外币资产汇率风险管理需求也日益增多。为适应市场发展，此次在已有全额结算基础上增加差额结算，将有利于企业既持有外币资产又防范汇率风险，也有利于进一步拓展外汇市场深度。

五、简化 A 类企业货物贸易外汇收入管理能够为企业带来多大便利？银行具体操作中应注意什么？

答：《通知》允许货物贸易外汇管理分类等级为 A 类的企业贸易外汇收入（不含退汇业务及离岸转手买卖业务）暂不进入出口收入待核查账户（以下简称待核查账户），可直接进入经常项目外汇账户或结汇。这能够简化贸易外汇收入入账流程，有利于提高企业资金使用效率，同时减少银行业务操作环节，进一步促进贸易便利化。

在具体业务中，对于已经开立待核查账户的 A 类企业，银行应为其继续保留待核查账户；对于新办理名录登记、尚未开立待核查账户的企业，银行可根据企业的业务办理需要，协助企业适时开立待核查账户；对于已将待核查账户管理流程内化到银行业务系统，且不影响业务操作便利性的情况，经业务办理企业同意，银行也可继续按照原业务流程办理。如果 A 类企业被降级为 B 类或 C 类企业的，银行仍应按照现行管理规定，使用待核查账户为其办理相关外汇业务；退汇业务及离岸转手买卖业务仍需执行现行货物贸易外汇管理政策。

六、为何要进一步规范货物贸易离岸转手买卖外汇收支管理？

答：真实性审核管理是现行外汇管理法规的明确要求，是保障贸易收支真实合法、维护正常外汇市场秩序的需要，也符合国际惯例。近期核查中发现存在部分企业借助离岸转手买卖业务，通过虚构贸易背景进行跨境套利或者违规跨境资金调配等问题。针对离岸转手买卖业务风险高、真实性审核难度大的特点，为促进离岸转手买卖业务的健康发展，保证业务办理的真实性、合规性和合理性，《通知》一是加强了对银行办理离岸转手买卖外汇收支业务时的单证审核要求，包括要求审核合同、发票、真实有效的运输单据、提单仓单等货权凭证。其中提单仓单等货权凭证应符合《合同法》等法律规定的格式，要素完整，具有法律效力。二是要求同一笔离岸转手买卖的资金收支须在同一家银行网点办理，并应同为外币或人民币，以保证银行对同一笔离岸转手买卖收支业务进行真实性审核的有效性和可操作性，防范企业利用币种错配进行套利。此外，为落实分类管理原则，加大对风险主体的监管力度，《通知》将 B 类企业由现行的不得办理收支时间差超过 90 天的离岸转手买卖业务，调整为暂停办理离岸转手买卖业务，企业可选择其他贸易和结算方式。

在具体业务中，对于此前已经开始业务办理但尚未办结的，存在交叉币种结算或者不能在同一家银行办理的离岸转手买卖业务，以及B类企业的离岸转手买卖业务，银行可在严格审核交易真实性后为企业办理完成结算，并应及时向当地外汇局报告有关情况，便于后续监管。此外，跨国公司外汇资金集中运营管理试点企业仍适用原有政策。

七、货物贸易风险提示函管理的主要作用是什么？

答：货物贸易风险提示函管理措施，是2013年5月《国家外汇管理局关于加强外汇资金流入管理有关问题的通知》（汇发［2013］20号，以下简称20号文）确立的，是应对货物贸易资金流和货物流严重不匹配等异常情况采取的管理措施，也是对2012年货物贸易外汇管理制度改革后建立的管理制度和监管措施的补充，具有针对性强、灵活性高的特点，在防范和遏制异常违规外汇资金利用货物贸易渠道流动的相关核查管理工作中，发挥了积极的作用。

考虑到20号文的部分内容已不适应目前外汇管理实际需求，予以废止，而货物贸易风险提示函管理措施仍需保留使用，《通知》在20号文相关内容的基础上，对货物贸易风险提示函管理措施做了再次重申和进一步完善，同时将20号文予以废止。

八、《通知》明确了银行办理利润汇出应当审核的材料，请问有何新要求？

答：目前外汇管理便利化的前提条件仍然是真实与合规，加强外汇收支真实性、合规性监管的要求没有变。据银行反映，近期外商直接投资项下利润汇出出现较多异常情况，各行审核要求也不尽一致，影响政策有效性。为完善管理，统一法规适用，《通知》明确了银行为境内机构办理等值5万美元以上（不含）利润汇出的审核原则和应当审核的材料，要求银行应按真实交易原则审核与本次利润汇出相关的董事会利润分配决议（或合伙人利润分配决议）、税务备案表原件及证明本次利润情况的财务报表，主要是加强真实性审核要求。

九、对于《通知》中提到的允许中资非金融企业借用的外债资金结汇使用，请问具体应如何办理？境内金融机构是否也适用这一政策？

答：长期以来，我们对境内机构，特别是中资非金融企业借用外债实行较为严格的规模控制和审批管理。根据《外债登记管理办法》（汇发［2013

19 号），外商投资企业借用的外债资金可以结汇使用，除另有规定外，境内金融机构和中资非金融企业借用的外债不得结汇使用。

为进一步推动资本项目可兑换，解决多数中资非金融企业外债结汇难问题，降低企业融资成本，《通知》拉平了中外资企业外债结汇待遇，允许中资非金融企业借用外债资金按现行外商投资企业外债管理规定结汇使用。企业在办理外债资金结汇时，应遵循实需原则，持规定的证明文件到银行办理。银行应按照有关规定审核证明文件后，为企业办理结汇手续。境内金融机构借用外债仍按照现行规定办理，除另有规定外，所借外债资金暂不得结汇使用。

国家外汇管理局关于宣布废止失效 14 件和修改 1 件外汇管理规范性文件的通知

汇发〔2016〕13 号

国家外汇管理局各省、自治区、直辖市分局、外汇管理部，深圳、大连、青岛、厦门、宁波市分局，各中资外汇指定银行：

为贯彻落实党中央国务院关于加快转变政府职能，推进简政放权、放管结合、优化服务，落实稳增长、促改革、调结构、惠民生以及全面清理规章和政策性文件等要求，进一步促进贸易投资便利化，现就部分外汇管理规范性文件效力通知如下：

一、经商财政部同意，废止《国家外汇管理局、财政部关于调整外商投资企业外汇年检"外汇内容表"的通知》（汇发〔2002〕124 号）。

二、对以下 2 件主要内容被新的规范性文件所代替、与当前管理实际不符的外汇管理规范性文件，予以废止：

（一）《国家外汇管理局关于下发外汇报表清理情况的通知》（汇发〔2004〕12 号）；

（二）《国家外汇管理局关于启用境内银行涉外收付凭证及明确有关数据报送要求的通知》（汇发〔2012〕42 号）。

三、对以下 11 件适用期已过或者调整对象已消失的外汇管理规范性文件，宣布失效：

（一）《国家外汇管理局关于境内个人投资者 B 股投资收益结汇有关问题的批复》（汇复〔2007〕283 号）；

（二）《国家外汇管理局关于 2009 年度金融机构短期外债指标核定情况

的通知》（汇发〔2009〕14号）；

（三）《国家外汇管理局关于下发2010年度短期外债余额指标有关问题的通知》（汇发〔2010〕18号）；

（四）《国家外汇管理局关于核定2011年度境内机构短期外债余额指标有关问题的通知》（汇发〔2011〕14号）；

（五）《国家外汇管理局综合司关于货物贸易外汇监测系统试点上线有关工作的通知》（汇综发〔2011〕125号）；

（六）《国家外汇管理局关于核定2012年度境内机构短期外债余额指标有关问题的通知》（汇发〔2012〕12号）；

（七）《国家外汇管理局综合司关于开展国际收支网上申报系统银行数据接口程序验收和联调工作有关事项的通知》（汇综发〔2012〕14号）；

（八）《国家外汇管理局关于核定2013年度境内机构短期外债余额指标有关问题的通知》（汇发〔2013〕6号）；

（九）《国家外汇管理局关于核定2014年度境内机构短期外债余额指标有关问题通知》（汇发〔2014〕14号）；

（十）《国家外汇管理局综合司关于印发〈银行执行外汇管理规定情况考核内容及评分标准（2014）〉的通知》（汇综发〔2014〕52号）；

（十一）《国家外汇管理局综合司关于福建和浙江省分局简化单证完善个人贸易外汇管理工作的批复》（汇综复〔2014〕40号）。

四、将《国家外汇管理局关于印发〈个人外汇管理办法实施细则〉的通知》（汇发〔2007〕1号）附件《个人外汇管理办法实施细则》第九条第（二）项中的"结汇凭与代理企业签订的出口代理合同或协议、代理企业的出口货物报关单办理"修改为"结汇凭合同及物流公司出具的运输单据等商业单证办理"。

本通知自公布之日起生效。国家外汇管理局各分局、外汇管理部收到本通知后，应及时转发辖内中心支局（支局）、城市商业银行、农村商业银行、外资银行；各中资外汇指定银行应尽快转发所辖分支机构。

特此通知。

二〇一六年五月二十九日

国家外汇管理局关于公布废止和失效 27 件外汇管理规范性文件的通知

汇发〔2016〕29 号

国家外汇管理局各省、自治区、直辖市分局、外汇管理部,深圳、大连、青岛、厦门、宁波市分局:

为进一步加大外汇管理法规清理力度,促进贸易投资便利化,现就部分外汇管理规范性文件的效力通知如下:

一、对主要内容被新文件代替、与当前管理实际不符的 18 件外汇管理规范性文件,予以废止。目录见附件 1。

二、对适用期已过或者调整对象已经消失,实际上已经失效的 9 件外汇管理规范性文件,宣布失效。目录见附件 2。

本通知自公布之日起生效。

附件:1. 国家外汇管理局予以废止的 18 件外汇管理规范性文件目录（内容详见光盘）
2. 国家外汇管理局宣布失效的 9 件外汇管理规范性文件目录（内容详见光盘）

二〇一六年十月二十八日

附：

持续开展外汇管理法规清理
推进"放管服"和供给侧结构性改革最新要闻

（国家外汇管理局新闻稿 2016年11月4日）

为进一步贯彻落实"放管服"改革精神，推进供给侧结构性改革，助力"稳增长、促改革、调结构、惠民生"政策措施，切实降低实体经济企业成本，国家外汇管理局坚持开展法规清理，2009年以来已宣布废止和失效近900件外汇管理法规文件。日前，国家外汇管理局发布《国家外汇管理局关于公布废止和失效27件外汇管理规范性文件的通知》（汇发〔2016〕29号），再次废止和失效法规文件27件。

一是按照完善制度供给、简化管理的原则，逐条分析法规条款内容，对主要内容已被新文件代替、与当前管理实际不符的18件外汇管理规范性文件予以废止，主要涉及货物贸易管理、个人外汇管理、境外投资外汇登记管理等。所涉相关业务按照现行规定依法办理，如个人用汇仍然按照《个人外汇管理办法》及其实施细则等办理，监管要求没有变，支持和便利市场主体正常合理用汇的原则没有变。

二是按照建立逻辑一致、简明清晰政策框架的原则，加强法规"底账"梳理，对适用期已过或调整对象已消失、实际上已失效的9件外汇管理规范性文件宣布失效，如关于1998年年底清理中央单位半封闭账户、2005年开展外汇账户管理改革试点、2010年和2011年开展外商投资企业外汇年检等的通知。

前述文件宣布废止和失效，进一步提升了便利化水平，便于市场主体了解和执行外汇管理政策。下一步，外汇局将继续紧密围绕党中央、国务院工作部署，加快推进简政放权和政府职能转变，狠抓改革攻坚，落实法规清理长效机制，降低制度性交易成本。同时，加强跨境资金流动监测预警，支持银行完善展业自律机制，严格履行真实性、合规性审核等展业要求和责任，保持对外汇违法违规高压打击态势，维护健康外汇市场秩序，服务实体经济发展。

国家外汇管理局综合司关于印发《国家外汇管理局2016年政务公开工作要点及任务分工》的通知

汇综发〔2016〕73号

各司、机关党委、各事业单位：

为做好国家外汇管理局2016年政务公开工作，根据《国务院办公厅关于印发2016年政务公开工作要点的通知》（国办发〔2016〕19号）要求，现将《国家外汇管理局2016年政务公开工作要点及任务分工》印发给你们，请结合实际认真贯彻落实。

附件：国家外汇管理局2016年政务公开工作要点及任务分工（内容详见光盘）

二〇一六年五月三十一日

第二章 结售汇与外汇市场管理

国家外汇管理局关于印发《外币代兑机构和自助兑换机业务管理规定》的通知

汇发〔2016〕11号

国家外汇管理局各省、自治区、直辖市分局、外汇管理部，深圳、大连、青岛、厦门、宁波市分局，各全国性中资银行：

为规范外币代兑机构和自助兑换机的外币兑换业务，国家外汇管理局制定了《外币代兑机构和自助兑换机业务管理规定》（以下简称《规定》，见附件），请遵照执行。

一、《规定》自发布之日起实施。《国家外汇管理局关于改进外币代兑机构外汇管理有关问题的通知》（汇发〔2007〕48号）、《国家外汇管理局关于进一步完善个人本外币兑换业务有关问题的通知》（汇发〔2008〕24号）同时废止。以前规定与本规定内容不一致的，以本规定为准。

二、《规定》第七条、第十五条涉及金额管理的有关规定，以及银行依据《规定》需要调整与外币代兑机构之间授权协议的，自2016年11月1日起执行。

国家外汇管理局各分局、外汇管理部接到本通知后，应及时转发辖内中心支局、支局和地方性中资银行、外资银行，以及个人本外币兑换特许业务经营机构。全国性中资银行接到本通知后，应及时转发本行分支机构。执行中如遇问题,请及时与国家外汇管理局国际收支司联系。联系电话:010-68402399、68402313。

特此通知。

附件:外币代兑机构和自助兑换机业务管理规定(内容详见光盘)

二〇一六年五月十九日

国家外汇管理局综合司关于上海易兑外币兑换有限公司新增外币电子旅行支票产品种类的批复

汇综复〔2016〕25 号

国家外汇管理局上海市分局：

《国家外汇管理局上海市分局关于上海易兑外币兑换有限公司新增业务合作方的请示》（上海汇发〔2016〕81 号）收悉。现批复如下：

一、同意上海易兑外币兑换有限公司（以下简称上海易兑公司）将易票联支付技术有限公司发行的万事达（Master Card）外币电子旅行支票纳入代售和兑回业务的产品范围。

二、上海易兑公司办理外币电子旅行支票代售及兑回业务，应严格执行《国家外汇管理局关于印发〈个人本外币兑换特许业务试点管理办法〉的通知》（汇发〔2012〕27 号）及《国家外汇管理局综合司关于上海易兑外币兑换有限公司开展电子旅行支票代售及兑回业务的批复》（汇综复〔2015〕32 号）有关要求，履行各项数据报送义务，不得擅自扩大客户范围。

三、你分局应加强对上海易兑公司办理电子旅行支票代售及兑回业务的指导和监督，密切关注上海易兑公司与易票联支付技术有限公司之间的资金往来，如出现异常情况，及时向我局汇报。

此复。

二〇一六年八月二十九日

第三章　国际收支统计

国家外汇管理局关于印发《贸易信贷调查制度》的通知

汇发〔2016〕1号

国家外汇管理局各省、自治区、直辖市分局、外汇管理部，深圳、大连、青岛、厦门、宁波市分局：

为进一步提升国际收支统计申报业务水平，加强企业贸易信贷调查力度，依据《中华人民共和国统计法》、《中华人民共和国外汇管理条例》（中华人民共和国国务院令第532号）和《国际收支统计申报办法》（中华人民共和国国务院令第642号），国家外汇管理局整合原有贸易信贷相关规范性文件，形成《贸易信贷调查制度》（见附件）。现将本制度印发给你们，并就相关事项通知如下：

一、本制度自2016年8月1日起正式施行，首次报送2016年7月数据。

二、本制度相关数据报送方式、系统要求等具体方案另文通知。

三、《国家外汇管理局关于印发〈贸易信贷调查制度〉和〈贸易信贷调查实施方案〉的通知》（汇发〔2004〕67号）、《国家外汇管理局综合司关于调整贸易信贷抽样调查报表和启用贸易信贷抽样调查系统报送数据的通知》（汇综发〔2009〕12号）、《国家外汇管理局国际收支司关于开展2010年6月末贸易信贷调查有关事项的通知》（汇国发〔2010〕8号）、《国家外汇管理局综合司关于扩大贸易信贷调查地区范围及提高调查频率的通知》（汇综发〔2011〕28号）、《国家外汇管理局收支司关于启用新版贸易信贷抽样调查系统的通知》（汇国发〔2012〕17号）同时废止。

四、国家外汇管理局各分局、外汇管理部收到本通知后，应转发辖内中心支局、支局和申报主体，并做好对辖内申报主体的宣传培训工作。

执行中如遇问题，请及时向国家外汇管理局反馈。国家外汇管理局国际收支司联系电话：010-68402377、010-68402489。

附件：贸易信贷调查制度（电子版详见光盘）

二〇一六年一月十一日

附件：

贸易信贷调查制度

国家外汇管理局制定
中华人民共和国国家统计局批准
2015 年 12 月

本制度根据《中华人民共和国统计法》《中华人民共和国外汇管理条例》和《国际收支统计申报办法》的有关规定制定

《中华人民共和国统计法》第七条规定：国家机关、企业事业单位和其他组织以及个体工商户和个人等统计调查对象，必须依照本法和国家有关规定，真实、准确、完整、及时地提供统计调查所需的资料，不得提供不真实或者不完整的统计资料，不得迟报、拒报统计资料。

《中华人民共和国统计法》第九条规定：统计机构和统计人员对在统计工作中知悉的国家秘密、商业秘密和个人信息，应当予以保密。

《中华人民共和国外汇管理条例》第六条规定：国家实施国际收支统计申报制度。国务院外汇管理部门应对国际收支进行统计、监测，定期公布国际收支状况。

《中华人民共和国外汇管理条例》第四十八条规定：有下列情形之一的，由外汇管理机关责令改正，给予警告，对机构可以处 30 万元以下的罚款，对个人可以处 5 万元以下的罚款：

（一）未按照规定进行国际收支申报的；

（二）未按照规定报送财务会计报告、统计报表等资料的；

（三）未按照规定提交有效单证或者提交的单证不真实的；

（四）违反外汇账户管理规定的；

（五）违反外汇登记管理规定的；

（六）拒绝、阻碍外汇管理机关依法进行监督检查或者调查的。

《国际收支统计申报办法》第十四条规定：国家外汇管理局或其分支局可以就国际收支情况进行抽样调查或者普查。

《国际收支统计申报办法》第十七条规定：中国居民、非中国居民未按照规定进行国际收支统计申报的，由国家外汇管理局或其分支局依照《中华人民共和国外汇管理条例》第四十八条的规定给予处罚。

一、总 说 明

（一）为准确、及时地反映中国大陆企业贸易信贷情况，科学、有效地组织全国贸易信贷统计工作，满足我国国际收支平衡表和国际投资头寸表的编制需要，根据《中华人民共和国统计法》《中华人民共和国外汇管理条例》和《国际收支统计申报办法》的有关规定，制定本制度。

（二）本制度中的贸易信贷是指中国大陆境内的对外贸易经营者与境外（含中国香港、澳门和台湾地区）进出口商之间，因货物进出口而产生的应收/预收款和应付/预付款。它是由于进出口货物的资金收付时间与货物所有权发生转移的时间（即采用权责发生制进行账务处理的货物交易时间）不同而在境内外进出口商之间产生的债权和债务。

我国货物进出口是指我国境内对外贸易经营者与境外（含中国香港、澳门和台湾地区）进出口商之间进行的以转移货物所有权为目的的交易，包括离岸转手买卖，但不包括不转移货物所有权而以获取工缴费为目的的来（出）料加工，也不包括境内海关特殊经济区域主体与境内非海关特殊经济区域主体之间进行的货物交易。

离岸转手买卖是指我国境内对外贸易经营者从境外主体购买货物，随后向另一境外主体转售同一货物，而该货物始终未进出我国国境（包括海关特殊监管区域）的交易。

进出口货物所有权转移与资金收付的时间以调查对象财务报表的账务处理记录为准。

（三）本制度的调查对象为中国大陆境内与境外主体从事货物进出口的对外贸易经营者（以下简称调查对象）。调查对象应及时、准确、完整地填报贸易信贷申报表。

（四）贸易信贷申报表包括调查对象单位基本情况表、出口重点企业贸易信贷申报表和进口重点企业贸易信贷申报表三张报表。

单位基本情况表中的调查指标主要包括：调查对象单位名称、组织机构代码、所属外汇局代码、企业海关代码、单位地址、邮政编码、经济类型代码、行业属性代码、主要贸易方式、主营产品、主要出（进）口国家及地区、企业联系人、企业联系人电话、企业联系人手机、贸易信贷申报表填报人、填报人电话、填报人手机、填报人传真、填报人电子邮箱等。

贸易信贷申报表中的调查指标主要包括：当期出（进）口总额、当期收到（支付）的出（进）口货款金额、期末账面出（进）口应收（付）款余额、期末账面出（进）口预收（付）款余额、其他因素导致的当期偏差、出（进）口应收（付）款平均周期等。

（五）为避免贸易信贷数据申报出现遗漏或重复，调查对象应按照"谁进行出/进口账务处理，谁申报"的原则，填报其账务处理中货物出口/进口、及相应的货款收付情况。

（六）贸易信贷调查采取月度和年度调查相结合的方式。调查对象包括两类企业：月度调查企业和年度调查企业，两类企业不重叠。月度调查数据（包括12月份数据）报送截止时间为月后第15日，如第15日为非工作日，则顺延至下一工作日；年度调查数据报送截止时间为次年2月末。国家外汇管理局分支局每年完成辖内企业的月度和年度调查两项工作。国家外汇管理局可以根据有关时效性要求和节假日安排，适时调整贸易信贷调查的频度和报送时间。

（七）国家外汇管理局每年年初将确定和发布参与月度调查和年度调查的企业名单。原则上，全部月度调查企业的进出口规模或贸易收付款规模应覆盖全国总量的50%，全部月度和年度调查企业合计进出口规模或贸易收付款规模应覆盖全国总量的70%。国家外汇管理局可根据全国涉外收支和进出口形势调整上述覆盖比率。

各分支局应根据国家外汇管理局发布的企业名单开展贸易信贷调查工作，但特殊情况下，可少量替换辖内企业。

（八）调查对象应通过国家外汇管理局应用服务平台贸易信贷调查系统互联网版（访问地址为http：//asone safesvc. gov. cn/asone/）填报数据。国家外汇管理局分支局通过应用服务平台贸易信贷调查系统外汇版（访问地址为http：//100.1.48.51：9101/asone/）进行数据质量核查和督报等工作。

（九）国家外汇管理局分支局（以下简称各分支局）应按照以下要求完成调查的组织工作：

1. 各分支局具体负责调查的工作人员应指导调查对象填报申报表，及时解决调查中遇到的问题。

2. 各分支局应采取措施保证贸易信贷申报表的回收率，对于不能按要求报送申报表的调查对象，应要求其就有关情况做出详细说明，并按本制度规定进行处理。

3. 各分支局应指定专人负责在申报表回收的同时开展申报表准确性审核工作。发现数据存在疑问，应及时与调查对象取得联系，取得调查对象的协助与支持，必要时应进行现场核实，保证调查工作顺利进行。

4. 各分支局在审核调查对象填报数据时，应根据国际收支申报数据、海关进出口数据及调查对象业务情况综合评估填报数据的准确性。

5. 各分支局应于月度数据报送期结束后5个工作日内完成辖内月度数据的核查，年度数据报送期结束后10个工作日内完成辖内年度数据的核查，具体核查工作应按照《国际收支统计申报核查制度》（汇发〔2015〕48号印发）相关规定进行。

6. 各分局、外汇管理部应于次年3月底前就上年所辖地区贸易信贷情况向国家外汇管理局提交调查报告。

（十）国家外汇管理局负责对全国贸易信贷调查实行统一管理，负责制定和修改贸易信贷调查制度及调查表，负责对外汇局分支局相关工作的培训、指导、汇总、编制全国贸易信贷流量和存量数据。

国家外汇管理局分支局负责本辖区的贸易信贷调查工作，包括对调查对象进行培训和指导、采集调查对象申报数据、控制申报数据质量和汇总分析有关数据。

为同时掌握进出口企业通过境内银行进行贸易融资的情况，国家外汇管理局分支局可根据需要开展辖内企业的银行贸易融资业务调查。

（十一）贸易信贷调查统计是国际收支统计的组成部分，中国贸易信贷数据的公布时间、公布范围、公布内容、公布频率以及公布方式均以中国国际收支平衡表和中国国际投资头寸表的相关公布要求为准，详细公布时间表可参见国家外汇管理局政府网站 www.safe.gov.cn 中相关内容。

（十二）在法律法规允许的情况下，为提高统计数据质量或满足监管要求，贸易信贷调查获得的数据可在一定程度上和一定范围内与其他政府部门共享。

二、报表目录

表号	表名	报告期别	统计范围	报送单位	报送日期及方式	报表页码
T01表	调查对象单位基本情况表	月报和年报	规模以上进出口企业	各法人企业、产业活动单位	月度调查企业应在月后15日内网络报送，年度调查企业应在次年2月底前通过网络报送	8
T02表	出口重点企业贸易信贷申报表	月报和年报	规模以上进出口企业	各法人企业、产业活动单位	月度调查企业应在月后15日内网络报送，年度调查企业应在次年2月底前通过网络报送	9
T03表	进口重点企业贸易信贷申报表	月报和年报	规模以上进出口企业	各法人企业、产业活动单位	月度调查企业应在月后15日内网络报送，年度调查企业应在次年2月底前通过网络报送	10

三、调查表式

（一）调查对象单位基本情况表

表　　号：T01 表
制定机关：国家外汇管理局
批准机关：国家统计局
批准文号：国统制〔2015〕159 号
有效期至：2017 年 12 月

20　年　月

调查对象单位名称	组织机构代码	所属外汇局代码	企业海关代码	单位地址	邮政编码	经济类型代码	行业属性代码
T0101	T0102	T0103	T0104	T0105	T0106	T0107	T0108
甲	乙	丙	丁	戊	己	庚	辛

续表

主要贸易方式	主营产品	主要出口国家及地区	主要进口国家及地区	第一投资方国别	第一投资方占比	企业联系人	企业联系人电话
T0109	T0110	T0111	T0112	T0113	T0114	T0115	T0116
壬	癸	子	丑	寅	卯	辰	巳

续表

企业联系人手机	贸易信贷申报表填报人	填报人电话	填报人手机	填报人传真	填报人电子邮箱
T0117	T0118	T0119	T0120	T0121	T0122
午	未	申	酉	戌	亥

企业填表人及联系电话：　　　　审核人及联系电话：　　　　填报日期：20　年　月　日

（二）出口重点企业贸易信贷申报表

表　　号：T02 表
制定机关：国家外汇管理局
批准机关：国家统计局
批准文号：国统制 [2015] 159 号
有效期至：2017 年 12 月

20　　年　　月　　　　　　　　　　　　单位：1 货币单位，天

指标名称	计量单位	代码	上期金额	本期金额	备注
甲	乙	丙	1	2	3
一、当期出口总额	1 货币单位	T0210			
二、当期收到的出口货款金额	1 货币单位	T0220			
三、期末账面出口应收款余额	1 货币单位	T0230			
其中：对关联企业的出口应收款余额	1 货币单位	T0231			
四、期末账面出口预收款余额	1 货币单位	T0240			
其中：对关联企业的出口预收款余额	1 货币单位	T0241			
五、其他因素导致的当期偏差	1 货币单位	T0250			
六、出口应收款平均周期	天	T0260			

企业填表人及联系电话：　　　审核人及联系电话：　　　填报日期：20　年　月　日

注：

1. 我国货物出口是指我国境内对外贸易经营者与境外（含中国香港、澳门和台湾地区）进口商之间进行的以转移货物所有权为目的的交易，包括离岸转手买卖，但不包括不转移货物所有权而以获取工缴费为目的的来（出）料加工，也不包括境内海关特殊经济区域主体与境内非海关特殊经济区域主体之间进行的货物交易。

离岸转手买卖是指我国境内对外贸易经营者从境外主体购买货物，随后向另一境外主体转售同一货物，而该货物始终未进出我国国境（包括海关特殊监管区域）的交易。

2. 当期出口总额、当期收到的出口货款金额以及其他因素导致的当期偏差均指当期发生额，对于月度调查企业为当月发生额，对于年度调查企业为当年发生额；期末账面出口应收款余额及其子项、期末账面出口预收款余额及其子项均为期末余额，对于月度调查企业为月末余额，对于年度调查企业为年末余额。

3. 关联企业指境外母公司（即持有本机构表决权≥10%）、境外子公司（即本机构持有表决权在 10% 及以上的境外子机构）或境外联属企业（本机构与联属企业有共同母公司，但相互持有表决权<10%）。关联企业不包括仅有业务往来而没有投资或被投资关系的企业。

4. 其他因素导致的当期偏差指由于各类账务处理导致"当期出口总额（T0210）＝当期收到的出口货款金额（T0220）＋（当期期末账面出口应收款余额－上期期末账面出口应收款余额）－（当期期末账面出口预收款余额－上期期末账面出口预收款余额）"等式不成立的偏差。如有此情况，请填写偏差额（该金额不一定与等式偏差完全一致），并在备注中说明具体情况。

5. 本报表可根据企业自身会计账务情况选择美元或人民币其一作为填报币种。

（三）进口重点企业贸易信贷申报表

表　　号：T03 表
制定机关：国家外汇管理局
批准机关：国家统计局
批准文号：国统制〔2015〕159 号
有效期至：2017 年 12 月

20　　年　　月　　　　　　　　　　　　　单位：1 货币单位，天

指标名称	计量单位	代码	上期金额	本期金额	备注
甲	乙	丙	1	2	3
一、当期进口总额	1 货币单位	T0310	■		
二、当期支付的进口货款金额	1 货币单位	T0320	■		
三、期末账面进口应付款余额	1 货币单位	T0330			
其中：对关联企业的进口应付款余额	1 货币单位	T0331			
四、期末账面进口预付款余额	1 货币单位	T0340			
其中：对关联企业的进口预付款余额	1 货币单位	T0341			
五、其他因素导致的当期偏差	1 货币单位	T0350	■		
六、进口应付款平均周期	天	T0360	■		

企业填表人及联系电话：　　　　审核人及联系电话：　　　　填报日期：20　年　月　日

注：
1. 我国货物进口，是指我国境内对外贸易经营者与境外（含中国香港、澳门和台湾地区）出口商之间进行的以转移货物所有权为目的的交易，包括离岸转手买卖，但不包括不转移货物所有权而以获取工缴费为目的的来（出）料加工，也不包括境内海关特殊经济区域主体与境内非海关特殊经济区域主体之间进行的货物交易。

离岸转手买卖，是指我国境内对外贸易经营者从境外主体购买货物，随后向另一境外主体转售同一货物，而该货物始终未进出我国国境（包括海关特殊监管区域）的交易。

2. 当期进口总额、当期支付的进口货款金额以及其他因素导致的当期偏差均为当期发生额，对于月度调查企业为当月发生额，对于年度调查企业为当年发生额；期末账面进口应付款余额及其子项、期末账面进口预付款余额及其子项均为期末余额，对于月度调查企业为月末余额，对于年度调查企业为年末余额。

3. 关联企业，是指境外母公司（即持有本机构表决权≥10%）、境外子公司（即本机构持有表决权在 10% 及以上的境外子机构）或境外联属企业（本机构与附属企业有共同母公司，但相互持有表决权<10%）。关联企业不包括仅有业务往来而没有投资或被投资关系的企业。

4. 其他因素导致的当期偏差指由于各类账务处理导致"当期进口总额（T0310）＝当期支付的进口货款金额（T0320）＋（当期期末账面进口应付款余额－上期期末账面进口应付款余额）－（当期期末账面进口预付款余额－上期期末账面进口预付款余额）"等式不成立的偏差。如有此情况，请填写偏差（该金额不一定与等式偏差完全一致），并在备注中说明具体情况。

5. 本报表可根据企业自身会计账务情况选择美元或人民币其一作为填报币种。

四、主要指标解释

（一）调查对象单位基本情况表指标说明

T0101~T0102. 调查对象单位名称和组织机构代码：指国家质量监督检验检疫总局全国组织机构代码管理中心颁发的"组织机构代码证"上的名称和组织机构代码。

T0103. 所属外汇局代码：指调查对象所在地外汇分支局的6位代码。

T0104. 企业海关代码：指调查对象在海关办理进出口业务采用10位海关注册编码。

T0105~T0106. 单位地址和邮政编码：指调查对象的注册地址和邮政编码。

T0107. 经济类型代码：调查对象的经济类型按照《经济类型分类与代码》（GB/T12402-2000）标准进行填报。

T0108. 行业属性代码：根据调查对象生产或主营进/出口产品类别，按照《国民经济行业分类》（GB/T4754-2011）标准，确定行业属性代码。

T0109. 主要贸易方式：指一般贸易、进料加工贸易、离岸转手买卖以及其他贸易等。

T0110. 主营产品：指调查对象主营的进出口产品的名称。

T0111. 主要出口国家及地区：指调查对象出口货物的主要交易对方所属国家及地区。

T0112. 主要进口国家及地区：指调查对象进口货物的主要交易对方所属国家及地区。

T0113~T0114. 第一投资方国别及投资方占比：指外商（含中国香港、澳门和台湾地区）投资企业中外方股东排行首位的投资者所属国家或地区，以及其投资额占企业总投资额的比例。

T0115~T0117. 企业联系人、电话及手机：指牵头负责贸易信贷调查事项的调查对象内部人员及其联系方式。

T0118~T0122. 贸易信贷申报表填报人、电话、手机、传真及电子邮箱：指负责具体填报贸易信贷申报表的调查对象内部人员及其联系方式。

（二）出口重点企业贸易信贷申报表指标说明

T0210. 当期出口总额：指调查对象当期会计账上记录的货物出口金额。

T0220. 当期收到的出口货款金额：指调查对象当期收到入账的出口货款，并不必然与当期货物出口相对应。

T0230. 期末账面出口应收款余额：指调查期末，调查对象根据自身账务记录已贷记货物出口，但未收到对应货款的余额。

T0231. 期末账面出口应收款余额其中的对关联企业的出口应收款余额：指调查期末，调查对象对其境外母公司（即持有本机构表决权≥10%）、境外子公司（即本机构持有表决权在10%及以上的境外子机构）或境外联属企业（本机构与联属企业有共同母公司，但相互持有表决权＜10%）的出口应收款余额。调查对象可根据对关联企业的出口量占比等估算此项目。

T0240. 期末账面出口预收款余额：指调查期末，调查对象尚未贷记货物出口，但已收到境外进口商的货款余额。

T0241. 期末账面出口预收款余额其中的对关联企业的出口预收款余额：指调查期末，调查对象对其境外母公司（即持有本机构表决权≥10%）、境外子公司（即本机构持有表决权在10%及以上的境外子机构）或境外联属企业（本机构与联属企业有共同母公司，但相互持有表决权＜10%）的出口预收款余额。调查对象可根据对关联企业的出口量占比等估算此项目。

T0250. 其他因素导致的当期偏差：由于税费、溢短装、汇率折算、轧差结算、无须收款等各类账务处理导致"当期出口总额（T0210）=当期收到的出口货款金额（T0220）+（当期期末账面出口应收款余额－上期期末账面出口应收款余额）－（当期期末账面出口预收款余额－上期期末账面出口预收款余额）"等式不成立的偏差。如有此情况，请填写金额（该金额不一定与等式偏差完全一致）并在备注中说明具体情况。

T0260. 出口应收款平均周期（单位：天）：指调查对象货物出口后，多少天能够收回货款。调查对象可根据自身对近一年的收款账期的估算或经验判断填报本项数据。

（三）进口重点企业贸易信贷申报表指标说明

T0310. 当期进口总额：指调查对象当期会计账上记录的货物进口金额。

T0320. 当期支付的进口货款金额：指调查对象当期支付的进口货款，并不必然与当期货物进口相对应。

T0330. 期末账面进口应付款余额：指调查期末，调查对象已借记货物进口，但未支付对应货款的余额。

T0331. 期末账面进口应付款余额其中的对关联企业的进口应付款余额：指调查期末，调查对象对其境外母公司（即持有本机构表决权≥10%）、境外子公司（即本机构持有表决权在10%及以上的境外子机构）或境外联属企业（本机构与联属企业有共同母公司，但相互持有表决权＜10%）的进口应付款余额。调查对象可根据对关联企业的进口量占比等估算此项目。

T0340. 期末账面进口预付款余额：指调查期末，在尚未借记货物进口前，调查对象已经付给境外出口商的货款余额。

T0341. 期末账面进口预付款余额其中的对关联企业的进口预付款余额：指调查期末，调查对象对其境外母公司（即持有本机构表决权≥10%）、境外子公司（即本机构持有表决权在10%及以上的境外子机构）或境外联属企业（本机构与联属企业有共同母公司，但相互持有表决权＜10%）的进口预付款余额。调查对象可根据对关联企业的进口量占比等估算此项目。

T0350. 其他因素导致的当期偏差：由于税费、溢短装、汇率折算、轧差结算、无须付款等各类账务处理导致"当期进口总额（T0310）＝当期支付的进口货款金额（T0320）＋（当期期末账面进口应付款余额－上期期末账面进口应付款余额）－（当期期末账面进口预付款余额－上期期末账面进口预付款余额）"等式不成立的偏差。如有此情况，请填写金额（该金额不一定与等式偏差完全一致）并在备注中说明具体情况。

T0360. 进口应付款平均周期（单位：天）：指调查对象货物进口后多少天对外付款。调查对象可根据自身对近一年的付款账期的估算或经验判断填报本项数据。

五、附　录

（一）经济类型分类与代码（GB/T 12402-2000）

代码	经济类型	说　明
100	内资	资本（资金）主要来源于内地的经济组织的经济类型
110	国有全资	全部资产（资金）归国家所有，并按国家有关规定登记注册的非公司制的经济组织（不包括有限责任公司中的国有独资公司和联营中的国有联营）和国家机关、政党机关的经济类型
120	集体全资	全部资产（资金）归集体所有，并按国家有关规定登记注册的非公司制的经济组织（不包括有限责任、股份合作和联营中的集体联营）的经济类型
130	股份合作	以合作制为基础，由职工共同出资入股，吸收一定比例的社会资产投资组建；实行自主经营、自负盈亏、共同劳动、民主管理、按劳分配与按股分红相结合的一种集体经济组织的经济类型
140	联营	两个及两个以上相同或不同经济类型的经济组织，按自愿、平等、互利的原则，共同投资组成的非公司型经济组织的经济类型
141	国有联营	两个及两个以上国有全资经济组织联营的经济组织的经济类型
142	集体联营	两个及两个以上集体全资经济组织联营的经济组织的经济类型
143	国有与集体联营	国有经济组织与集体经济组织联营的经济组织的经济类型
149	其他联营	以上未包括的联营经济组织的经济类型
150	有限责任（公司）	根据国家有关规定登记注册，由2个以上50个以下的股东共同出资，每个股东以其所认缴的出资额对公司承担有限责任，公司以其全部资产对其债务承担有限责任的经济组织的经济类型，包括国有独资及其他有限责任公司
151	国有独资（公司）	国家授权的投资机构或国家授权的部门单独投资设立的有限责任公司的经济类型
159	其他有限责任（公司）	国有独资公司以外的其他有限责任公司的经济类型，包括港澳台地区及外资股本占公司注册资本的比例小于25%的有限责任公司
160	股份有限（公司）	根据国家有关规定登记注册，其全部注册资本由等额股份构成并通过发行股票筹集资本，股东以其认购的股份对公司承担有限责任，公司以其全部资产对其债务承担责任的经济组织的经济类型，包括港澳台地区及外资股本占公司注册资本的比例小于25%的股份有限公司

续表

代码	经济类型	说　明
170	私有	由自然人投资设立或由自然人控股，以雇佣劳动关系为基础的营利性经济组织的经济类型
171	私有独资	根据国家有关规定，由一名自然人投资经营，以雇佣劳动为基础，对债务承担无限责任的经济组织的经济类型
172	私有合伙	根据国家有关规定，由2个以上自然人按照协议共同投资，共同经营，共负盈亏，以雇佣劳动为基础，对债务承担无限责任的经济组织的经济类型
173	私营有限责任（公司）	根据国家有关规定，由两个以上自然人投资或由单个自然人控股的股份有限公司的经济类型
174	私营股份有限（公司）	根据国家有关规定，由5个以上自然人投资或单个自然人控股的股份有限公司的经济类型
175	个体经营	个人从事生产劳动，生产资料和产品或收入归个人所有，雇工7人（含7人）以下，以个人全部财产承担民事责任的经济组织，包括城镇个体经营，还包括农村的非农业个体经营
179	其他私有	以上未包括的私有经济类型
190	其他内资	以上未包括的内资经济类型
200	港澳台投资	资本（资金）部分（达到国家规定比例以上①）或全部来源于港澳台地区的经济组织的经济类型
210	内地和港澳台合资	中国港澳台地区投资者与内地经济组织依照《中华人民共和国中外合资经营企业法》及有关法律规定，按合资合同规定的比例投资设立、分配利润和分担风险的经济组织的经济类型
220	内地和港澳台合作	中国港澳台地区投资者与内地经济组织依照《中华人民共和国中外合作经营企业法》及有关法律的规定，按合作合同的约定进行投资或提供条件设立、分配利润和分担风险的经济组织的经济类型
230	港澳台独资	依照《中华人民共和国外资企业法》及有关法律规定，在内地由中国港澳台地区投资者全额投资设立的经济组织的经济类型
240	港澳台投资股份有限（公司）	根据国家有关规定，经外经贸部依法批准设立，其中港澳台地区的投资者的股本占公司注册资本25%以上的股份有限公司的经济类型

---

① 目前为25%以上（含）。

续表

代码	经济类型	说　　明
290	其他港澳台地区投资	以上未包括的港澳台地区投资经济类型，包括港澳台地区机构在华设立的分支机构、港澳台地区驻华办事处、代表处等
300	国外投资	资本（资金）部分（达到国家规定比例以上①）或全部来源于国外的经济组织的经济类型
310	中外合资	国外法人或个人与内地经济组织依照《中华人民共和国中外合资经营企业法》及有关法律规定，按合资合同规定的比例投资设立、分配利润和分担风险的经济组织的经济类型
320	中外合作	国外法人或个人与内地经济组织依照《中华人民共和国中外合作经营企业法》及有关法律的规定，按合作合同的约定进行投资或提供条件设立、分配利润和分担风险的经济组织的经济类型
330	外资	依照《中华人民共和国外资企业法》及有关法律规定，在内地由外国投资者全额投资设立的经济组织的经济类型
340	国外投资股份有限（公司）	根据国家有关规定，经外经贸部依法批准设立，其中外资的股份占公司注册资本25%以上的股份有限公司的经济类型
390	其他国外投资	以上未包括的国外投资的经济组织的经济类型，包括国外机构在华设立的分支机构、境外驻华办事处、代表处等（包括国际组织驻华机构、外国驻华使领馆）
400	境外机构	在境外注册成立的机构
900	其他	以上未包括的经济组织的经济类型

注：经济类型分类与代码（GB/T 12402 - 2000）为国家质量监督检验检疫总局发布的国家标准。

---

① 目前为25%以上（含）。

（二）国民经济行业分类（GB/T 4754-2011）

行业属性代码	行业属性名称（新）	行业属性代码	行业属性名称（新）
0101	农业	0550	建筑装饰和其他建筑业
0102	林业	0753	铁路运输业
0103	畜牧业	0754	道路运输业
0104	渔业	0755	水上运输业
0105	农、林、牧、渔服务业	0756	航空运输业
0206	煤炭开采和洗选业	0757	管道运输业
0207	石油和天然气开采业	0758	装卸搬运和运输代理业
0208	黑色金属矿采选业	0759	仓储业
0209	有色金属矿采选业	0760	邮政业
0210	非金属矿采选业	0963	电信、广播电视和卫星传输服务
0211	开采辅助活动	0964	互联网和相关服务
0212	其他采矿业	0965	软件和信息技术服务业
0313	农副食品加工业	0651	批发业
0314	食品制造业	0652	零售业
0315	酒、饮料和精制茶制造业	0861	住宿业
0316	烟草制品业	0862	餐饮业
0317	纺织业	1066	货币金融服务
0318	纺织服装、服饰业	1067	资本市场服务
0319	皮革、毛皮、羽毛及其制品和制鞋业	1068	保险业
0320	木材加工和木、竹、藤、棕、草制品业	1069	其他金融业
0321	家具制造业	1170	房地产业
0322	造纸和纸制品业	1271	租赁业
0323	印刷和记录媒介复制业	1272	商务服务业
0324	文教、工美、体育和娱乐用品制造业	1373	研究和试验发展
0325	石油加工、炼焦和核燃料加工业	1374	专业技术服务业
0326	化学原料和化学制品制造业	1375	科技推广和应用服务业
0327	医药制造业	1476	水利管理业
0328	化学纤维制造业	1477	生态保护和环境治理业
0329	橡胶和塑料制品业	1478	公共设施管理业

续表

行业属性代码	行业属性名称（新）	行业属性代码	行业属性名称（新）
0330	非金属矿物制品业	1579	居民服务业
0331	黑色金属冶炼和压延加工业	1580	机动车、电子产品和日用产品修理业
0332	有色金属冶炼和压延加工业	1581	其他服务业
0333	金属制品业	1682	教育
0334	通用设备制造业	1783	卫生
0335	专用设备制造业	1784	社会工作
0336	汽车制造业	1885	新闻和出版业
0337	铁路、船舶、航空航天和其他运输设备制造业	1886	广播、电视、电影和影视录音制作业
0338	电气机械和器材制造业	1887	文化艺术业
0339	计算机、通信和其他电子设备制造业	1888	体育
0340	仪器仪表制造业	1889	娱乐业
0341	其他制造业	1990	中国共产党机关
0342	废弃资源综合利用业	1991	国家机构
0343	金属制品、机械和设备修理业	1992	人民政协、民主党派
0444	电力、热力生产和供应业	1993	社会保障
0445	燃气生产和供应业	1994	群众团体、社会团体和其他成员组织
0446	水的生产和供应业	1995	基层群众自治组织
0547	房屋建筑业	2096	国际组织
0548	土木工程建筑业	2099	使领馆
0549	建筑安装业		

附：

国家外汇管理局修订《贸易信贷调查制度》

（国家外汇管理局新闻稿　2016年1月14日）

为配合《国际收支统计申报办法》实施，进一步提高贸易信贷调查数据质量和调查效率，日前，国家外汇管理局发布《国家外汇管理局关于印发〈贸易信贷调查制度〉的通知》（汇发［2016］1号，以下简称《通知》），对贸易信贷调查制度进行了修订。

《通知》兼顾提高统计数据质量与减轻报送负担之间的平衡，主要修订内容包括：一是简化调查指标。不再区分企业信用和银行信用，也不再区分长短期限。填报口径与企业会计制度基本一致。二是提高调查时效性。将调查频率由季度改为月度，采取月度调查和年度调查相结合的方式。月度调查企业和年度调查企业互不重叠，分别按月和按年报送数据。三是抓大放小。采用规模以上企业重点调查的方法。参与调查的企业总数与过去基本持平，但其中大部分企业仅参加年度调查，月度调查企业数量较少。

《通知》自2016年8月1日起正式实施。

国家外汇管理局关于印发《通过银行进行国际收支统计申报业务指引（2016年版）》的通知

汇发〔2016〕4号

国家外汇管理局各省、自治区、直辖市分局、外汇管理部，深圳、大连、青岛、厦门、宁波市分局，全国性中资银行：

为进一步规范通过银行进行国际收支统计申报业务，完善国际收支统计申报制度，便于国家外汇管理局各分支局、境内银行以及申报主体更准确地理解申报的具体要求，国家外汇管理局制定了《通过银行进行国际收支统计申报业务指引（2016年版）》（见附件），现印发给你们。

国家外汇管理局各分局、外汇管理部应在收到本通知后，及时转发辖内中心支局、支局、城市商业银行、农村商业银行、外商独资银行、中外合资银行、外国银行分行以及农村合作金融机构，各全国性中资银行应及时转发所辖分支机构，并遵照执行。

附件：通过银行进行国际收支统计申报业务指引（2016年版）（内容详见光盘）

二〇一六年三月十八日

国家外汇管理局关于印发《对外金融资产负债及交易统计制度》的通知

汇发〔2016〕15号

国家外汇管理局各省、自治区、直辖市分局、外汇管理部，深圳、大连、青岛、厦门、宁波市分局，全国性中资银行，全国社会保障基金理事会，中国投资有限责任公司，中央国债登记结算有限责任公司，中国证券登记结算有限公司，银行间市场清算所股份有限公司，中国银联股份有限公司、银联国际有限公司，丝路基金有限责任公司，中拉产能合作投资基金有限责任公司，中非产能合作基金有限责任公司：

为进一步完善对外金融资产负债及交易统计，国家外汇管理局对2013年12月印发的《对外金融资产负债及交易统计制度》进行了修订（见附件1、附件2），主要修订内容通知如下：

一、将境外上市的境内非金融企业等指定主体纳入统计。参考名录见附件1第五部分附录（十）。

二、分拆Z表、A01和A02表，以与国家外汇管理局《金融机构外汇业务数据采集规范》（汇发〔2014〕18号印发）一致。

三、细分股权工具类型。将原"股票"更名为"普通股"，并新增"非参与性优先股"和"参与性优先股"选项。该调整涉及B表和H表。

四、在G系列报表的"交易类型"中增加"医疗保健"选项，并新增"交易方式"（线上或线下）要素。

五、B01、B04和B06表中增加"业务类型"；H01表中补充"非居民委托人代码""业务编号""投资品种类型"，H02表中补充"居民委托人代码"和"投资品种类型",以便与数据采集规范一致;H02 表中的"居民委托人产品代码"更改为"业务编号";H01 表和 H02 表均增加"业务类型"。

六、在对方部门下取消"国际组织"选项,改为在对方国家/地区中增加"国际组织"(IOS)选项。同时,提供国际组织名录供填报使用。

修订后的《对外金融资产负债及交易统计制度》自 2016 年 9 月 1 日起施行,按本制度进行的首次申报应于 2016 年 10 月 10 日前完成。《国家外汇管理局关于印发〈对外金融资产负债及交易统计制度〉的通知》(汇发〔2013〕43 号)同时废止。与本制度配套的数据采集接口规范修订版将另文印发。

各分局、外汇管理部收到本文后应立即转发辖内金融机构法人、境外金融机构境内主报告分支机构以及其他指定申报主体,并协调做好系统调整等准备工作。为便于解答申报主体在本制度施行中遇到的业务问题,所在地外汇局在转发文件时应提供本外汇局业务咨询电话,并及时向申报主体提供指导和帮助。

国家外汇管理局国际收支司业务咨询电话:010-68402357,68402310,68402434。

特此通知。

附件:1. 对外金融资产负债及交易统计制度(电子版详见光盘)
   2.《对外金融资产负债及交易统计制度》修订表(电子版详见光盘)

二〇一六年六月三日

附件 1：

对外金融资产负债及交易统计制度

国家外汇管理局
2016 年 6 月

本制度根据《中华人民共和国统计法》、《中华人民共和国外汇管理条例》和《国际收支统计申报办法》的有关规定制定

《中华人民共和国统计法》第七条规定：国家机关、企业事业单位和其他组织以及个体工商户和个人等统计调查对象，必须依照本法和国家有关规定，真实、准确、完整、及时地提供统计调查所需的资料，不得提供不真实或者不完整的统计资料，不得迟报、拒报统计资料。

《中华人民共和国统计法》第九条规定：统计机构和统计人员对在统计工作中知悉的国家秘密、商业秘密和个人信息，应当予以保密。

《中华人民共和国外汇管理条例》第六条规定：国家实施国际收支统计申报制度。国务院外汇管理部门应对国际收支进行统计、监测，定期公布国际收支状况。

《中华人民共和国外汇管理条例》第四十八条规定：有下列情形之一的，由外汇管理机关责令改正，给予警告，对机构可以处 30 万元以下的罚款，对个人可以处 5 万元以下的罚款：

（一）未按照规定进行国际收支申报的；

（二）未按照规定报送财务会计报告、统计报表等资料的；

（三）未按照规定提交有效单证或者提交的单证不真实的；

（四）违反外汇账户管理规定的；

（五）违反外汇登记管理规定的；

（六）拒绝、阻碍外汇管理机关依法进行监督检查或者调查的。

《国际收支统计申报办法》第二条规定：国际收支统计申报范围为中国居民与非中国居民之间发生的一切经济交易以及中国居民对外金融资产、负债状况。

《国际收支统计申报办法》第五条规定：国家外汇管理局按照《中华人民共和国统计法》规定的程序，负责组织实施国际收支统计申报，并进行监督、检查；统计、汇总并公布国际收支状况和国际投资头寸状况；制定、修改本办法的实施细则；制定国际收支统计申报单及报表。政府有关部门应当协助国际收支统计申报工作。

《国际收支统计申报办法》第九条规定：中国境内提供登记结算、托管等服务的机构和自营或者代理客户进行对外证券、期货、期权等交易的交易商，应当向国家外汇管理局或者其分支局申报对外交易及相应的收支和分红派息情况。

《国际收支统计申报办法》第十条规定：中国境内各类金融机构应当直接向国家外汇管理局及其分支局申报其自营对外业务情况，包括其对外金融资产、负债及其变动情况，相应的利润、利息收支情况，以及对外金融服务收支和其他收支情况；并履行与中国居民和非中国居民通过其进行国际收支统计申报活动有关的义务。

《国际收支统计申报办法》第十一条规定：在中国境外开立账户的中国非金融机构，应当直接向国家外汇管理局或其分支局申报其通过境外账户与非中国居民发生的交易及账户余额。

《国际收支统计申报办法》第十二条规定：中国境内的外商投资企业、在境外有直接投资的企业及其他有对外金融资产、负债的非金融机构，必须直接向国家外汇管理局或其分支局申报其对外金融资产、负债及其变动情况和相应的利润、股息、利息收支情况。

一、总说明

（一）为按照国际货币基金组织《国际收支和国际投资头寸手册》（第六版）原则，及时、准确地编制和发布中国国际收支平衡表、国际投资头寸表及相关数据，依据《中华人民共和国统计法》《中华人民共和国外汇管理条例》和《国际收支统计申报办法》，制定本制度。

（二）本制度采集中国居民（包括境内机构和个人）与非中国居民之间各项国际收支交易的流量以及对外金融资产和负债的存量数据。

本制度所指中国居民与非中国居民的概念与《国际收支统计申报办法》一致。中国居民是指：一是在中国境内居留1年以上的自然人，外国及香港、澳门、台湾地区在境内的留学生、就医人员、外国驻华使馆领馆外籍工作人员及其家属除外；二是中国短期出国人员（在境外居留时间不满1年）、在境外留学人员、就医人员及中国驻外使领馆工作人员及其家属；三是在中国境内依法成立的企业事业法人（含外商投资企业及外资金融机构）及境外法人的驻华机构（不含国际组织驻华机构、外国驻华使馆领馆）；四是中国国家机关（含中国驻外使馆领馆）、团体、部队。中国居民以外即为非中国居民。实践中，可按照永久居留证、护照、身份证来认定是否为中国居民。

本制度所指国际收支交易是指中国居民与非中国居民之间的各项交易，包括货物买卖、服务贸易、股息利息收支、无偿捐赠以及赔偿，直接投资、证券投资、金融衍生产品以及存贷款等其他投资交易。

本制度所指对外金融资产是指中国居民对非中国居民拥有的金融资产，包括对外直接投资、证券投资、金融衍生产品投资、存款、发放贷款及各类应收款等。对外负债是指中国居民对非中国居民承担的负债，包括吸收直接投资、发行有价证券、金融衍生产品投资、吸收存款、接受贷款及各类应付款等。

（三）本制度采用重点调查统计方法。

（四）本制度的申报主体为中国境内金融机构法人、境外金融机构在中国境内的主报告分支机构、境外上市的境内非金融企业、全国社会保障基金理事会、中国投资有限责任公司、中央国债登记结算有限责任公司、中国证券登记结算有限公司、银行间市场清算所股份有限公司、银行卡组织以及其他指定申报主体。

（五）本制度包括申报主体信息表、基本报表和补充报表三部分。

申报主体信息表包括 Z 表，为申报主体基本档案信息。

基本报表包括 A 表~I 表，是基于完整的国际收支统计需求的报表，涵盖所有国际收支交易流量以及对外金融资产负债存量。其每张报表均有特定统计内容，相互不重合，即一个申报主体的一类涉外业务只能纳入一张基本报表统计，而不应同时统计在两张或以上的基本报表中。

补充报表包括 X 表，是为特定统计分析目的而采集的专题报表，其在统计内容上与前述基本报表可能重合，但角度不同。

本制度报表采用逐支（证券、金融衍生产品）报送或根据报表要素进行小汇总报送。

（六）本制度依循企业会计准则，采用权责发生制和公允价值（优先使用市场价值）来记录和填报数据。无公允价值或公允价值不适用时可使用摊余成本等其他计值方法。

（七）本制度主要采集申报主体以自身名义、代理客户、作为资产管理人或托管人发生或掌握的国际收支交易和对外金融资产、负债存量状况，以及境内金融市场中涉外金融交易和存量状况。

为避免数据重复或遗漏，各申报主体在报送以自身名义、代理客户、作为资产管理人或托管人发生或掌握的国际收支交易流量和对外金融资产负债存量时，应按照以下顺序确定申报范围：一是有境内托管人的，由境内托管人负责代为报送相关数据，委托人不重复申报；二是无境内托管人，但相关对外业务由境内代理人以本机构名义投资或由管理人以相关产品名义投资的，由其境内代理人或管理人代为报送，被代理人或委托人不重复申报；三是既无境内托管人，也无境内代理人或管理人的，相关境内机构应报送以自身名义投资的部分，包括以自身名义持有，但使用客户资金对外投资的部分。

（八）本制度为月度统计，采用零报送制度。各申报主体应于月后 10 日内通过国家外汇管理局指定数据平台报送各项数据，除国家外汇管理局另行通知外，遇节假日不顺延。

（九）各申报主体应及时、准确、完整地报送数据，并妥善保存原始明细数据，以便于外汇局对数据进行现场和非现场核查。

国家外汇管理局负责对在京全国性银行、全国社会保障基金理事会、中国投资有限责任公司、中央国债登记结算有限责任公司、中国证券登记结算有限公司、银行间市场清算所股份有限公司、银行卡组织、丝路基金有限责任公司、中拉产能合作投资基金有限责任公司和中非产能合作基金有限责任公司报送的数据进行核查，国家外汇管理局各分局、外汇管理部负责对辖内其他申报主体报送的数据进行核查。

（十）本制度自 2016 年 9 月 1 日起施行。

（十一）本制度数据用于编制国际收支平衡表和国际投资头寸表。发布数据均为汇总数据，发布方式为电子形式。发布渠道为国家外汇管理局官网（www.safe.gov.cn）。发布时间预告表可登录官网查询。

（十二）国家外汇管理局可在法规允许范围内与有需求的相关部委共享数据。

二、报表目录

表号	表　名	报告期别	统计内容	统计范围（填报主体）	报送日期及方式	报表页码	指标解释页码
（一）填报单位基本信息							
Z01 表	填报单位基本信息	月报	填报单位基本情况	中国境内金融机构法人和境外金融机构在中国境内的主报告分支机构，包括银行业、证券业、保险业和其他从事金融业务的机构；境外上市的境内非金融企业及其他指定主体	月后10日内网络报送	13	50

续表

表号	表名	报告期别	统计内容	统计范围（填报主体）	报送日期及方式	报表页码	指标解释页码
Z02表	业务概览及联系方式	月报	填报本机构是否有相关业务及相关报表联系人和联系方式	中国境内金融机构法人和境外金融机构在中国境内的主报告分支机构，包括银行业、证券业、保险业和其他从事金融业务的机构；境外上市的境内非金融企业及其他指定主体	月后10日内网络报送	14	51
Z03表	投资关系（组织架构）	月报	填报向上（投资者方向）和向下（被投资机构方向），上级机构持有直接下级机构10%及以上表决权的情况	中国境内金融机构法人和境外金融机构在中国境内的主报告分支机构，包括银行业、证券业、保险业和其他从事金融业务的机构；境外上市的境内非金融企业及其他指定主体	月后10日内网络报送	15	51~52

（二）直接投资（10%及以上股权）

表号	表名	报告期别	统计内容	统计范围（填报主体）	报送日期及方式	报表页码	指标解释页码
A01-1表	对外直接投资（资产负债、利润及市值）	月报	本机构持有表决权在10%及以上的中国境外分支机构、子机构、联营（合营）机构的资产负债、利润及股权市值等情况	中国境内金融机构法人和境外金融机构在中国境内的主报告分支机构，包括银行业、证券业、保险业和其他从事金融业务的机构；境外上市的境内非金融企业及其他指定主体	月后10日内网络报送	16~17	53~56

续表

表号	表名	报告期别	统计内容	统计范围（填报主体）	报送日期及方式	报表页码	指标解释页码
A01-2表	对外直接投资（流量）	月报	本机构与其持有表决权在10%及以上的中国境外分支机构、子机构、联营（合营）机构的股权或基金份额投资往来	中国境内金融机构法人和境外金融机构在中国境内的主报告分支机构，包括银行业、证券业、保险业和其他从事金融业务的机构；境外上市的境内非金融企业及其他指定主体	月后10日内网络报送	18	56
A02-1表	外国来华直接投资（资产负债及利润）	月报	境外投资者在中国境内的分支机构、子机构、联营（合营）机构的资产负债情况	中国境内金融机构法人和境外金融机构在中国境内的主报告分支机构，包括银行业、证券业、保险业和其他从事金融业务的机构；境外上市的境内非金融企业及其他指定主体	月后10日内网络报送	19	57~58
A02-2表	外国来华直接投资（境外投资者持股情况）	月报	持有本机构表决权10%及以上的境外投资者基本情况、持股数量和股权市值	中国境内金融机构法人和境外金融机构在中国境内的主报告分支机构，包括银行业、证券业、保险业和其他从事金融业务的机构；境外上市的境内非金融企业及其他指定主体	月后10日内网络报送	20	58~59

续表

表号	表名	报告期别	统计内容	统计范围（填报主体）	报送日期及方式	报表页码	指标解释页码
A02－3表	外国来华直接投资（流量）	月报	境外投资者在中国境内的分支机构、子机构、联营（合营）机构与持有表决权10%及以上的境外投资者的股权或基金份额投资往来	中国境内金融机构法人和境外金融机构在中国境内的主报告分支机构，包括银行业、证券业、保险业和其他从事金融业务的机构；境外上市的境内非金融企业及其他指定主体	月后10日内网络报送	21	59~60
（三）证券投资（10%以下股权和债务证券）							
B01表	投资境外股本证券和投资基金份额（资产）	月报	持有境内机构境外发行以及境外机构的普通股、投资基金份额和参与性优先股的情况（本机构持有表决权在10%以下）；持有境内机构境外发行以及境外机构发行的投资基金份额或单位（持有份额比例在10%以下）	中国境内金融机构法人和境外金融机构在中国境内的主报告分支机构，包括银行业、证券业、保险业和其他从事金融业务的机构；境外上市的境内非金融企业及其他指定主体	月后10日前网络报送	22	62~64
B02表	投资境外债务证券（资产）	月报	持有境内机构在境外发行，以及境外机构发行的可流通债务证券的情况	中国境内金融机构法人和境外金融机构在中国境内的主报告分支机构，包括银行业、证券业、保险业和其他从事金融业务的机构；境外上市的境内非金融企业及其他指定主体	月后10日内网络报送	23	64~66

续表

表号	表　名	报告期别	统计内容	统计范围（填报主体）	报送日期及方式	报表页码	指标解释页码
B03 表	投资非居民境内发行股本证券和债务证券	月报	中国居民投资非居民在境内金融市场发行的股本证券、投资基金份额、债务证券情况	中央国债登记结算有限责任公司、中国证券登记结算有限公司、银行间市场清算所股份有限公司	月后10日内网络报送	24	66~68
B04 表	吸收境外股权和基金份额投资（负债）	月报	境内外投资者持有本机构在境外发行的普通股和参与性优先股的情况，且持股或持有份额在10%以下；境内外投资者持有本机构在境外发行的投资基金份额和单位情况，且持有份额或单位的比例在10%以下	中国境内金融机构法人和境外金融机构在中国境内的主报告分支机构，包括银行业、证券业、保险业和其他从事金融业务的机构；境外上市的境内非金融企业及其他指定主体	月后10日内网络报送	25	68~70
B05 表	境外发行债务证券（负债）	月报	机构和个人持有本机构境外发行可流通债券的情况	**中国境内金融机构法人和境外金融机构在中国境内的主报告分支机构，包括银行业、证券业、保险业和其他从事金融业务的机构**；境外上市的境内非金融企业及其他指定主体	月后10日内网络报送	26	70~72
B06 表	非居民投资境内发行股本证券和债务证券	月报	非居民投资者类型及投资中国居民境内上市的股本证券、投资基金份额、债务证券情况	中央国债登记结算有限责任公司、中国证券登记结算有限公司、银行间市场清算所股份有限公司	月后10日内网络报送	27	72~74

续表

表号	表名	报告期别	统计内容	统计范围（填报主体）	报送日期及方式	报表页码	指标解释页码
（四）金融衍生产品及雇员认股权							
C01表	金融衍生产品及雇员认股权	月报	中国居民与非居民之间的金融衍生产品和雇员认股权交易和头寸	中国境内金融机构法人和境外金融机构在中国境内的主报告分支机构，包括银行业、证券业、保险业和其他从事金融业务的机构；境外上市的境内非金融企业及其他指定主体	月后10日前网络报送	28	75~79
（五）存贷款、应收应付款及非公司制机构股权等其他投资							
D01表	货币与存款（含存放银行同业和联行）（资产）	月报	本机构持有的外币现金（外币现钞和硬币），以及存放在境外机构的款项，包括存放境外同业和联行的款项	中国境内金融机构法人和境外金融机构在中国境内的主报告分支机构，包括银行业、证券业、保险业和其他从事金融业务的机构；境外上市的境内非金融企业及其他指定主体	月后10日内网络报送	29	79~81
D02表	贷款（含拆放银行同业及联行）（资产）	月报	本机构向境外机构提供的贷款，包括向境外银行、非银行金融机构、非金融机构和个人提供的贷款，以及拆放境外同业和联行款项	中国境内金融机构法人和境外金融机构在中国境内的主报告分支机构，包括银行业、证券业、保险业和其他从事金融业务的机构；境外上市的境内非金融企业及其他指定主体	月后10日内网络报送	30	81~82

续表

表号	表　名	报告期别	统计内容	统计范围（填报主体）	报送日期及方式	报表页码	指标解释页码
D03 表	持有境外非公司制机构 10% 以下表决权和国际组织股权（资产）	月报	本机构持有国际组织和境外非关联实体的 10% 以下表决权的不可流通股权	中国境内金融机构法人和境外金融机构在中国境内的主报告分支机构，包括银行业、证券业、保险业和其他从事金融业务的机构；境外上市的境内非金融企业及其他指定主体	月后 10 日前网络报送	31	82~83
D04 表	应收款（不含应收利息）（资产）	月报	本机构对境外机构和个人的各类应收款项，但不含应收利息	中国境内金融机构法人和境外金融机构在中国境内的主报告分支机构，包括银行业、证券业、保险业和其他从事金融业务的机构；境外上市的境内非金融企业及其他指定主体	月后 10 日内网络报送	32	83~84
D05 表	存款（含银行同业和联行存放）（负债）	月报	本机构吸收的非居民存款，包括境外银行、非银行金融机构、非金融机构和非居民个人的存款	中国境内金融机构法人和境外金融机构在中国境内的主报告分支机构，包括银行业、证券业、保险业和其他从事金融业务的机构；境外上市的境内非金融企业及其他指定主体	月后 10 日内网络报送	33	84~85

续表

表号	表名	报告期别	统计内容	统计范围（填报主体）	报送日期及方式	报表页码	指标解释页码
D06表	贷款（含银行同业和联行拆借）（负债）	月报	本机构借用的非居民贷款，包括境外银行、非银行金融机构、非金融机构和个人提供的贷款和拆放款项	中国境内金融机构法人和境外金融机构在中国境内的主报告分支机构，包括银行业、证券业、保险业和其他从事金融业务的机构；境外上市的境内非金融企业及其他指定主体	月后10日内网络报送	34	85~86
D07表	非居民持有本机构（非公司制）10%以下表决权（负债）	月报	境外非关联实体持有本机构10%以下表决权的不可流通股权	中国境内非公司制金融机构	月后10日内网络报送	35	86~87
D08表	应付款（不含应付利息）（负债）	月报	本机构对非居民的应付款项，但不含应付利息	中国境内金融机构法人和境外金融机构在中国境内的主报告分支机构，包括银行业、证券业、保险业和其他从事金融业务的机构；境外上市的境内非金融企业及其他指定主体	月后10日内网络报送	36	87~88
D09表	对非居民的贷款和应收款减值准备余额	月报	对非居民的贷款和应收款类资产的减值准备余额	中国境内金融机构法人和境外金融机构在中国境内的主报告分支机构，包括银行业、证券业、保险业和其他从事金融业务的机构；境外上市的境内非金融企业及其他指定主体	月后10日内网络报送	37	88

续表

表号	表　名	报告期别	统计内容	统计范围（填报主体）	报送日期及方式	报表页码	指标解释页码
（六）货物、服务、薪资及债务减免等其他各类往来							
E01 表	货物、服务、薪资及债务减免等其他各类往来	月报	与非居民发生的货物买卖、服务收支、雇员报酬以及转移等经常项目和资本项目交易	中国境内金融机构法人和境外金融机构在中国境内的主报告分支机构，包括银行业、证券业、保险业和其他从事金融业务的机构；境外上市的境内非金融企业及其他指定主体	月后10日前网络报送	38~39	89~96
（七）与进出口票据、单证有关业务							
F01 表	买断出口票据、单证业务	月报	本机构买断境外机构承兑（付款）的出口票据、单证情况	中国境内金融机构法人和境外金融机构在中国境内的主报告分支机构，包括银行业、证券业、保险业和其他从事金融业务的机构及其他指定主体	月后10日内网络报送	40	96~97
F02 表	对外承担第一性付款责任的票据、单证业务	月报	本机构承兑票据、单证，以及本机构承担第一性付款责任的延付保函情况	中国境内金融机构法人和境外金融机构在中国境内的主报告分支机构，包括银行业、证券业、保险业和其他从事金融业务的机构及其他指定主体	月后10日内网络报送	41	97~98

续表

表号	表名	报告期别	统计内容	统计范围（填报主体）	报送日期及方式	报表页码	指标解释页码
（八）涉外银行卡相关统计							
G01表	境内银行卡境外消费提现	月报	境内发卡行所发行的银行卡在境外消费和提现的情况	中国境内银行、银行卡组织和卡机构	月后10日前网络报送	42	99
G02表	境外银行卡境内消费提现	月报	境内收单行所清算的境外银行卡在境内消费和提现情况	中国境内银行、银行卡组织和卡机构	月后10日内网络报送	43	100
（九）涉外托管业务							
H01表	为非居民托管业务统计（QFII、RQFII相关）	月报	本机构作为境内托管人，为非居民托管的投资产品	中国境内托管机构	月后10日前网络报送	44	100~103
H02表	为居民托管业务统计（QDII相关）	月报	本机构作为境内托管人，为居民托管的投资产品	中国境内托管机构	月后10日内网络报送	45	103~106
（十）涉外保险业务							
I01表	为非居民提供直接保险服务	月报	境内保险机构为非居民提供直接保险的情况	中国境内保险机构	月后10日前网络报送	46	106~108
I02表	为非居民提供再保险服务（分入保险）	月报	为非居民提供再保险服务的情况（分入保险）	中国境内保险机构	月后10日内网络报送	47	108~109
I03表	从非居民保险机构获得再保险服务（分出保险）	月报	从非居民保险机构获得再保险服务的情况（分出保险）	中国境内保险机构	月后10日内网络报送	48	109~111
（十一）补充报表：银行进出口贸易融资余额							
X01表	银行进出口贸易融资余额	月报	银行与进出口有关的贸易融资业务余额	中国境内银行	月后10日前网络报送	49	111~113

注：本制度中境内指中国大陆，境外指中国大陆以外，包括外国和中国香港、澳门和台湾地区。

第三章 国际收支统计

三、调查表式

（一）基本信息

填报单位基本信息

机构（单位）名称：
机构代码（九位）：

表　　号：外统 Z01 表
制定机关：国家外汇管理局
批准机关：国家统计局
批准文号：国统制[2015]159 号
有效期至：2018 年 9 月

填报单位名称	证照类别	证照号码	金融机构代码	机构所属行业代码	经济类型	填报单位类型（法人、分支机构、个人）	所在地	地址	联系人	联系电话
Z0101	Z0102	Z0103	Z0104	Z0105	Z0106	Z0107	Z0108	Z0109	Z0110	Z0111
甲	乙	丙	丁	戊	己	庚	辛	壬	癸	子

单位负责人：　　统计负责人：　　　　填表人：　　　　报出日期：20 年 月 日
电话：　　　　　电话：　　　　　　　电话：　　　　　传真：

业务概览及联系方式

机构（单位）名称：
机构代码（九位）：

表　　　号：外统 Z02 表
制定机关：国家外汇管理局
批准机关：国家统计局
批准文号：国统制[2015]159 号
有效期至：2018 年 9 月

本机构是否有相关业务	填报部门	统计负责人	统计负责人电话	填表人	填表人电话及电子邮箱
Z0201	Z0202	Z0203	Z0204	Z0205	Z0206
甲	乙	丙	丁	戊	己

单位负责人：　　统计负责人：　　填表人：　　报出日期：20　年　月　日
电话：　　　　　电话：　　　　　电话：　　　　传真：

投资关系（组织架构）

机构（单位）名称：
机构代码（九位）：

表　　号：外统 Z03 表
制定机关：国家外汇管理局
批准机关：国家统计局
批准文号：国统制[2015]159 号
有效期至：2018 年 9 月

投资者名称	投资者代码	投资者所属国家/地区	投资者所属部门	投资者表决权比例（%）	被投资机构名称	被投资机构代码	被投资机构所属国家/地区	被投资机构所属部门
Z0301	Z0302	Z0303	Z0304	Z0305	Z0306	Z0307	Z0308	Z0309
甲	乙	丙	丁	1	戊	己	庚	辛

单位负责人：　　统计负责人：　　填表人：　　报出日期：20　年　月　日
电话：　　　　　电话：　　　　　电话：　　　传真：

（二）直接投资

对外直接投资（资产负债、利润及市值）

机构（单位）名称：
机构代码（九位）：

表　号：外统 A01-1 表
制定机关：国家外汇管理局
批准机关：国家统计局
批准文号：国统制[2015]159 号
有效期至：2018 年 9 月

20　　年　　月　　　　单位：1 货币单位，1 股，1 份，%

境外被投资机构基本情况										
境外被投资机构代码	境外被投资机构全称	境外被投资机构所属国家/地区	境外被投资机构所属行业	境外被投资机构与本机构的关系	最终控制方全称	最终控制方所属国家/地区	期末（本机构）表决权比例(%)	期末（本机构）持股比例(%)	本机构是否通过SPV或壳机构持有该境外被投资机构	该SPV或壳机构所属国家/地区
A0101	A0102	A0103	A0104	A0105	A0106	A0107	A0108	A0109	A0110	A0111
甲	乙	丙	丁	戊	己	庚	1	2	辛	壬

续表1

境外被投资机构合并资产负债及利润情况（月度）				期末归属于被投资机构全体股东的权益（总额）					期末少数股东权益
期末会计记账币种（原币）	期末资产	期末负债							
			本机构拨付的营运资金	实收资本	资本公积	盈余公积	未分配利润	其他	
A0112	A0113	A0114	A0115	A0116	A0117	A0118	A0119	A0120	A0121	A0122
癸	3	4	5	6	7	8	9	10	11	12

续表2

本期利润总额	本期被投资机构全体股东应享净利润	本期宣告分配（本机构）利润	本机构直接控股（持股>50%）的境外被投资机构情况（年度）			期末本机构持有境外被投资机构股权或基金份额的市值(仅限可流通股票或投资基金份额)（月度）		
			对所在国缴纳的税金总额	年末从业人数（人）	其中：中方雇员数（人）	可流通股票（份额）的记账币种（原币）	本机构持股（份额）数量	每股（每份）市价
A0123	A0124	A0125	A0126	A0127	A0128	A0129	A0130	A0131
13	14	15	16	17	18	子	19	20

单位负责人：　　　　统计负责人：　　　　填表人：　　　　报出日期：20　年　月　日
电话：　　　　　　　电话：　　　　　　　电话：　　　　　传真：

对外直接投资（流量）

机构（单位）名称：
机构代码（九位）：

表　　号：外统 A01-2 表
制定机关：国家外汇管理局
批准机关：国家统计局
批准文号：国统制[2015]159 号
有效期至：2018 年 9 月

20　　年　　月　　　　单位：1 货币单位，1 股，1 份，%

境外被投资机构代码	投资日期	投资币种（原币）	投资金额增减（+或-）	本机构持有表决权比例增减（%）	是否兼并、收购	出资方式	业务编号	备注
A0101	A0132	A0133	A0134	A0135	A0136	A0137	BIZCODE	A0138
甲	丑	寅	21	22	卯	辰	23	巳

单位负责人：　　　统计负责人：　　　填表人：　　　报出日期：20　年　月　日
电话：　　　　　　电话：　　　　　　电话：　　　　传真：

外国来华直接投资（资产负债及利润）

机构（单位）名称：
机构代码（九位）：

表　　号：外统 A02-1 表
制定机关：国家外汇管理局
批准机关：国 家 统 计 局
批准文号：国统制[2015]159 号
有效期至：2018 年 9 月

20　年　月　　　　　　　　　　　　　单位：1 货币单位，1 股，1 份，%

本机构合并资产负债及利润情况（月度）

期末会计记账币种（原币）	期末资产	期末负债		期末归属于本机构全体股东的权益（总额）					期末少数股东权益
			境外母公司拨付的营运资金	实收资本	资本公积	盈余公积	未分配利润	其他	
A0201	A0202	A0203	A0204	A0205	A0206	A0207	A0208	A0209	A0210	A0211
甲	1	2	3	4	5	6	7	8	9	10

续表

			本机构的其他情况（年度）		
本期利润总额	本期本机构全体股东应享净利润	本期本机构分配（全体股东）的利润	本机构在境内缴纳的税金总额	年末从业人数（人）	
					其中：外方雇员数（人）
A0212	A0213	A0214	A0215	A0216	A0217
11	12	13	14	15	16

单位负责人：　　　统计负责人：　　　填表人：　　　报出日期：20　年　月　日
电话：　　　　　　电话：　　　　　　电话：　　　　传真：

外国来华直接投资（境外投资者持股情况）

机构（单位）名称：
机构代码（九位）：

表　　号：外统A02-2表
制定机关：国家外汇管理局
批准机关：国　家　统　计　局
批准文号：国统制[2015]159号
有效期至：2018年9月

20　年　月　　　　　单位：1货币单位，1股，1份，%

境外投资者的基本情况及持股市值											
境外投资者代码	境外投资者全称	境外投资者所属国家/地区	境外投资者所属行业	境外投资者与本机构的关系	最终控制方全称	最终控制方所属国家/地区	期末(外方)表决权比例(%)	期末(外方)持股比例(%)	可流通股票(份额)的记账币种(原币)	持股(份额)数量	每股(每份)市价
A0218	A0219	A0220	A0221	A0222	A0223	A0224	A0225	A0226	A0227	A0228	A0229
乙	丙	丁	戊	己	庚	辛	17	18	壬	19	20

单位负责人：　　　统计负责人：　　　填表人：　　　报出日期：20 年 月 日
电话：　　　　　　电话：　　　　　　电话：　　　　传真：

外国来华直接投资（流量）

机构（单位）名称：
机构代码（九位）：

表　　号：外统 A02-3 表
制定机关：国家外汇管理局
批准机关：国　家　统　计　局
批准文号：国统制[2015]159 号
有效期至：2018 年 9 月

20　年　月　　　　　　　　　　　　　　　　单位：1 货币单位，1 股，1 份，%

本月境外投资者新增或撤回股本（或营运资金）的金额（流量）							
境外投资者代码	投资日期	投资币种（原币）	投资金额增减(+或-)	外方持有表决权比例增减(%)	是否兼并、收购	出资方式	备注
A0218	A0230	A0231	A0232	A0233	A0234	A0235	A0236
乙	癸	子	21	22	丑	寅	卯

单位负责人：　　统计负责人：　　　　　填表人：　　　　报出日期：20　年　月　日
电话：　　　　　电话：　　　　　　　　电话：　　　　　传真：

（三）证券投资（10%以下股权和债务证券）

投资境外股本证券和投资基金份额（资产）

机构（单位）名称：　　　　　　　　　　　　　表　　号：外统 B01 表
机构代码（九位）：　　　　　　　　　　　　　制定机关：国家外汇管理局
　　　　　　　　　　　　　　　　　　　　　　批准机关：国家统计局
　　　　　　　　　　　　　　　　　　　　　　批准文号：国统制[2015]159 号
　　　　　　　　　　　　　　　　　　　　　　有效期至：2018 年 9 月

20　　年　　月　　　　　　　　　单位：1 货币单位，1 股，1 份

填报机构身份	被代理人/委托人所属国家/地区	被代理人/委托人所属部门	投资类型	业务类型	发行地	证券代码（逐支报送使用）	证券发行主体名称（逐支报送使用）	发行主体所属国家/地区	发行主体所属部门	发行主体与本机构的关系
B0101	B0102	B0103	B0104	B0104 CODE	B0105	B0106	B0107	B0108	B0109	B0110
甲	乙	丙	丁	戊	己	庚	辛	壬	癸	子

续表

原始币种	上月末市值	本月买入金额	本月卖出金额	按证券的原始币种 本月非交易变动 注销、调整或重新分类至其他报表统计的金额	价值重估因素	本月末市值	本月股息/红利收入	本月末持股(份额)数量（逐支报送使用）	本月末每股(每份)市价（逐支报送使用）
B0111	B0112	B0113	B0114	B0115　　B0116	B0117	B0118	B0119	B0120	B0121
丑	1	2	3	4　　　5	6	7	8	9	10

单位负责人：　　　　　统计负责人：　　　　　填表人：　　　　　报出日期：20　年　月　日
电话：　　　　　　　　电话：　　　　　　　　电话：　　　　　　传真：

第三章 国际收支统计

投资境外债务证券（资产）

机构（单位）名称：
机构代码（九位）：

表　　　号：外统 B02 表
制定机关：国家外汇管理局
批准机关：国家统计局
批准文号：国统制[2015]159 号
有效期至：2018 年 9 月

20　　年　　月　　　　　　　　　　单位：1 货币单位

填报机构身份	被代理人/委托人所属国家/地区	被代理人/委托人所属部门	发行地	证券代码（逐支报送使用）	证券发行主体名称（逐支报送使用）	发行主体所属国家/地区	发行主体所属部门	发行主体与本机构的关系	原始期限
B0201	B0202	B0203	B0204	B0205	B0206	B0207	B0208	B0209	B0210
甲	乙	丙	丁	戊	己	庚	辛	壬	癸

续表

	按证券的原始币种								
原始币种	上月末市值	本月买入金额	本月卖出金额	本月非交易变动		本月末市值		本月利息收入
					注销、调整或重新分类至其他报表统计的金额	价值重估因素		其中：剩余期限在一年及以下	
B0211	B0212	B0213	B0214	B0215	B0216	B0217	B0218	B0219	B0220
子	1	2	3	4	5	6	7	8	9

单位负责人：　　统计负责人：　　填表人：　　　　报出日期：20　年　月　日
电话：　　　　　电话：　　　　　电话：　　　　　传真：

投资非居民境内发行股本证券和债务证券（资产）

机构(单位)名称：
机构代码（九位）：

表　　号：外统 B03 表
制定机关：国家外汇管理局
批准机关：国家统计局
批准文号：国统制[2015]159 号
有效期至：2018 年 9 月

20　年　月　　　　　单位：1 货币单位

投资者所属国家/地区（必须为中国）	投资者所属部门	所投资非居民发行产品类型	所投资产品代码（逐支报送使用）	非居民发行主体名称（逐支报送使用）	非居民发行主体所属国家/地区	非居民发行主体所属部门	债务证券原始期限
B0301	B0302	B0303	B0304	B0305	B0306	B0307	B0308
甲	乙	丙	丁	戊	己	庚	辛

续表

原始币种	按非居民发行产品的原始币种			本月非交易变动		本月末市值		本月投资者红利或利息收入
	上月末市值	本月买入（申购）金额	本月卖出（赎回）金额	债权注销金额	价值重估因素		其中：剩余期限在一年及以下	
B0309	B0310	B0311	B0312	B0313	B0314	B0315	B0316	B0317	B0318
壬	1	2	3	4	5	6	7	8	9

单位负责人：　　　统计负责人：　　　填表人：　　　报出日期：20 年 月 日
电话：　　　　　　电话：　　　　　　电话：　　　传真：

吸收境外股权和基金份额投资（负债）

机构（单位）名称：
机构代码（九位）：

表　号：外统 B04 表
制定机关：国家外汇管理局
批准机关：国家统计局
批准文号：国统制[2015]159 号
有效期至：2018 年 9 月

20　　年　　月　　　　　　　　　　　　　　单位：1 货币单位，1 股，1 份，%

工具类型	业务类型	证券代码	发行地	投资者名称	投资者所属国家/地区	投资者所属部门	投资者与本机构的关系	按证券的原始币种		
								原始币种	上月末市值	本月发行金额
B0401	B0401 CODE	B0402	B0403	B0404	B0405	B0406	B0407	B0408	B0409	B0410
甲	乙	丙	丁	戊	己	庚	辛	壬	1	2

续表

	按证券的原始币种									
本月回购（赎回）金额	本月非交易变动		价值重估因素	本月末市值	本月宣告分配投资者的股息/红利	本月末未实现收益（仅限发行产品为货币市场投资基金份额/单位）	本月末投资者持股（份额）数量	本月末每股（每份）市价	本月末投资者持股（份额）比例	
	调整及重新分类至其他报表统计的金额									
B0411	B0412	B0413	B0414	B0415	B0416	B0417	B0418	B0419	B0420	
3	4	5	6	7	8	9	10	11	12	

单位负责人：　　　统计负责人：　　　填表人：　　　报出日期：20　年　月　日
电话：　　　　　　电话：　　　　　　电话：　　　传真：

境外发行债务证券（负债）

机构（单位）名称：
机构代码（九位）：

表　　号：外统 B05 表
制定机关：国家外汇管理局
批准机关：国家统计局
批准文号：国统制[2015]159 号
有效期至：2018 年 9 月

20　年　月　　　　　　　　　　　　　　　　单位：1 货币单位

证券代码	发行地	原始期限	投资者名称	投资者所属国家/地区	投资者所属部门	投资者与本机构的关系
B0501	B0502	B0503	B0504	B0505	B0506	B0507
甲	乙	丙	丁	戊	己	庚

续表

原始币种	上月末市值	本月发行金额	本月赎回金额	本月非交易变动		本月末市值	其中：剩余期限在一年及以下	本月利息支出
				重新分类至其他报表统计的金额	价值重估因素			
B0508	B0509	B0510	B0511	B0512	B0513	B0514	B0515	B0516	B0517
辛	1	2	3	4	5	6	7	8	9

单位负责人：　　　统计负责人：　　　填表人：　　　报出日期：20　年　月　日
电话：　　　　　　电话：　　　　　　电话：　　　　传真：

非居民投资境内发行股本证券和债务证券(负债)

机构(单位)名称:
机构代码(九位):

表　　号: 外统 B06 表
制定机关: 国家外汇管理局
批准机关: 国家统计局
批准文号: 国统制[2015]159 号
有效期至: 2018 年 9 月

20　年　月　　　　　　单位: 1 货币单位

非居民投资者名称	业务类型	非居民投资者所属国家/地区	非居民投资者所属部门	投资产品类型	投资产品代码(逐支报送使用)	发行主体名称(逐支报送使用)	发行主体所属国家/地区(必须为中国)	发行主体所属部门
B0601	B0601 CODE	B0602	B0603	B0604	B0605	B0606	B0607	B0608
甲	乙	丙	丁	戊	己	庚	辛	壬

续表

					按投资产品的原始币种					
债务证券原始期限	原始币种	上月末市值	本月买入金额	本月卖出金额	本月非交易变动		本月末市值		本月非居民投资者红利或利息收入	备注
					债权注销金额	价值重估因素		其中: 剩余期限在一年及以下		
B0609	B0610	B0611	B0612	B0613	B0614	B0615	B0616	B0617	B0618	B0619	B0620
癸	子	1	2	3	4	5	6	7	8	9	丑

单位负责人:　　统计负责人:　　填表人:　　报出日期: 20　年　月　日
电话:　　　　　电话:　　　　　电话:　　　传真:

（四）金融衍生产品及雇员认股权

机构（单位）名称：
机构代码（九位）：

表　号：外统 C01 表
制定机关：国家外汇管理局
批准机关：国家统计局
批准文号：国统制[2015]159 号
有效期至：2018 年 9 月

20　年　月　　　　　　　　　　　　　　　　单位：1 货币单位

填报机构身份	居民被代理人/委托人所属国家/地区	居民被代理人/委托人所属部门	合约类别	金融风险类别	非居民交易对手所属国家/地区	非居民交易对手所属部门	非居民交易对手与本机构/居民机构的关系
C0101	C0102	C0103	C0104	C0105	C0106	C0107	C0108
甲	乙	丙	丁	戊	己	庚	辛

续表

结算的原始币种	上月末头寸市值	本月（现金）结算付款额	本月（现金）结算收款额	本月非交易变动		本月末头寸市值	名义本金币种	本月末名义本金金额
				注销、调整及重新分类至其他报表统计的金额	价值重估因素			
C0109	C0110	C0111	C0112	C0113	C0114	C0115	C0116	C0117	C0118
壬	1	2	3	4	5	6	7	癸	8

单位负责人：　　　　统计负责人：　　　　填表人：　　　　报出日期：20 年 月 日
电话：　　　　　　　电话：　　　　　　　电话：　　　　传真：

（五）存贷款、应收应付款及非公司制机构股权等其他投资

货币与存款（含存放银行同业和联行）（资产）

机构（单位）名称：
机构代码（九位）：

表　　号：外统 D01 表
制定机关：国家外汇管理局
批准机关：国家统计局
批准文号：国统制[2015]159 号
有效期至：2018 年 9 月

20　年　月　　　　　　　　　　　　　　　　　　单位：1 货币单位

					按原始币种填列							
业务类别	对方国家/地区	对方部门	对方与本机构的关系	原始期限	原始币种	上月末本金余额	上月末应收利息余额	本月末本金余额	其中:剩余期限在一年及以下	本月末应收利息余额	本月非交易变动	本月净发生额	本月利息收入
D0101	D0102	D0103	D0104	D0105	D0106	D0107	D0108	D0109	D0110	D0111	D0112	D0113	D0114
甲	乙	丙	丁	戊	己	1	2	3	4	5	6	7	8

单位负责人：　　统计负责人：　　填表人：　　报出日期：20　年　月　日
电话：　　　　　电话：　　　　　电话：　　　传真：

贷款（含拆放银行同业及联行）（资产）

机构（单位）名称：
机构代码（九位）：

表　　号：外统 D02 表
制定机关：国家外汇管理局
批准机关：国家统计局
批准文号：国统制[2015]159 号
有效期至：2018 年 9 月

20　　年　　月　　　　　　　　　　　　　　　单位：1 货币单位

是否委托贷款	委托人所属部门	对方国家/地区	对方部门	对方与本机构/委托人的关系	原始期限	按原始币种填列							
						原始币种	上月末本金余额	上月末应收利息余额	本月末本金余额	其中：剩余期限在一年及以下	本月末应收利息余额	本月非交易变动	本月净发生额	本月利息收入
D0201	D0202	D0203	D0204	D0205	D0206	D0207	D0208	D0209	D0210	D0211	D0212	D0213	D0214	D0215
甲	乙	丙	丁	戊	己	庚	1	2	3	4	5	6	7	8

单位负责人：　　　　统计负责人：　　　　填表人：　　　　报出日期：20　年　月　日
电话：　　　　　　　电话：　　　　　　　电话：　　　　　　传真：

持有境外非公司制机构10%以下表决权和国际组织股权（资产）

机构（单位）名称：
机构代码（九位）：

表　　号：外统 D03 表
制定机关：国家外汇管理局
批准机关：国家统计局
批准文号：国统制[2015]159 号
有效期至：2018 年 9 月

20　　年　　月　　　　　　　　　　　　单位：1 货币单位，%

对方名称	对方代码	对方国家/地区	对方部门	对方与本机构的关系	按原始币种填列						
					原始币种	上月末余额	本月末余额	本月非交易变动	本月净发生额	本月末本机构持表决权比例（%）	本月本机构的红利/股息/利润收入
D0301	D0302	D0303	D0304	D0305	D0306	D0307	D0308	D0309	D0310	D0311	D0312
甲	乙	丙	丁	戊	己	1	2	3	4	5	6

单位负责人：　　　　统计负责人：　　　　填表人：　　　　报出日期：20　年　月　日
电话：　　　　　　　电话：　　　　　　　电话：　　　　　传真：

应收款（不含应收利息）（资产）

机构（单位）名称：
机构代码（九位）：

表　　号：外统 D04 表
制定机关：国家外汇管理局
批准机关：国家统计局
批准文号：国统制[2015]159 号
有效期至：2018 年 9 月

20　年　月　　　　　　　　　　　　　　单位：1 货币单位

对方国家/地区	对方部门	对方与本机构的关系	原始期限	按原始币种填列					本月非交易变动	本月净发生额
				原始币种	上月末余额	本月末余额			
						本月末余额	其中:剩余期限在一年及以下		
D0401	D0402	D0403	D0404	D0405	D0406	D0407	D0408	D0409	D0410
甲	乙	丙	丁	戊	1	2	3	4	5

单位负责人：　　　统计负责人：　　　填表人：　　　报出日期：20　年　月　日
电话：　　　　　　电话：　　　　　　电话：　　　　传真：

存款(含银行同业和联行存放)（负债）

表　　号：外统 D05 表
制定机关：国家外汇管理局
批准机关：国家统计局
批准文号：国统制[2015]159 号
有效期至：2018 年 9 月

机构（单位）名称：
机构代码（九位）：

20　年　月　　　　　　　　　　　　　　单位：1 货币单位

业务类别	对方国家/地区	对方部门	对方与本机构的关系	原始期限	按原始币种填列							
					原始币种	上月末本金余额	上月末应付利息余额	本月末本金余额	其中：剩余期限在一年及以下	本月末应付利息余额	本月非交易变动	本月净发生额	本月利息支出
D0501	D0502	D0503	D0504	D0505	D0506	D0507	D0508	D0509	D0510	D0511	D0512	D0513	D0514
甲	乙	丙	丁	戊	己	1	2	3	4	5	6	7	8

单位负责人：　　　统计负责人：　　　填表人：　　　报出日期：20　年　月　日
电话：　　　　　　电话：　　　　　　电话：　　　传真：

贷款（含银行同业和联行拆借）（负债）

机构（单位）名称：
机构代码（九位）：

表　号：外统 D06 表
制定机关：国家外汇管理局
批准机关：国家统计局
批准文号：国统制[2015]159 号
有效期至：2018 年 9 月

20　年　月　　　　　　　　　　　　　单位：1 货币单位

对方国家/地区	对方部门	对方与本机构的关系	原始期限	按原始币种填列							
				原始币种	上月末本金余额	上月末应付利息余额	本月末本金余额		本月末应付利息余额	本月非交易变动	本月净发生额	本月利息支出
								其中：剩余期限在一年及以下				
D0601	D0602	D0603	D0604	D0605	D0606	D0607	D0608	D0609	D0610	D0611	D0612	D0613
甲	乙	丙	丁	戊	1	2	3	4	5	6	7	8

单位负责人：　　统计负责人：　　填表人：　　报出日期：20　年　月　日
电话：　　　　　电话：　　　　　电话：　　　传真：

非居民持有本机构（非公司制）10%以下表决权（负债）

机构（单位）名称：
机构代码（九位）：

表　　号：外统 D07 表
制定机关：国家外汇管理局
批准机关：国家统计局
批准文号：国统制[2015]159 号
有效期至：2018 年 9 月

20　年　月　　　　　　　　　　　　　　　　单位：1 货币单位，%

对方名称	对方代码	对方国家/地区	对方部门	对方与本机构的关系	按原始币种填列					
					原始币种	上月末余额	本月末余额	本月非交易变动	本月净发生额	本月末外方表决权比例（%）	本月对外方的股息/红利/利润支出
D0701	D0702	D0703	D0704	D0705	D0706	D0707	D0708	D0709	D0710	D0711	D0712
甲	乙	丙	丁	戊	己	1	2	3	4	5	6

单位负责人：　　　统计负责人：　　　填表人：　　　报出日期：20　年　月　日
电话：　　　　　　电话：　　　　　　电话：　　　传真：

应付款（不含应付利息）（负债）

机构（单位）名称：
机构代码（九位）：

表　　　号：外统 D08 表
制定机关：国家外汇管理局
批准机关：国家统计局
批准文号：国统制[2015]159 号
有效期至：2018 年 9 月

20　年　月　　　　　　　　　　　　单位：1 货币单位

对方国家/地区	对方部门	对方与本机构的关系	原始期限	按原始币种填列					本月非交易变动	本月净发生额
				原始币种	上月末余额	本月末余额				
							其中:剩余期限在一年及以下			
D0801	D0802	D0803	D0804	D0805	D0806	D0807	D0808		D0809	D0810
甲	乙	丙	丁	戊	1	2	3		4	5

单位负责人：　　　统计负责人：　　　填表人：　　　报出日期：20　年　月　日
电话：　　　　　　电话：　　　　　　电话：　　　　传真：

对非居民的贷款和应收款减值准备余额

机构（单位）名称：
机构代码（九位）：

表　　号：外统 D09 表
制定机关：国家外汇管理局
批准机关：国家统计局
批准文号：国统制[2015]159 号
有效期至：2018 年 9 月

20　　年　　月　　　　　　　　　　　单位：1 货币单位

资产类别	风险分类	币种	本月末减值准备余额
D0901	D0902	D0903	D0904
甲	乙	丙	1

单位负责人：　　统计负责人：　　填表人：　　报出日期：20　年　月　日
电话：　　　　　电话：　　　　　电话：　　　传真：

（六）货物、服务、薪资及债务减免等其他各类往来

机构（单位）名称：
机构代码（九位）：

表　　号：外统 E01 表
制定机关：国家外汇管理局
批准机关：国家统计局
批准文号：国统制[2015]159 号
有效期至：2018 年 9 月

20　年　月　　　　　　　　　　　　　　单位：1 美元

项目指标	代码	交易对方国家/地区	金额
甲	乙	丙	1
一、来自非居民的收入	1000		
货物收入	1100		
其中：非货币黄金收入	1101		
服务收入	1200		
加工服务收入	1201		
别处未涵盖的维护和维修服务收入	1202		
运输收入	1203		
公务及商务旅行收入	1204		
建设收入	1205		
保险和养老金服务收入	1206		
金融服务收入	1207		
知识产权使用费收入	1208		
电信、计算机和信息服务收入	1209		
研究和开发服务收入	1210		
专业和管理咨询服务收入	1211		
远程教育、医疗和培训收入	1212		
技术服务等其他商业服务收入	1214		
二次收入（经常转移）收入	1600		
保险赔付收入	1601		
其他经常转移收入	1602		
资本账户收入	1700		
其中：债务减免	1701		
二、对非居民的支出	2000		
货物支出	2100		
其中：非货币黄金支出	2101		
服务支出	2200		
加工服务支出	2201		
别处未涵盖的维护和维修服务支出	2202		
运输支出	2203		
公务及商务旅行支出	2204		
建设支出	2205		
保险和养老金服务支出	2206		
金融服务支出	2207		
知识产权使用费支出	2208		

续表

项目指标	代码	交易对方国家/地区	金额
甲	乙	丙	1
电信、计算机和信息服务支出	2209		
研究和开发服务支出	2210		
专业和管理咨询服务支出	2211		
远程教育、医疗和培训支出	2212		
签证费等政府服务支出	2213		
技术服务等其他商业服务支出	2214		
代表处经费	2300		
筹备组费用	2400		
支付非居民雇员报酬	2500		
其中：非居民雇员股票期权支出	2501		
二次收入（经常转移）支出	2600		
保险赔付支出	2601		
其他经常转移支出	2602		
资本账户支出	2700		
其中：债务减免	2701		
三、代扣代缴税	3000		
代扣代缴税（我国税收收入）	3001		
支付境外代扣代缴税（对他国税收支出）	3002		

单位负责人：　　　统计负责人：　　　填表人：　　　报出日期：20　年　月　日

电话：　　　　　　电话：　　　　　　电话：　　　　传真：

（七）与进出口票据、单证有关业务

买断出口票据、单证业务

机构（单位）名称：
机构代码（九位）：

表　　号：外统 F01 表
制定机关：国家外汇管理局
批准机关：国家统计局
批准文号：国统制[2015]159 号
有效期至：2018 年 9 月

20　　年　　月　　　　　　　　　　　　　　　　　单位：1 货币单位

相关业务类型	是否附有银行承兑汇票	境外付款人所属国家/地区	境外付款人所属部门	境外付款人与本机构的关系	原始期限
F0101	F0102	F0103	F0104	F0105	F0106
甲	乙	丙	丁	戊	己

续表

原始币种	按出口相关收款凭证的原始币种					
	上月末余额	本月末余额		本月非交易变动	本月净发生额	备注
			其中：剩余期限在一年及以下			
F0107	F0108	F0109	F0110	F0111	F0112	F0113
庚	1	2	3	4	5	辛

单位负责人：　　　统计负责人：　　　填表人：　　　报出日期：20　年　月　日
电话：　　　　　　电话：　　　　　　电话：　　　　传真：

对外承担第一性付款责任的票据、单证业务

机构（单位）名称：
机构代码（九位）：

表　　号：外统 F02 表
制定机关：国家外汇管理局
批准机关：国家统计局
批准文号：国统制[2015]159 号
有效期至：2018 年 9 月

20　年　月　　　　　　　　　　　　　　　　　　单位：1 货币单位

相关业务类型	是否附有银行承兑汇票	境外收款人所属国家/地区	境外收款人所属部门	境外收款人与本机构的关系	原始期限
F0201	F0202	F0203	F0204	F0205	F0206
甲	乙	丙	丁	戊	己

续表

	按进口相关付款凭证的原始币种					
原始币种	上月末余额	本月末余额		本月非交易变动	本月净发生额	备注
			其中：剩余期限在一年及以下			
F0207	F0208	F0209	F0210	F0211	F0212	F0213
庚	1	2	3	4	5	辛

单位负责人：　　统计负责人：　　填表人：　　报出日期：20　年　月　日
电话：　　　　　电话：　　　　　电话：　　　传真：

（八）涉外银行卡相关统计

境内银行卡境外消费提现

机构（单位）名称：
机构代码（九位）：

表　　号：外统 G01 表
制定机关：国家外汇管理局
批准机关：国家统计局
批准文号：国统制[2015]159 号
有效期至：2018 年 9 月

20　年　月　　　　　　　　　　　　单位：1 货币单位

发卡机构名称	银行卡清算渠道	持卡人所属国家/地区	交易类型	交易方式	交易所在地国家/地区	交易原币	交易金额
G0101	G0102	G0103	G0104	G0104CODE	G0105	G0106	G0107
甲	乙	丙	丁	戊	己	庚	1

单位负责人：　　统计负责人：　　填表人：　　报出日期：20　年　月　日
电话：　　　　　电话：　　　　　电话：　　　传真：

境外银行卡境内消费提现

机构（单位）名称：
机构代码（九位）：

表　　号：外统 G02 表
制定机关：国家外汇管理局
批准机关：国家统计局
批准文号：国统制[2015]159 号
有效期至：2018 年 9 月

20　年　月　　　　　　　　　　　　　　　　单位：1 货币单位

银行卡清算渠道	交易类型	交易方式	发卡行所属国家/地区	交易原币	交易金额
G0201	G0202	G0202CODE	G0203	G0204	G0205
甲	乙	丙	丁	戊	1

单位负责人：　　　统计负责人：　　　填表人：　　　报出日期：20　年　月　日
电话：　　　　　　电话：　　　　　　电话：　　　　传真：

（九）涉外托管业务

为非居民托管业务统计（QFII、RQFII 相关）

机构（单位）名称：
机构代码（九位）：

表　　号：外统 H01 表
制定机关：国家外汇管理局
批准机关：国家统计局
批准文号：国统制[2015]159 号
有效期至：2018 年 9 月

20　年　月　　　　　　　　　　　　　　　　　　单位：1 货币单位

非居民委托人名称	非居民委托人代码	非居民委托人所属国家/地区	非居民委托人所属部门	非居民委托人产品名称	业务编号	投资工具类型	投资品种类型	业务类型	金融衍生产品的合约类别	金融衍生产品的风险类别	投资工具代码（逐支报送使用）	投资工具发行人名称（逐支报送使用）	投资工具发行人（对手方）所属部门
H0101	H0101 CODE	H0102	H0103	H0104	H0104 CODE	H0105	INVTYPE	H0105 CODE	H0106	H0107	H0108	H0109	H0110
甲	乙	丙	丁	戊	己	庚	辛	壬	癸	子	丑	寅	卯

续表

非居民委托人与境内发行人（对手方）的关系	投资工具的原始期限	原始币种	上月末市值	本月买入/申购/（现金）结算付款额	本月卖出/赎回/（现金）结算收款额	本月非交易变动		本月末市值		本月红利或利息收入	本月未实现收益（仅适用于货币市场基金份额）	金融衍生产品的名义本金币种	金融衍生产品的本月末名义本金金额
						注销或重新分类至其他项目统计的金额	价值重估因素		其中：剩余期限在一年及以下				
H0111	H0112	H0113	H0114	H0115	H0116	H0117	H0118	H0119	H0120	H0121	H0122	H0123	H0124	H0125
辰	1	巳	2	3	4	5	6	7	8	9	10	11	午	12

单位负责人：　　　统计负责人：　　　填表人：　　　报出日期：20　年　月　日
电话：　　　　　　电话：　　　　　　电话：　　　　传真

第三章 国际收支统计

为居民托管业务统计（QDII相关）

表　　号：外统H02表
制定机关：国家外汇管理局
批准机关：国家统计局
批准文号：国统制[2015]159号
有效期至：2018年9月

机构（单位）名称：
机构代码（九位）：

20　年　月　　　　单位：1货币单位

居民委托人名称	居民委托人代码	居民委托人所属部门	居民委托人产品名称	业务编号	投资工具类型	投资品种类型	业务类型	金融衍生产品的合约类别	金融衍生产品的风险类别	投资工具代码（逐支报送使用）	投资工具发行人名称（逐支报送使用）	投资工具发行市场	投资工具发行人所属国家/地区	投资工具发行人所属部门
H0201	H0201CODE	H0202	H0203	H0203CODE	H0204	INVTYPE	H0204CODE	H0205	H0206	H0207	H0208	H0209	H0210	H0211
甲	乙	丙	丁	戊	己	庚	辛	壬	癸	子	丑	寅	卯	辰

续表

投资工具发行人与居民委托人的关系	投资工具的原始期限	原始币种	上月末市值	按所托管工具的原始币种					金融衍生产品的名义本金币种	金融衍生产品的本月末名义本金金额
				本月买入/申购/(现金)结算付款额	本月卖出/赎回/(现金)结算收款额	本月非交易变动		本月末市值			
						注销或重新分类至其他项目统计的金额	价值重估因素		其中：剩余期限在一年及以下	本月红利或利息收入		
H0212	H0213	H0214	H0215	H0216	H0217	H0218	H0219	H0220	H0221	H0222	H0223	H0224	H0225
巳	1	午	2	3	4	5	6	7	8	9	10	未	11

（十）涉外保险业务

为非居民提供直接保险服务

机构（单位）名称：
机构代码（九位）：

表　　号：外统 I01 表
制定机关：国家外汇管理局
批准机关：国家统计局
批准文号：国统制[2015]159 号
有效期至：2018 年 9 月

20　年　月　　　　　　　　　　　　单位：1 货币单位

保险类别	保单持有人所属国家/地区	保单持有人所属部门	保单持有人与本机构的关系	填表币种	本月已赚毛保费总额
I0101	I0102	I0103	I0104	I0105	I0106
甲	乙	丙	丁	戊	1

续表

本月归属于非居民保单持有人的收益（补充保费）	本月应付索赔/福利总额	上月末保单责任准备金余额	本月末保单责任准备金余额	备注
I0107	I0108	I0109	I0110	I0111
2	3	4	5	己

单位负责人：　　　统计负责人：　　　填表人：　　　报出日期：20　年　月　日
电话：　　　　　　电话：　　　　　　电话：　　　　传真：

第三章 国际收支统计

为非居民提供再保险服务（分入保险）

表　　号：外统 102 表
制定机关：国家外汇管理局
批准机关：国家统计局
批准文号：国统制[2015]159 号
有效期至：2018 年 9 月

机构(单位)名称：
机构代码（九位）：

20　年　月　　　　　　　　　　　　　　　　单位：1 货币单位

保险类别	再保险分出人所属国家/地区	再保险分出人所属部门	再保险分出人与本机构的关系	填表币种	本月分入业务已赚分保费收入
I0201	I0202	I0203	I0204	I0205	I0206
甲	乙	丙	丁	戊	1

续表

本月归属于非居民保单持有人的收益（补充保费）	本月应付分保费用	本月应付分保赔款	上月末分保责任准备金余额	本月末分保责任准备金余额	备注
I0207	I0208	I0209	I0210	I0211	I0212
2	3	4	5	6	己

单位负责人：　　统计负责人：　　填表人：　　报出日期：20 年 月 日
电话：　　　　　电话：　　　　　电话：　　　传真：

从非居民保险机构获得再保险服务（分出保险）

机构（单位）名称：
机构代码（九位）：

表　　号：外统 I03 表
制定机关：国家外汇管理局
批准机关：国家统计局
批准文号：国统制[2015]159 号
有效期至：2018 年 9 月

20　年　月　　　　　　　　　　　　　　单位：1 货币单位

保险类别	再保险接受人所属国家/地区	再保险接受人所属部门	再保险接受人与本机构的关系	填表币种	本月分出业务保费支出
I0301	I0302	I0303	I0304	I0305	I0306
甲	乙	丙	丁	戊	1

续表

本月摊回分保费用收入	本月摊回赔付成本收入	上月末应收分保责任准备金余额	本月末应收分保责任准备金余额	备注
I0307	I0308	I0309	I0310	I0311
2	3	4	5	己

单位负责人：　　　统计负责人：　　　填表人：　　　报出日期：20　年　月　日
电话：　　　　　　电话：　　　　　　电话：　　　　传真：

（十一）补充报表：银行进出口贸易融资余额

机构（单位）名称：
机构代码（九位）：

表　　号：外统 X01 表
制定机关：国家外汇管理局
批准机关：国 家 统 计 局
批准文号：国统制[2015]159 号
有效期至：2018 年 9 月

20　年　月　　　　　　　　　　　　　　　单位：1 美元

项目指标	代码	金额
甲	乙	1
1. 银行进口贸易融资业务——境外银行提供贸易融资	1000	
其中：人民币	1001	
1.1 海外代付（境内银行名义融资）	1100	
其中：人民币	1101	
1.1.1 海外代付（境内银行名义融资）（90 天及以下）	1110	
其中：人民币	1111	
1.2 境内银行提供担保	1200	
其中：人民币	1201	
1.3 境内银行居间业务	1300	
其中：人民币	1301	
2. 银行出口贸易融资业务——境外银行提供贸易融资	2000	
其中：人民币	2001	
2.1 境外银行提供贷款性质融资	2100	
其中：人民币	2101	
2.2 境外银行承兑远期信用证及应付未付即期信用证（境内银行为交单行）	2200	
其中：人民币	2201	

单位负责人：　　　统计负责人：　　　填表人：　　　报出日期：20　年　月　日
电话：　　　　　　电话：　　　　　　电话：　　　　传真：

四、主要指标解释

（一）填报单位基本信息

1. 统计内容：

本表的目的在于构建填报单位的投资关系框架，应分别向上（投资者方向）和向下（被投资机构方向）逐级填报上级机构持有直接下级机构10%及以上表决权的情况。在向上追溯各级投资者或向下追溯各级被投资机构时，需填报：(1) 中国境内外的投资者（或母机构）；(2) 中国境内外的附属机构或联营、合营机构；(3) 中国境外的分支机构，但在中国境内的分支机构信息不需要填报。此外，与本单位同在中国境内的同一企业集团内的相关机构或个人如自身也与境外机构或个人发生10%及以上表决权往来，则本单位应尽量将这些机构或个人的信息纳入本表统计。

2. 相关填报说明：

Z01表：单位基本情况信息

Z0101. 填报单位名称：对于机构，请按照工商行政管理部门核发的"组织机构代码证或统一社会信用代码证或外汇局签发的特殊机构代码赋码通知"上的名称填写。

Z0102. 证照类别：请选择①组织机构代码证或统一社会信用代码证；②特殊机构代码赋码通知；③身份证；④护照；⑤其他；⑥永久居留证。

Z0103. 证照号码：请根据对 Z0102 项的选择填写相应的号码。

Z0104. 金融机构代码：请填写国家外汇管理局赋予的四位代码。如无金融机构代码，请选择 N/A。

Z0105. 机构所属行业代码：如为机构，请参照数据采集规范最新版本中的相关代码表，填报本机构所属的行业代码。如为个人，请选择个人。

Z0106. 经济类型：请参照数据采集规范最新版本中的相关代码表，填报本机构所属的经济类型。如为个人，则默认为个人。

Z0107. 填报单位类型：请选择①法人；②分支机构；③其他非公司制机构或准公司；④个人。

Z0108. 所在地：指本机构境内注册地或个人常住地。请参照数据采集规范最新版本中的相关代码表最底层一级填列。

Z0109. 地址：指填报机构的注册地址或个人常住地址。

Z0110. 联系人：指填报机构或个人的数据报送联系人姓名。可为多个。

Z0111. 联系电话和电子邮箱：指填报机构或个人的数据报送联系人电话及常用的电子邮箱，可为多个。

Z02 表：业务概览及联系方式

Z0201. 本机构是否有相关业务：有相关业务填"是"，无相关业务填"否"。

Z0202. 填报部门：填报部门的名称。

Z0203. 统计负责人：负责人姓名。

Z0204. 统计负责人电话：负责人联系电话。

Z0205. 填表人：填表人姓名。

Z0206. 填表人电话及电子邮箱：填表人联系电话及常用电子邮箱地址。

Z03：投资关系（组织架构）

Z0301. 投资者名称：包括上一（N）级投资者名称和下一（N）级投资者名称，其中上一（N）级投资者名称指截至本统计期末，持有本填报机构10%及以上表决权的投资者、持有该投资者10%及以上表决权的再上一级投资者，并一直向上追溯的各级投资者的名称；下一（N）级投资者名称指填报单位直接持有10%及以上表决权的被投资机构，以及该被投资机构直接持有10%及以上表决权的再下一级被投资机构，并一直向下追溯的各级被投资机构的名称。应填写上述被投资机构的中文名称或当地注册的英文名称。如为其他语言名称，可不填写外文名称，但必须填写中文名称。

Z0302. 投资者代码：指 Z0301 中各级投资者的代码，如为境内机构和个人，则填写组织机构代码或统一社会信用代码和个人身份证件号码；如为境外机构，则优先选择 SWIFT 代码，如没有 SWIFT 代码，可填写特殊机构代码/股票证券代码/其他机构标识码，以唯一标识该境外机构；如为境外个人，则填写护照号码或当地具有唯一性的个人身份证件号码。

Z0303. 投资者所属国家/地区：指上述各级投资者注册或常住的国家或地区。

Z0304. 投资者所属部门：指上述各级投资者所属的部门分类。按以下五个子部门填列，即①政府；②中央银行/货币当局；③银行；④非银行金融机构；⑤其他企业和个人。请按投资者的主营业务归类。

Z0305. 投资者表决权比例（%）：指本统计期末，上述投资者持有下一级被投资机构表决权比例（不包括潜在表决权，如债转股）。

Z0306. 被投资机构名称：被投资机构的中文名称或当地注册的英文名称。如为其他语言名称，可不填写外文名称，但必须填写中文名称。

Z0307. 被投资机构代码：各级被投资机构的代码，如为境内机构和个人，则填写组织机构代码或统一社会信用代码和个人身份证件号码；如为境外机构，则优先选择 SWIFT 代码，如没有 SWIFT 代码，可填写特殊机构代码/股票证券代码/其他机构标识码，以唯一标识该境外机构；如为境外个人，则填写护照号码或当地具有唯一性的个人身份证件号码。

Z0308. 被投资机构所属国家/地区：指上述被投资机构注册的国家或地区。

Z0309. 被投资机构所属部门：指上述各级被投资机构所属的部门分类。按以下五个子部门填列：①政府；②中央银行/货币当局；③银行；④非银行金融机构；⑤其他企业和个人。请按被投资机构的主营业务归类。

3. 相关举例：

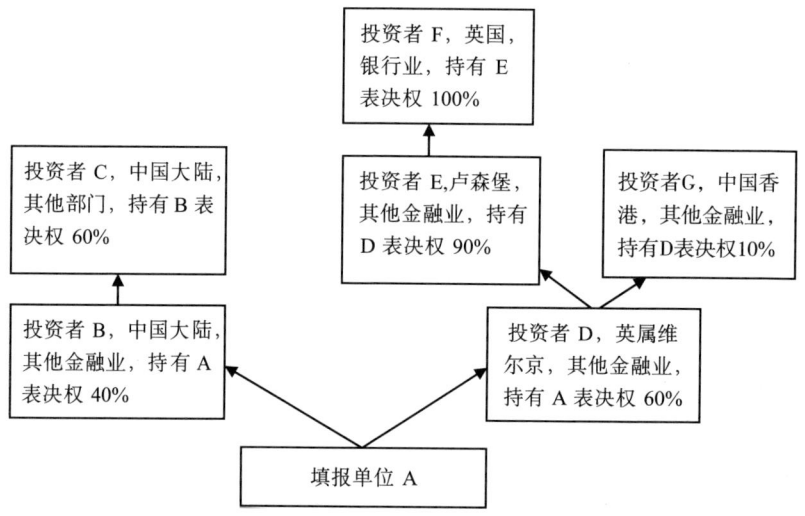

图 1 向上 N 级投资者信息

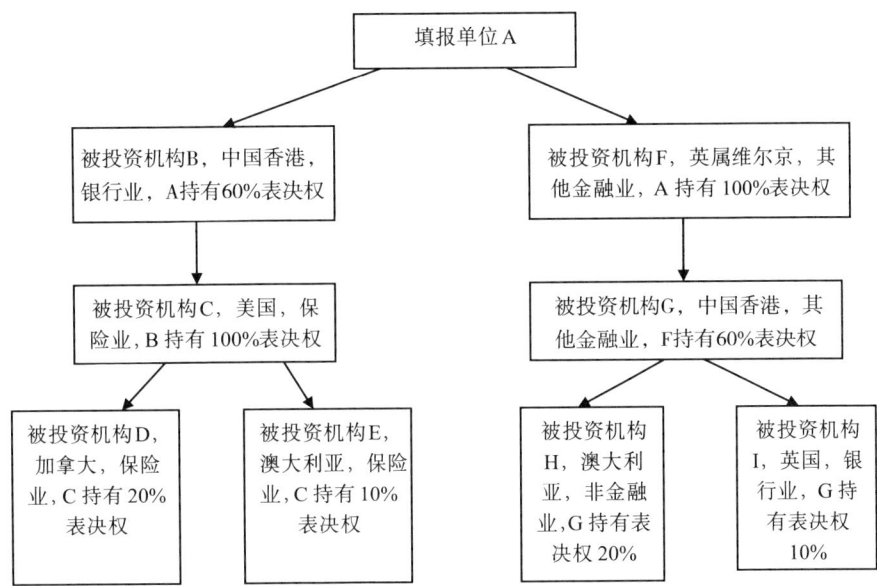

图 2　向下 N 级被投资机构信息

(二) 直接投资 (10% 及以上股权)

1. 统计内容

在本统计期初或期末,跨境直接持有或通过 SPV 或壳机构持有一机构表决权≥10% 的,包括跨境拨付给另一经济体分支机构的营运资金和在另一经济体的子机构、联营机构和合营机构的股份 (不包括非参与性优先股,这部分优先股被视为债券)。与上述机构的债务性投资往来纳入 B 表 (证券投资的债务证券部分) 或 D 表 (存贷款以及应收应付款等) 统计。

2. 相关填报说明

A01 表　　　　　对外直接投资 (分为 A01－1、A01－2 表)

包　括	不　包　括
1. 本统计期初或期末,本机构持有非居民机构的普通股、有表决权的股份,且表决权≥10%,包括代理其他境内机构持有的部分	
2. 本统计期初或期末,本机构持有境外发行的基金,且持有份额/单位的比例达到或高于 10%,包括代理其他境内机构持有的部分	

续表

包 括	不 包 括
3. 被投资非居民机构应为有实际经营的机构，而非境外特殊目的实体（SPV）和壳机构	

A0101. 境外被投资机构代码：指可以唯一标识对外直接投资资金最终投向的境外被投资机构的代码，包括"SWIFT 编码/股票证券代码/其他机构标识码"等。如果为境外上市企业，代码前需注明交易所编码，如纽交所代码为 NYSE；多个地区上市可以只填报主要上市地的代码；如只能填报其他机构标识码，需填报境内投资主体的组织机构代码或统一社会信用代码，再加上公司或集团内部编码等。所谓境外被投资机构，包括：（1）本机构在境外设立或投资的分支机构、子机构、联营或合营机构，包括对上述机构的新设、追加或撤回股本或营运资金投资，但本机构在境外设立代表处不纳入本表统计；（2）本机构在境外证券市场买卖（含一级市场和二级市场）或场外协议买卖某家境外机构的股权，且在本统计期初或期末，持有该境外机构表决权比例≥10%的；（3）本机构买卖境外发行的基金，且在本统计期初或期末，持有该境外基金份额或单位≥10%的。

A0102. 境外被投资机构全称：指上述境外被投资机构的中文名称或当地注册的英文名称，如为其他语言名称，可不填写外文名称，但必须填写中文名称。

A0103. 境外被投资机构所属国家/地区：指上述境外被投资机构注册登记的国家或地区。

A0104. 境外被投资机构所属行业：根据主营业务，归类为：①银行；②证券公司（含证券公司、公募或私募基金、期货公司等以资本市场活动为主营业务的机构）；③保险公司；④财务公司；⑤其他类金融机构；⑥非金融类机构。

A0105. 境外被投资机构与本机构的关系：指上述境外被投资机构是本机构的：①境外分支机构（非法人机构）；②境外子机构（法人机构）（本机构持有表决权>50%）；③境外联营或合营机构（法人）（10%≤本机构持有表决权≤50%）。

A0106. 最终控制方全称：对上述境外被投资机构具有最终控制权（通

过控制权逐级传递）的母公司或个人的中文名称及当地注册的英文名称。如为其他语言名称，可不填写外文名称，但必须填写中文名称。

A0107. 最终控制方所属国家/地区：指上述最终控制方注册登记或常驻（住）的国家或地区。

A0108. 期末（本机构）表决权比例（%）：本统计期末（月度末），本机构在境外被投资机构公司经营管理等重大事项的决定权或投票权中所占比例。

A0109. 期末（本机构）持股比例（%）：本统计期末（月度末），本机构在境外被投资机构（股本）权益中所占的比例。若为境外分支机构，应比照子机构情况填报本机构持股比例，如填报为100%。

A0110. 本机构是否通过SPV或壳机构持有该境外被投资机构：当境外被投资机构不是本机构境外一级分支机构、子机构、联营机构或合营机构，而是本机构通过境外一级SPV或壳机构间接持有≥10%表决权时，请选择①是；反之则选择（0）否。

A0111. 该SPV或壳机构所属国家/地区：对于A0110选择"①是"的，填报该境外一级SPV或壳机构所在国家和地区的代码。

A0112. 期末会计记账币种（原币）：请按照境外被投资机构当地（所在国家或地区）主要记账本位币填报。如无相关境外被投资机构记账本位币数据，应按照本机构内部使用的记账币种填报。该记账币种适用于A0113~A0126各项。

A0113. 期末资产：指对应月度末，境外被投资机构合并资产负债表中的"资产总额"。

A0114. 期末负债：指对应月度末，境外被投资机构合并资产负债表中的"负债总额"。

A0115. 本机构拨付的营运资金：指对应月度末，境外被投资机构合并资产负债表中记录的母公司（本机构）拨付的"营运资金"。如境外被投资机构将其记为权益，则应纳入A0116和A0117下统计，而不应纳入本项统计。

A0116. 期末归属于被投资机构全体股东的权益（总额）：指对应月度末，境外被投资机构合并"资产负债表"中归属于其全体股东的权益。该项应等于A0117至A0121项的合计。如境外被投资机构将母公司（本机构）拨付的"营运资金"记为权益，则应纳入本项统计，而不应统计在A0115项下。

A0117. 实收资本：指期末归属于该境外被投资机构全体股东的权益（总额）中的"实收资本"金额。如境外被投资机构将母公司（本机构）拨付的"营运资金"纳入本项目统计，则应纳入本项统计，而不应统计在A0115项下。

A0118. 资本公积：指期末归属于该境外被投资机构全体股东的权益（总额）的"资本公积"或对应项目，反映境外被投资机构收到投资者出资额超出其在企业注册资本（或股本）中所占份额的部分，以及直接计入所有者权益的利得和损失等。

A0119. 盈余公积：是指期末归属于该境外被投资机构全体股东的权益（总额）中的，按照规定从净利润中提取的各种积累资金，包括法定盈余公积和任意盈余公积。

A0120. 未分配利润：指期末归属于该境外被投资机构全体股东的权益（总额）中的未分配利润总额。

A0121. 其他：指期末归属于该境外被投资机构全体股东的权益（总额）下，未涵盖在A0117至A0120项中的部分，包括但不限于一般准备、外币报表折算差额等。

A0122. 期末少数股东权益：境外被投资机构合并资产负债表中的少数股东权益。

A0123. 本期利润总额：指当月境外被投资机构合并损益表中"利润总额（税前）"，指当月数，而非累计数。

A0124. 本期被投资机构全体股东应享净利润：指当月境外被投资机构合并损益表中的归属于被投资机构全体股东的净利润。

A0125. 本期宣告分配（本机构）利润：本对应月度内，境外被投资机构宣告分配给本机构的利润。对于境外分支机构，应对照全资境外子公司的情况填写。

A0126. 对所在国缴纳的税金总额：指对应年末，本机构控股（持股>50%）的境外被投资机构按照其经营所在国家或地区的法律规定，在当地缴纳的各项税金之和，为当年累计发生数，按境外关联实体记账本位币填报。每年填报一次，仅需在报送12月报表时填列本年发生额。本机构持股≤50%的境外被投资机构不填报此项目。

A0127. 年末从业人数（人）：指对应年末，本机构控股（持股>50%）

的境外被投资机构雇用的员工总数。每年填报一次，仅需在报送 12 月报表时填列本年末数。本机构持股≤50%的境外被投资机构不填报此项目。

A0128. 其中的中方雇员数（人）：指对应年末，本机构控股（持股＞50%）的境外被投资机构所雇用的员工中，由中方投资者派出的雇员人数。每年填报一次，仅需在报送 12 月报表时填列本年年末数。本机构持股≤50%的境外被投资机构不填报此项目。

A0129. 可流通股票（份额）的记账币种（原币）：指对应月度末，本机构持有的境外被投资机构可流通股票或基金份额的记账币种。如无可流通股票或基金份额，此项为"N/A"。

A0130. 本机构持股（份额）数量：指对应月度末，本机构持有的境外被投资机构可流通股票的股数以及可流通投资基金份额的份数。如无可流通股票或基金份额，此项为零。

A0131. 每股（每份）市价：指对应月度末最后一个股票交易日每股股票或基金份额的收盘价。如果本机构持有境外被投资机构多个市场发行的股票或基金份额，应按照不同上市地的计价币种和股票/份额价格分别填报。对于非公开上市但存在月末市值重估的股权或基金份额，应填报相关估值金额。如无可流通股票/基金份额，此项为零。

A0132. 投资日期：按对应月度内，本机构对境外被投资机构股权或基金份额投资的实际发生日期填报（如某年某月某日）。如相关投资采用的二级市场买卖股票或基金份额形式，且无法确切逐笔记录，投资日期应填报为对应月份。

A0133. 投资币种（原币）：按照本机构投向境外被投资机构的原始币种填报。如投资涉及多个币种，应按照币种分别填报。请参照数据采集规范最新版本中的相关代码表填报。

A0134. 投资金额增减（+或-）：指对应月度内，本机构新增、追加、减少、撤回的股权投资，即以股票或股权、营运资金、利润转增资本或基金份额投资等股权类投资方式实际投入或撤回的金额，按实际投资的原始币种填列。其中，"+"指本机构新增或追加对境外被投资机构的股权或基金份额投资，"-"指本机构减少或撤回对境外被投资机构的股权或基金份额投资。如果出资方式为非现金形式，应以其公允价值记录。如果相关投资为非股权类投资，而是公司间借贷等债务类投资往来，则不应纳入本栏统计，应纳入"D表：存贷款、应收应付款及非公司制机构股权等往来"统计。如为可转债形式，则在转换前，统计为债务证券（纳入B02表统计）；转换后，统计为股本证券。如采用二级市场买卖股票形式，且交易频繁无法逐笔记录，则可累计记录当月同一币种下对同一机构的投资变动额。

A0135. 本机构持有表决权比例增减（%）：本对应月度内，本机构持有境外被投资机构表决权比例的增减。其中，"+"指本机构持有境外被投资机构的表决权比例增加，"-"指本机构持有境外被投资机构表决权比例减少。对于没有独立的所有者权益或股权资本的境外分支机构，应比照全资境外子公司的情况填写。

A0136. 是否兼并、收购：指本月内的该笔投资是否为兼并、收购境外被投资机构的活动。请选择：①是，②否。其中，兼并指吸收合并，即本机构合并中国境外原独立于本机构（企业集团）的实体的行为。收购指本机构用现金或者有价证券等收购中国境外原独立于本机构（企业集团）的实体或项目，以获得对该境外实体或项目10%及以上的所有权或50%以上的控制权。兼并、收购包括但不限于场外协议购买、股票市场（含二级市场）购买等形式。

A0137. 出资方式：指本月内的该笔投资。属于：①现金；②实物；③无形资产；④股权出资；⑤其他。

BIZCODE 业务编号：该笔投资对应的资本项目系统中协议登记的业务编号。

A0138. 备注：其他需说明的情况（如与本表原则说明不一致的情况）。

A02表　　外国来华直接投资（分为A02-1、A02-2、A02-3表）

包　括	不　包　括
1. 本统计期初或期末，非居民在境内设立的分支机构、子机构和联营或合营机构与境外投资者的股权投资往来	1. 非居民在境内的分支机构、子机构和联营机构与境内的各类往来
2. 本统计期初或期末，非居民持有境内机构的普通股和有表决权的股份≥10%	2. 非居民持有本机构的普通股、有表决权的股份，但在统计期内其表决权比例持续<10%
3. 本统计期初或期末，非居民持有境内发行的基金份额/单位比例达到或高于10%	3. 非居民持有本基金管理公司管理的基金份额/单位，但在统计期内其表决权比例持续低于10%

A0201. 期末会计记账币种（原币）：请按照本机构（被投资机构）合并会计账上的记账本位币（人民币）填列。该记账币种适用于从 A0202 ~ A0215 各项。

A0202. 期末资产：指对应月度末，本机构合并资产负债表中的"资产总额"。

A0203. 期末负债：指对应月度末，本机构合并资产负债表中的"负债总额"。

A0204. 境外母公司拨付的营运资金：对于境外投资者拨付给境内分支机构的"营运资金"，如本机构作为负债记录，则需在本项目中填报相关金额。如本机构作为权益记录，则应纳入 A0205 和 A0206 下统计，而不应纳入本项统计。

A0205. 期末归属于本机构全体股东的权益（总额）：指对应月度末，本机构合并"资产负债表"中归属于本机构全体股东的权益。该项应等于 A0206 至 A0210 项目的合计。对于境外投资者在境内的分支机构，如其将境外投资者拨付的"营运资金"记录为权益，则应纳入本项目统计，而不应统计在 A0204 项下。

A0206. 实收资本：指期末归属于本机构全体股东的权益（总额）中的"实收资本"金额。对于境外投资者在境内的分支机构，如其将境外投资者拨付的"营运资金"记录为权益项目，则应纳入本项目统计，而不应统计在 A0204 项下。

A0207. 资本公积：指期末归属于本机构全体股东的权益（总额）中的"资本公积"金额，是指本机构收到投资者出资额超出其在注册资本（或股本）中所占份额的部分，以及直接计入所有者权益的利得和损失等。

A0208. 盈余公积：指期末归属于本机构全体股东的权益（总额）中的，按照规定从净利润中提取的各种积累资金，包括法定盈余公积和任意盈余公积。

A0209. 未分配利润：指期末归属于本机构全体股东的权益（总额）中未分配利润总额。

A0210. 其他：指期末归属于本机构全体股东的权益（总额）下，未涵盖在 A0206 ~ A0209 项下的部分，包括但不限于一般准备、外币报表折算差额等。

A0211. 期末少数股东权益：指本机构合并资产负债表中的少数股东权益。

A0212. 本期利润总额：指当月本机构合并损益表中的"利润总额（税前）"，指当月数，而非累计数。

A0213. 本期本机构全体股东应享净利润：指当月本机构合并损益表中的归属于本机构全体股东的净利润。

A0214. 本期本机构分配给（全体股东）的利润：指当月本机构宣告分配给全体股东的利润。

A0215. 本机构在境内缴纳的税金总额：指对应年末，被境外投资者控股（持股>50%）的本机构按照中国大陆法律规定，在当地缴纳的各项税金之和，为当年累计发生数，按本机构会计账的记账本位币填列；每年填报一次，仅需在报送12月报表时填列本年发生额。如本机构未被境外投资者控股（持股≤50%），不填报此项目。

A0216. 年末从业人数（人）：指对应年末，被境外投资者控股（持股>50%）的本机构雇用的员工总数；每年填报一次，仅需在报送12月报表时填列本年末数。如本机构未被境外投资者控股（即持股≤50%），不填报此项目。

A0217. 其中的外方雇员数（人）：指对应年末，被境外投资者控股（持股>50%）的本机构所雇用的员工中，由外方投资者派出的雇员人数；每年填报一次，仅需在报送12月报表时填列本年末数。如本机构未被境外投资者控股（持股≤50%），不填报此项目。

A0218. 境外投资者代码：指可以唯一标识该境外投资者的代码，包括"SWIFT编码/股票证券代码/其他机构标识码"等。如果该境外投资者为境外上市企业，代码前需注明交易所编码，如纽交所代码为NYSE；多个地区上市可以只填报主要上市地的代码；如只能填报其他机构标识码，需填报境内投资主体的金融机构代码，再加上公司或集团内部编码等。所谓境外投资者，指的是有以下投资活动的境外机构或个人，包括：①在境内设立或投资一级分支机构、子机构、联营机构或合营机构，包括对上述境内机构的新设、追加、减少或撤回股权或营运资金投资，但境外机构在境内设立代表处不纳入本表统计；②在境内外证券市场买卖（含一级市场和二级市场）或场外协议买卖本机构股权，且在本统计期初或期末，持有本机构表决权≥

10%的，但境外结算代理机构［如香港中央结算（代理人）］不是本机构的投资者；③购买本机构境外发行的基金，且在本统计期初或期末，持有该境外基金份额或单位≥10%的。

A0219. 境外投资者全称：指上述境外投资者的中文名称及当地注册的英文名称，如为其他语言名称，可不填写外文名称，但必须填写中文名称。

A0220. 境外投资者所属国家/地区：指上述境外投资者注册登记或常住（投资者为个人时）的国家或地区。

A0221. 境外投资者所属行业，请按以下九个子行业填列：①银行；②证券公司（含证券公司、公募或私募基金、期货公司等以资本市场活动为主营业务的机构）；③保险公司；④财务公司；⑤其他类金融机构；⑥非金融类机构；⑦个人；⑧政府；⑨中央银行/货币当局。请按境外投资者的主营业务归类。

A0222. 境外投资者与本机构的关系：指本机构是上述境外投资者的：①境内分支机构（非法人）②境内子机构（法人）（境外投资者持有本机构表决权>50%）；③境内联营或合营机构（法人）（10%≤境外投资者持有本机构表决权≤50%）。

A0223. 最终控制方全称：对本机构具有最终控制权（通过控制权逐级传递）的母机构或个人的中文名称及当地注册的英文名称。如为其他语言名称，可不填写外文名称，但必须填写中文名称。

A0224. 最终控制方所属国家/地区：指上述最终控制方注册登记或常驻（住）的国家或地区。

A0225. 期末（外方）表决权比例（%）：对应月度末，境外投资者在本机构经营管理等重大事项的决定权或投票权中所占比例。

A0226. 期末（外方）持股比例（%）：对应月度末，对应境外投资者在本机构权益中所占的比例。对由于没有独立的所有者权益或股权资本的境内分支机构，应比照全资境内子公司的情况记录持股比例情况。如100%为境外投资者所有的境内分支机构，外方持股比例为100%。

A0227. 可流通股票（份额）的记账币种（原币）：指对应月度末，境外投资者持有的本机构可流通股票或基金份额的记账币种。如无可流通股票或基金份额，此项填"N/A"。

A0228. 持股（份额）数量：指对应月度末，境外投资者持有的本机构可流通股票的股数或基金份额的份数。如无可流通股票或基金份额，此项为零。

A0229. 每股（每份）市价：指对应月度末最后一个股票交易日每股股票或基金份额的收盘价。如果对应境外投资者持有本机构多个市场发行的股票或基金份额，应按照不同上市地的计价币种和股票或份额分别填报。对于非公开上市但存在月末市值重估的股权或基金份额，应填报相关估值金额。如无可流通股票或基金份额，此项为零。

A0230. 投资日期：按对应月度内，境外投资者投资本机构的实际发生日期填报（如某年某月某日）。如相关投资采用的二级市场买卖股票或基金份额形式，且交易频繁无法确切逐笔记录，投资日期应填报为对应月份。

A0231. 投资币种（原币）：按照境外投资者投资本机构的原币币种填报。如投资涉及多个币种，应按照币种分别填报。请参照数据采集规范最新版本中的相关代码表填报。

A0232. 投资金额增减（+或-）：指对应月度内，境外投资者新增、追加、减少、撤回的股权或基金份额投资，即以股票或股权、营运资金、利润转增资本或基金份额投资等股权类投资方式实际投入或撤回的金额，按实际投资的原始币种填列。其中，"+"指境外投资者新增或追加对本机构的股权或基金份额投资，"-"指境外投资者减少或撤回对本机构的股权或基金份额投资。如果出资方式为非现金形式，应以其公允价值记录。如果相关投资为非股权类投资，而是公司间借贷等债务类投资往来，则不应纳入本栏统计，应纳入"D表：存贷款、应收应付款及非公司制机构股权等往来"统计。如直接投资行为以证券形式发生（如在二级市场买卖股票），且交易频繁无法确切逐笔记录，则可累计记录当月同一币种下同一实体对本机构的投资变动额。

A0233. 外方持有表决权比例增减（%）：本对应月度内，境外投资者持有本机构表决权比例的增减，即月末与月初相比，境外投资者在本机构的权益性资本中占比的变动。其中，"+"指境外投资者持有本机构表决权比例增加，"-"指境外投资者持有本机构表决权比例减少。对于没有独立的所有者权益或股权资本的境内分支机构，应比照全资境内子公司的情况填写。

A0234. 是否兼并、收购：指本月内的该笔投资是否为兼并、收购境内机构的活动，请选择①是，②否。其中，兼并指吸收合并，即境外投资者合并中国境内设立的实体或项目。收购指境外投资者用现金或者有价证券等收购中国境内设立的实体或项目，以获得对该境内实体或项目10%及以上的所有权或50%以上的控制权。兼并、收购包括但不限于场外协议购买、股票市场（二级市场）购买等形式。

A0235. 出资方式：指本月内的该笔投资，属于：①现金；②实物；③无形资产；④股权出资；⑤其他。

A0236. 备注：其他需说明的情况（如与本表原则说明不一致的情况）。

3. 直接投资统计的相关概念：

根据国际货币基金组织《国际收支与国际投资头寸手册（第六版）》，直接投资是指一经济体的居民拥有另一经济体的机构（公司或非公司制企业，不含国际组织）10%或以上的表决权，从而能够对被投资机构实施管理上的控制或重大影响。直接投资交易不仅包括投资者与被投资机构初次建立直接投资关系的交易，也包括随后的所有交易。拥有直接投资关系的各方之间的交易流量和头寸均属于直接投资统计范畴。

（1）直接投资关系：一经济体的居民拥有另一经济体的机构10%或以上的表决权，能对被投资机构实施管理上的控制或重大影响，直接投资关系便告成立。具体包括三类：A. 投资者对其直接或间接拥有10%或10%以上表决权的被投资机构进行股权投资；B. 上述被投资机构对这些直接或间接控制或影响其经营活动的投资者进行股权投资（逆向投资），但前提是该机构持有其投资者的表决权比例低于10%；C. 具有同一直接或间接直接投资者，但相互之间拥有表决权不超过10%的关联企业之间的股权投资。

（2）控制和影响：如果一经济体的投资者拥有另一经济体的被投资机构50%以上的表决权，则该投资者实现了对被投资机构的控制，被投资机构是投资者的子公司或分支机构。如果投资者拥有另一经济体的被投资机构10%（含）到50%（含）的表决权，则该投资者实现了对被投资机构的重大影响，该被投资机构是投资者的联营企业。如果两个投资者各拥有被投资机构50%的表决权，该被投资机构是两个投资者的合营企业。控制或影响可以是直接发生在投资者与被投资机构之间的，也可以通过投资者表决权的传递间接实现。

（3）直接投资者：指能够对另一经济体的居民实体施加控制或重大影

响的一个实体或一组关联实体，包括个人、公司型或非公司型的私营企业、公共部门的企业、个人或企业集团、政府或政府机构、房地产机构、信托机构等。

（4）直接投资企业：指受到另一经济体的直接投资者控制或重大影响的实体，可以是公司型或非公司型企业。直接投资企业与直接投资者应是不同经济体的居民。直接投资者拥有直接投资企业10%或以上表决权。

（5）关联企业（或关联实体）：相互存在直接或间接的直接投资关系的多个企业，或有同一个直接或间接的直接投资者的多个企业，彼此均互为关联企业，即一个企业的关联企业包括其直接或间接的直接投资者、直接或间接的直接投资企业及其联属企业。

（6）对外直接投资：指我国企业、机构或个人以现金、实物、无形资产等方式获得境外及港澳台地区机构10%及以上表决权，从而获得在被投资企业的长远利益。

（7）外国来华直接投资：指境外及港澳台地区企业、机构或个人等，以现金、实物、无形资产等方式获得我国境内机构10%及以上的股权，从而获得长远利益的经济活动。

（8）直接投资统计范畴：

A. 股权（股本资本）投资，包括在分支机构的营运资金，在子公司和联营公司的股份（不包括非参与性优先股，这部分优先股被视为债券）以及其他形式股本资本。此外，一经济体居民持有另一经济体机构发行的投资基金份额达到或超过10%的，也属于本项统计范畴。

B. 利润，包括子公司或联营公司未分配收益中归属于直接投资者的利润（按照直接投资者持股比例折算），和未汇给直接投资者的分支机构利润（按照惯例，如果不能确定这块数据，则分支机构的所有收益都应被视为待分配收益，划归直接投资者所有）。

C. 不包括境内外关联金融机构之间的存贷款和其他债权债务交易。这些债权债务交易属于国际收支统计中证券投资（债券投资）或其他投资（存款、贷款、其他资产或负债，如各类应收应付款）的统计范畴。

（三）证券投资（10%以下股权和债务证券）

1. 统计内容

包括股本证券、投资基金份额/单位以及债务证券的国际收支交易和头寸情况，但不包括本统计期初或期末，境内投资者持有境外非居民发行的股本证券和投资基金份额且表决权达到或超过 10% 的，以及非居民持有境内机构的股本证券和投资基金份额且表决权达到或超过 10% 的。这两种除外情况应纳入"直接投资（股权部分）"下统计。

2. 相关填报说明：

B01 表	投资境外股本证券和投资基金份额（资产）
包 括	不 包 括
1. 境内机构或个人持有境内居民在境外发行的上市股份，无论本统计期初或期末持有表决权的高低，均应填报此表。发行主体所属国家/地区为"中国"	1. 境内机构或个人持有境内居民在境外发行的股本证券（含上市股份和非上市股份），无论本统计期初或期末持有表决权高低，均不需填报此表
2. 境内机构或个人持有非居民在境外发行的股本证券（含上市股份和非上市股份），且本统计期初或期末持有的表决权比例＜10% 的	
3. 境内机构或个人持有非居民在境外发行的基金份额/单位，且本统计期初或期末持有的表决权比例＜10% 的	
4. 境内机构或个人应按照以下先后顺序确定是否报送相关投资： ——有境内托管人的，由境内托管人负责代为报送，本机构（委托人）不再重复申报 ——无境内托管人，但相关对外业务由境内代理人（或管理人）以本机构或相关产品名义投资的，由该境内代理人（或管理人）代为报送，本机构（被代理人）不再重复申报 ——既无境内托管人，也无境内代理人（或管理人）的，本机构应报送以自身名义投资的部分，包括以自身名义持有，但使用客户资金对外投资的部分	

B0101. 填报机构身份：请按以下两种情况填列：①以自身名义投资（无境内托管人、代理人或管理人）；②代理人或管理人，以客户或产品名义投资。

B0102. 被代理人/委托人所属国家/地区：被代理人或委托人必须为中国居民，本项应填"中国"。

B0103. 被代理人/委托人所属部门：指本机构所代理的客户所属部门。请按以下五个子部门填列：①政府；②中央银行/货币当局；③银行；④非银行金融机构；⑤其他企业和个人。请按客户的主营业务归类。

B0104. 投资类型：包括：①上市普通股；②非上市普通股（但可交易）；③货币市场基金份额/单位；④非货币市场基金份额/单位；⑤参与性优先股。其中，参与性优先股为股本证券，纳入本表统计；非参与性优先股为债务类工具，不应纳入本表统计，应纳入债务证券统计。可转债在转换前，统计为债务证券；转换后，统计为股本证券。

B0104CODE. 业务类型包括：①基金互认；②沪港通；③深港通；⑤其他。

B0105. 发行地：请参照数据采集规范最新版本中的相关代码表，填写相关上市股份和投资基金份额/单位发行场所所在的国家/地区代码。对于非上市股份或基金份额，应填写发行人注册所在的国家/地区。

B0106. 证券代码（逐支报送使用）：对于选择报送逐支证券信息的，请填写此项，指相关股份或基金份额/单位的代码。其中，境外上市的股份或投资基金份额/单位，应优先填写国际证券代码（International Securities Identification Number，简称ISIN码）。如无ISIN码，按照相关市场唯一通用的编码填列。对于协议购买境外非上市股份或基金份额/单位的，应填列内部使用的唯一代码。

B0107. 证券发行主体名称（逐支报送使用）：对于选择报送逐支证券信息的，请填写此项，指发行相关股本证券或投资基金份额/单位的非居民或居民机构的中文名称及当地注册的英文名称。如为其他语言名称，可不填写外文名称，但必须填写中文名称。

B0108. 发行主体所属国家/地区：填写相关非居民/境外上市居民发行主体的注册所在的国家/地区代码。对于无法判定其注册地的，应填写其经营所在地国家/地区代码。对于注册地或经营地均无法判定的，应填写相关工具发行场所所在地的国家/地区代码。比如：持有的是中国银行在香港地区发行的H股，其发行主体所属国家/地区应为中国；持有中银香港在香港地区发行的H股，其发行主体所属国家/地区应为中国香港。

B0109. 发行主体所属部门，请按以下五个子部门填列：①政府；②中央银行/货币当局；③银行；④非银行金融机构；⑤其他企业和个人。请按发行主体的主营业务归类。

B0110. 发行主体与本机构的关系，请按以下四种情况填列：①发行主体是本机构的境外直接投资者，即持有本机构表决权≥10%；②发行主体是本机构的境外直接投资企业，即本机构持有其表决权在 10% 及以上的境外分支机构、子机构、联营机构或合营机构；③发行主体是本机构的境外联属机构，即两机构有共同母公司，但相互持有表决权<10%或相互不持有表决权；④发行主体与投资者无关联关系，或两机构均处于中国境内。本表中，如果出现②，相关数据不应填入本表，请填入 A01 表（对外直接投资）。

B0111. 原始币种：指相关股本证券或投资基金份额/单位的计价币种，请参照数据采集规范最新版本中的相关代码表填列。适用于 B0112～B0121 各项。

B0112. 上月末市值：指上月末所持股本证券或投资基金份额/单位的公允价值，应优先使用按上月末公开市场收盘价计算的市场价值。如无市场价值，则按照记账惯例填报公允价值。

B0113. 本月买入金额：指本月内，对应投资者买入或申购相关股本证券或投资基金份额/单位所支付的金额，以正值填列。如出现可转债转换为股本证券的，视为本月卖出相关债券，买入股本证券。

B0114. 本月卖出金额：指本月内，对应投资者卖出或赎回相关股本证券或投资基金份额/单位所获得的金额，以正值填列。

B0115. 本月非交易变动：反映本月内证券交易买卖因素以外的非交易因素引起的证券价值变动。计算方法为：B0115 = B0118 − B0112 − (B0113 − B0114)。

B0116. 注销、调整或重新分类至其他报表统计的金额：指非买卖因素和非价值重估因素引起的本月末证券资产数量增减和价值变动，包括但不限于本月注销相关资产，或将相关资产从可流通的证券调整为不可流通的证券，或因本机构期末持有被投资机构表决权比例达到或超过 10% 而被重新分类至 A01 表（对外直接投资）统计的金额。其与 B0115 和 B0117 项目的关系为：B0115 = B0116 + B0117。

B0117. 价值重估因素：剔除买卖因素和 B0116 因素外，月内市场价格或近似参考价格波动带来的资产价值增减。其与 B0115 和 B0116 项目的关系为：B0115 = B0116 + B0117。

B0118. 本月末市值：指本月末股本证券或投资基金份额/单位的公允价值。应优先使用按本月末公开市场收盘价计算的市场价值。如无市场价值，则按照记账惯例填报公允价值。

B0119. 本月股息/红利收入：指本月发生的、投资者会计账的股本证券或投资基金份额/单位股息/红利收入。

B0120. 本月末持股（份额）数量（逐支报送使用）：对于选择报送逐支证券信息的，请填写此项。指本月末投资者持有相关股本证券或投资基金份额/单位的股数或份数，按股/份列填。

B0121. 本月末每股（每份）市价（逐支报送使用）：对于选择报送逐支证券信息的，请填写此项。指本月末最后一个交易日每股股票或每份基金（份额/单位）的收盘价。

B02 表	投资境外债务证券（资产）
包　括	不　包　括
1. 境内机构或个人持有非居民和居民在境外发行的短期和中长期债务证券（不含境外银行承兑汇票），以及非参与性优先股，包括根据购回协议出售的债务证券，以及根据证券出借安排"借出"的债务证券	1. 境内机构或个人根据购回协议购入的或者证券出借安排"借入"的债务证券
2. 境内机构或个人应按照以下先后顺序确定是否报送相关投资： ——有境内托管人的，由境内托管人负责代为报送，本机构（委托人）不再重复申报 ——无境内托管人，但相关对外业务由境内代理人或管理人以本机构或相关产品名义投资的，由该境内代理人或管理人代为报送，本机构（被代理人）不再重复申报 ——既无境内托管人，也无境内代理人或管理人的，本机构应报送以自身名义投资的部分，包括以自身名义持有，但使用客户资金对外投资的部分	2. 持有或买断的是境外银行承兑汇票的，应纳入 F 表统计，本表不再涵盖
	3. 境内机构或个人持有的境内发行的短期和中长期债务证券

B0201. 填报机构身份，请按以下两种情况填列：①以自身名义投资（无境内托管人、代理人或管理人）；②代理人或管理人，以客户或产品名义投资。

B0202. 被代理人/委托人所属国家/地区：被代理人或委托人必须为中国居民，本项应填"中国"。

B0203. 被代理人/委托人所属部门：指本机构所代理/托管的客户所属部门。请按以下五个子部门填列：①政府；②中央银行/货币当局；③银行；④非银行金融机构；⑤其他企业和个人。请按该客户的主营业务归类。

B0204. 发行地：请参照数据采集规范最新版本中的相关代码表，填写相关债务证券发行场所所在国家/地区代码。

B0205. 证券代码（逐支报送使用）：对于选择报送逐支证券信息的，请填写此项。指相关债务证券代码。应优先填写国际证券代码（International Securities Identification Number，简称ISIN码）。如无ISIN码，按照相关市场唯一通用的编码填列。

B0206. 证券发行主体名称（逐支报送使用）：对于选择报送逐支证券信息的，请填写此项。为发行相关短期和中长期债券的非居民或居民机构的中文名称及当地注册的英文名称。如为其他语言名称，可不填写外文名称，但必须填写中文名称。

B0207. 发行主体所属国家/地区：填写相关债务证券发行主体的注册国家/地区。

B0208. 发行主体所属部门，请按以下五个子部门填列：①政府；②中央银行/货币当局；③银行；④非银行金融机构；⑤其他企业和个人。请按发行主体的主营业务归类。对于政府支持（机构）类债券，应按发行主体本身所属部门归类，如两房债券，应选择"④非银行金融机构"。

B0209. 发行主体与本机构的关系：请按以下四种情况填列：①发行主体是本机构的境外直接投资者，即持有本机构表决权≥10%；②发行主体是本机构的境外直接投资企业，即为投资者持有表决权在10%及以上的境外分支机构、子机构、联营机构或合营机构；③发行主体是本机构的境外联属机构，即两机构有共同母公司，但相互持有表决权<10%或相互不持有表决权；④发行主体与投资者无关联关系，或两机构均位于中国境内。

B0210. 原始期限：指债务证券从初始发行至最终到期的期限。请按以下两种情况填列：①一年及以下；②一年以上，含永久性债券和非参与性优先股。如发生债务证券拖欠或展期的，应按照双方确定的期限归类。如双方无安排，应按原期限归类。

B0211. 原始币种：指相关债务证券的计价币种，请参照数据采集规范最新版本中的相关代码表填列。适用于 B0212～B0220 各项。

B0212. 上月末市值：指上月末所持有债务证券的公允价值。应优先使用按上月末公开市场收盘价计算的市场价值。如无市场价值，则按照本机构的记账惯例填报公允价值。

B0213. 本月买入金额：指本月内，投资者买入相关债务证券所支付的金额。以正值填列。如出现投资者展期等与债务人重新安排债权事宜，应比照买卖债券的情况统计。

B0214. 本月卖出金额：指本月内，投资者卖出或持有到期相关债务证券所获得的金额。以正值填列。如出现投资者减免、展期等与债务人重新安排债权回收事宜，应比照买卖债券的情况统计。如出现可转债转换为股本证券的，视为本月卖出相关债券，买入股本证券。

B0215. 本月非交易变动：反映本月内证券交易买卖因素以外的非交易因素引起的债券价值变动。计算方法为：B0215 = B0218 - B0212 - （B0213 - B0214）。

B0216. 注销、调整或重新分类至其他报表统计的金额：指非买卖因素引起的证券资产数量增减和价值变动，包括但不限于本月本机构注销相关资产，或相关资产从可流通的证券调整为不可流通的证券的金额。其与 B0215 和 B0217 项目的关系为：B0215 = B0216 + B0217。

B0217. 价值重估因素：剔除买卖因素和 B0216 因素外，本月市场价格或近似参考价格波动带来的资产价值增减。其与 B0215 和 B0216 项目的关系为：B0215 = B0216 + B0217。

B0218. 本月末市值：指本月末债务证券的公允价值。应优先使用按本月末公开市场收盘价计算的市场价值。如无市场价值，则按照记账惯例填报公允价值。

B0219. 其中的剩余期限在一年及以下：指自本月末至最终到期在一年及以下的债务证券的公允价值。应优先使用按本月末公开市场收盘价计算的市场价值。如无市场价值，则按照记账惯例填报公允价值。

B0220. 本月利息收入：指本机构会计账上按权责发生制确认的、本月发生的持有债务证券的利息收入。

B03 表　　　　投资非居民境内发行股本证券和债务证券

包　括	不　包　括
1. 中国居民投资者投资非居民在境内金融市场发行的股本证券、投资基金份额/单位、债务证券情况	1. 非居民投资者投资非居民在境内金融市场发行的股本证券、投资基金份额/单位、债务证券情况
	2. 居民投资者投资居民在境内金融市场发行的股本证券、投资基金份额/单位、债务证券情况

B0301. 投资者所属国家/地区（必须为中国）：请填报购买非居民境内发行的相关产品的投资者注册（机构）或常住（个人）国家/地区代码。本表投资者应是中国居民，所属国家/地区为中国（不含中国香港、澳门和台湾地区）。非居民投资者（如通过 QFII、RQFII 渠道）购买非居民境内发行产品不属于本表统计范畴。

B0302. 投资者所属部门，请按以下五个子部门填报：①政府；②中央银行/货币当局；③银行；④非银行金融机构；⑤其他企业和个人。请按投资者的主营业务归类。

B0303. 所投资非居民发行产品类型：指非居民发行主体在境内发行金融产品的类型。划分为五类，按以下序号填列：①上市普通股；②投资基金份额/单位；③债券；④非上市普通股；⑤参与性优先股；⑥非参与性优先股。其中，普通股和参与性优先股属于股票或股权类产品，非参与性优先股为债务类工具。可转债在转换前，统计为债务证券；转换后，统计为股本证券。

B0304. 所投资产品代码（逐支报送使用）：对于选择报送逐支证券信息的，请填写此项。指非居民发行主体所发行产品的代码（带有上市地信息的代码）。如该金融产品有 ISIN 码，应优先填写 ISIN 码。如无 ISIN 码，应填写该金融产品市场唯一通用代码。

B0305. 非居民发行主体名称（逐支报送使用）：对于选择报送逐支证券信息的，请填写此项。指发行相关金融产品的非居民机构（或产品）的英文或中文全称。

B0306. 非居民发行主体所属国家/地区：填报相关非居民机构注册国家/地区代码。对于无法确定其注册地的，应按非居民机构的经营所在地记录。

B0307. 非居民发行主体所属部门，请按以下五个子部门填列，即：①政府；②中央银行/货币当局；③银行；④非银行金融机构；⑤其他企业和个人。请按非居民发行主体的主营业务归类。对于政府支持（机构）类债券，应按发行主体本身所属部门归类，如两房债券，应选择"④非银行金融机构"。

B0308. 债务证券原始期限：指非居民发行主体相关债务证券从初始发行至到期的期限。请按以下两种情况填列：①一年及以下；②一年以上，含永久性债券。本项仅限债务证券使用，非债务性工具不填报此项。

B0309. 原始币种：指非居民发行主体在境内发行产品的计价币种，请参照数据采集规范最新版本中的相关代码表填列。适用于 B0310 ~ B0318 项。

B0310. 上月末市值：指非居民发行主体上月末发行在外相关金融产品的市值。按上月末最后一个交易日收盘价计算（债券类工具应按全价计值）。

B0311. 本月买入（申购）金额：指本月内，投资者买入（申购）非居民相关产品所支付的成本（债券类工具应按全价计值）。不过，如果非居民发行的股票因股票分割出现的新股票，不纳入本项统计。与发行新股票获得新融资不同，股票分割不发生新的融资。此外，投资者以过户、继承、法院裁定、大宗交易（协议定价交易）等方式发生相关产品所有权转移，但资金未经清算结算机构集中清算的，视同买卖处理。其中，获得非居民相关产品所有权的一方为买入者（填入本栏），转出相关产品所有权的一方为卖出者（填入 B0312 栏）。

B0312. 本月卖出（赎回）金额：指本月内，投资者卖出（赎回或持有到期）非居民相关产品所获得的金额（债券类工具应按全价计值）。此外，投资者以过户、继承、法院裁定、大宗交易（协议定价交易）等方式发生相关产品所有权转移，但资金未经清算结算机构集中清算的，视同买卖处理。其中，居民投资者获得非居民相关产品所有权视为买入（填入 B0311 栏），转出相关产品所有权视为卖出（填入本栏）。

B0313. 本月非交易变动：反映统计期间投资产品买卖净值变化以外的非交易因素引起的价值变动。计算方法为：B0313 = B0316 - B0310 - (B0311 - B0312)。

B0314. 债权注销金额：指相关债权注销金额。其与 B0313 和 B0315 项目的关系为：B0313 = B0314 + B0315。

B0315. 价值重估因素：剔除买卖因素和 B0314 因素外，本月市场价格或近似参考价格波动带来的相关工具价值增减。其与 B0313 和 B0314 项目的关系为：B0313 = B0314 + B0315。

B0316. 本月末市值：指非居民发行主体本月末发行在外相关金融产品的市值。按本月末最后一个交易日收盘价计算（债券类工具应按全价计值）。

B0317. 其中的剩余期限在一年及以下：指非居民发行主体本月末发行在外债务类金融产品（如债券）的市值。按本月末最后一个交易日该类债券工具的全价计值。

B0318. 本月投资者红利或利息收入：指本月非居民发行主体分配给投资者的红利、股息，以及利息。其中，红利、股息按股票除息日统计。利息按利息分发日统计。相关红利或利息收入应为税前收入。对于股票股息，按照除息日当天每股收盘价格乘以股票股息份数填报。

B04 表	吸收境外股权和基金份额投资（负债）
包　括	不　包　括
1. 本机构在境外发行的上市股份，且本统计期初或期末单个持有人表决权比例<10%的	1. 本机构在境外发行的上市股份，但单个非居民表决权比例≥10%，请填报在 A02 表下
2. 本机构非上市股份，且本统计期初或期末单个非居民持有人表决权比例<10%的	2. 本机构非上市股份，单个非居民持有人表决权比例≥10%，请填报在 A02 表下
3. 本机构境外发行的基金份额/单位，且本统计期初或期末单个非居民持有人持有份额的比例<10%的	3. 本机构在境内发行的上市股份，且单个非居民持有人表决权比例<10%，由境内金融市场清算机构申报（见 B06 表）
	4. 本机构在境内发行的投资基金份额/单位，由境内金融市场清算机构申报（见 B06 表）

B0401. 工具类型，请按以下四种类型填列：①上市普通股；②非上市普通股（但可交易）；③货币市场基金份额/单位；④非货币市场基金份额/单位；⑤参与性优先股。其中，参与性优先股为股本证券，纳入本表统计；非参与性优先股为债务类工具，不应纳入本表统计，应纳入债务证券统计。

B0401CODE. 业务类型包括：①基金互认；⑨其他。

B0402. 证券代码：指本机构上市股份（股票）的代码，以及内部使用的非上市股份和私募股权（基金）编码。

B0403. 发行地：请参照数据采集规范最新版本中的相关代码表，填写上市股份和投资基金份额/单位发行场所所在的国家/地区代码。对于非上市股份和私募股权（基金），应填列发行人注册地国家/地区代码。

B0404. 投资者名称：持有本机构境外发行的上市股份、投资基金份额/单位的居民或非居民投资者以及持有本机构非上市股份和私募股权（基金）的非居民投资者的全称，按其英文全称和中文全称（如果有的话）填列。具体填报方法为：①上市股份和投资基金份额/单位。对于由代理人集中持有的，统一填列相关结算代理机构的名称[如香港中央结算（代理人）有限公司]。对于非由代理人集中持有的，应按照投资比例从大到小依次填列前10位投资者或投资比例≥5%的投资者名称（以数量较多者为准）；对于其他中小投资者，投资者名称填列为"其他小投资者"。②非上市股份，应按照非居民投资比例从大到小依次填写全部非居民投资者名称。

B0405. 投资者所属国家/地区：填报投资者或结算代理机构的注册国家/地区代码。其中：①对于公开上市股份或投资基金份额，如填列了具体投资者名称，应按照投资者的注册或常驻（住）国家/地区填列；对于将结算代理机构列为投资者的，应按照该结算代理机构所在国家/地区填列；对于填列"其他小投资者"的，为发行地国家/地区。②对于非公开上市股份，应根据非居民投资者的注册或常驻（住）国家/地区填列。

B0406. 投资者所属部门，请按以下五个子部门填列：①政府；②中央银行/货币当局；③银行；④非银行金融机构；⑤其他企业和个人。应按持有人的主营业务归类。对于将结算代理机构和"其他小投资者"列为投资者的，所属部门选择⑤。

B0407. 投资者与本机构的关系，请按以下四种情况填列：①投资者是本机构的境外直接投资者，即持有本机构表决权≥10%；②投资者是本机构的境外直接投资企业，即为本机构持有表决权≥10%的境外分支机构、子机构、联营机构或合营机构；③投资者是本机构的境外联属机构，即两机构有共同母公司，且相互持有表决权<10%或相互不持有表决权；④投资者与本机构无关联关系，或两机构均处于中国境内。本表不应存在①类投资者，如出现，应将相关数据填列在A02表下，而非本表下。

B0408. 原始币种：指本机构发行的股本证券或投资基金份额/单位的计

价币种，请参照数据采集规范最新版本中的相关代码表填列。适用于 B0409～B0419 各项（B0418 除外）。

B0409. 上月末市值：指上月末股本证券或投资基金份额/单位的公允价值。应优先使用按上月末公开市场收盘价计算的市场价值。如无市场价值，则按照本机构的记账惯例填报公允价值。

B0410. 本月发行金额：指本月内，向相关投资者新发或增发相关股本证券或投资基金份额/单位的金额。如出现可转债转换为股本证券的，视为本月回购相关债券，发行股本证券。

B0411. 本月回购（赎回）金额：指本月内，从相关投资者处回购或赎回本机构的股本证券或投资基金份额/单位的金额。

B0412. 本月非交易变动：反映本月内证券交易买卖因素以外的非交易因素引起的价值变动。计算方法为：B0412 = B0415 - B0409 -（B0410 - B0411）。

B0413. 调整及重新分类至其他报表统计的金额：指非买卖因素引起的证券资产数量增减和价值变动。包括但不限于本月因相关投资者期末持有本机构表决权比例≥10%而被重新分类至 A02 表（吸收外国来华直接投资）统计的金额。其与 B0412 和 B0414 项目的关系为：B0412 = B0413 + B0414。

B0414. 价值重估因素：剔除买卖因素和 B0413 因素外，本月市场价格或近似参考价格波动带来的相关工具价值增减。其与 B0412 和 B0413 项目的关系为：B0412 = B0413 + B0414。

B0415. 本月末市值：指本月末股本证券或投资基金份额/单位的公允价值，应优先使用按上月末公开市场收盘价计算的市场价值。如无市场价值，则按照本机构的记账惯例填报公允价值。

B0416. 本月宣告分配投资者的股息/红利：指本月机构宣告向股本证券或投资基金份额/单位持有者分配的股息/红利。

B0417. 本月末未实现收益（仅限发行产品为货币市场投资基金份额/单位）：仅限于发行货币市场投资基金份额/单位的情况，指本机构发行的投资基金份额/单位中归属于份额持有者的未分配利润。

B0418. 本月末投资者持股（份额）数量：指本月末投资者持有的本机构股本证券和投资基金份额/单位的数量，按股/份填列。

B0419. 本月末每股（每份）市价：指本月末，投资者持有的本机构对外股本证券和投资基金份额/单位的收盘价。

B0420. 本月末投资者持股（份额）比例：指截至本月末，投资者持有本机构股本证券或投资基金份额/单位所占的比例。

B05 表　　　　　　　　境外发行债务证券（负债）

包　　括	不　　包　　括
1. 本机构在境外发行的短期和中长期债务证券，包括非参与性优先股、可转债和资产证券化产品	1. 可转债转为股票后，即为股本证券
	2. 本机构在境内发行的短期和中长期债务证券，包括非参与性优先股和可转债，且持有人为非居民，由境内金融市场清算机构申报（见 B06 表）

B0501. 证券代码：指本机构在境外发行的债务证券代码。如有国际证券代码（International Securities Identification Number，简称 ISIN 码），应优先填写该代码。如无 ISIN 码，应按照相关市场唯一通用的编码填列。

B0502. 发行地：请参照数据采集规范最新版本中的相关代码表，填列相关债务证券发行场所所在的国家/地区代码。

B0503. 原始期限：指债务证券从初始发行至最终到期的期限。请按以下两种情况填列：①一年及以下；②一年以上，含永久性债券。如发生债务证券拖欠或展期的，应按照双方确定的期限计算。如双方无安排，应按原期限归类。

B0504. 投资者名称：持有相关债券的投资者的全称，按其英文全称和中文全称（如果有的话）填列。对于与本机构为 B0507 中①～③关系的投资者，请分别填列其名称；对于属于 B0507 中④的投资者，如能够获得其名称，则填列其名称。如无法获得其名称，则统一填列为"无法识别的投资者"。

B0505. 投资者所属国家/地区：填报相关投资者的注册或常驻（住）国家/地区代码。对于"无法识别的投资者"，应按照该证券发行场所所在国家/地区填列。

B0506. 投资者所属部门：请按以下五个子部门填列：①政府；②中央银行/货币当局；③银行；④非银行金融机构；⑤其他企业和个人。请按投资人的主营业务归类。

B0507. 投资者与本机构的关系，请按以下四种情况填列：①投资者是本机构的境外直接投资者，即持有本机构表决权≥10%；②投资者是本机构的境外直接投资企业，即本机构持有表决权≥10%的境外分支机构、子机构、联营机构或合营机构；③投资者是本机构的境外联属机构，即两机构有共同母公司，但相互持有表决权＜10%或相互不持有表决权；④投资者与本机构无关联关系，或两机构均处于中国境内。

B0508. 原始币种：指所发行的债务证券的计价币种，请参照数据采集规范最新版本中的相关代码表填列。适用于 B0509~B0517 各项。

B0509. 上月末市值：指上月末相关债务证券的公允价值。应优先使用按上月末公开市场收盘价计算的市场价值。如无市场价值，则按照本机构的记账惯例填报公允价值。

B0510. 本月发行金额：指本月内，在境外向相关投资者发行相关债务证券的金额。如出现投资者减免、展期等与债务人重新安排债权回收事宜，应比照买卖债券的情况统计。

B0511. 本月赎回金额：指本月内，从相关投资者赎回本机构债务证券的金额。如出现投资者减免、展期等与债务人重新安排债权回收事宜，应比照买卖债券的情况统计。如出现可转债转换为股本证券的，视为本月回购相关债券，发行股本证券。

B0512. 本月非交易变动：反映本月内债券交易买卖因素以外的非交易因素引起的变动。计算方法为：B0512 = B0515 − B0509 − （B0510 − B0511）。

B0513. 重新分类至其他报表统计的金额：指非买卖因素引起的债券负债数量增减和价值变动。其与 B0512 和 B0514 项目的关系为：B0512 = B0513 + B0514。

B0514. 价值重估因素：剔除买卖因素和 B0513 因素外，本月市场价格或近似参考价格波动带来的相关工具价值增减。其与 B0512 和 B0513 项目的关系为：B0512 = B0513 + B0514。

B0515. 本月末市值：指本月末相关债务证券的公允价值。应优先使用按本月末公开市场收盘价计算的市场价值。如无市场价值，则按照本机构的记账惯例填报公允价值。

B0516. 其中：剩余期限在一年及以下：指自本月末至最终到期的期限在一年及以下的相关债务证券的公允价值。应优先使用按本月末公开市场收盘价计算的市场价值。如无市场价值，则按照本机构的记账惯例填报公允价值。

B0517. 本月利息支出：指本月发生的、本机构会计账上确认的、所发行债务证券的利息支出。

B06 表　　　　非居民投资境内发行股本证券和债务证券

包　括	不　包　括
1. 非居民机构和个人投资中国居民境内上市股份、投资基金份额/单位、债务证券、资产证券化产品情况，相关证券或金融产品应在非居民机构和个人名下	1. 非居民机构和个人投资非居民在境内上市的股本证券、投资基金份额、债务证券、资产证券化产品情况
	2. 以境内机构名义登记和买卖的股本证券、投资基金份额、债务证券、资产证券化产品

B0601. 非居民投资者名称：指非居民投资者的中文或英文名称。

B0601CODE. 业务类型：填写①QFII；②RQFII；③沪港通；④深港通；⑤境外机构投资者投资银行间债券市场；⑥其他。

B0602. 非居民投资者所属国家/地区：填报相关非居民机构注册或非居民个人投资者常住的国家/地区代码。对于无法确定其注册地的，按非居民机构的经营所在地填报。

B0603. 非居民投资者所属部门，请按以下五个子部门填列：①政府；②中央银行/货币当局；③银行；④非银行金融机构；⑤其他企业和个人。请按非居民投资者的主营业务归类。

B0604. 投资产品类型：指非居民投资者买卖或持有境内相关金融产品的类型。划分为六类，按以下序号填列：①上市普通股；②投资基金份额/单位；③债券；④非上市普通股；⑤参与性优先股；⑥非参与性优先股。可转债在转换前，统计为债务证券；转换后，统计为股本证券。资产证券化工具根据其是否具有债权债务性质（如是否支付固定或浮动利息，是否约定到期支付固定本金等）确定，一般情况下属于债券。如资产证券化产品为权益性（如赋予表决权、支付的是股利、无到期期限且无约定的本金收回等），归入股票统计。

B0605. 投资产品代码（逐支报送使用）：对于选择报送逐支投资产品信息的，请填写此项。指非居民投资者所投资金融产品的代码（应带有上市地信息）。如该金融产品有 ISIN 码，应优先填写 ISIN 码。如无 ISIN 码，应填写该金融产品所在市场唯一通用代码。

B0606. 发行主体名称（逐支报送使用）：对于选择报送逐支投资产品信息的，请填写此项，指相关投资产品的发行主体全称，按其中文全称填列。

B0607. 发行主体所属国家/地区：指发行主体注册国家/地区代码。本表中，发行主体应为中国境内机构，国家/地区为中国（不含中国香港、澳门和台湾地区）。

B0608. 发行主体所属部门，请按以下五个子部门填列：①政府；②中央银行/货币当局；③银行；④非银行金融机构；⑤其他企业和个人。请按证券发行主体的主营业务归类。对于政府支持（机构）类债券，应按其发行主体自身所属部门归类。如为公司制或非公司制机构，应确定为③~⑤中的一类。

B0609. 债务证券原始期限：指相关债务证券从初始发行至最终到期的期限。划分为两类：①一年及以下；②一年以上，含永久性债券和非参与性优先股。如无初始发行日期，请按相关债务证券在本市场登记日至最终到期期限计算原始期限。

B0610. 原始币种：指非居民投资者交易和持有产品的计价币种，请参照数据采集规范最新版本中的相关代码表填列。如所持有产品的计价币种为人民币的，填入人民币代码。适用于 B0611~B0619 各项。

B0611. 上月末市值：指上月末非居民投资者所持有相关金融产品的市值，按上月末最后一个交易日收盘价计算（债券类工具应按全价计值）。

B0612. 本月买入金额：指本月内，非居民投资者买入相关金融产品所支付的金额（债券类工具应为全价），对于基金，专指申购金额。不过，如果股票发行主体因股票分割或发行红利股（即公司重组其股票）而向股东提供的新股票，不纳入本栏统计。与发行新股票获得新融资不同，股票分割和红利股不发生新的融资。此外，非居民投资者以过户、继承、法院裁定、大宗交易（协议定价交易）等方式发生相关产品所有权转移，但资金未经清算结算机构集中清算的，视同买卖处理。其中，非居民投资者获得居民相关产品所有权视为买入（填入本栏），转出相关产品所有权视为卖出（填入 B0613 栏）。

B0613. 本月卖出金额：指本月内，非居民投资者卖出、赎回或持有到期相关金融产品所获得的金额（债券类工具应按全价计值），对于基金，专指赎回金额。非居民投资者以过户、继承、法院裁定、大宗交易（协议定价交易）等方式发生相关产品所有权转移，但资金未经清算结算机构集中清算的，视同买卖处理。其中，非居民获得居民相关产品所有权视为买入（填入 B0612 栏），转出相关产品所有权视为卖出（填入本栏）。

B0614. 本月非交易变动：反映统计期间投资产品交易净值变化以外的非交易因素引起的变动。计算方法为：B0614 = B0617 – B0611 –（B0612 – B0613）。

B0615. 重新分类至其他报表统计的金额：指非买卖因素引起的证券资产数量增减和价值变动，包括但不限于本月相关投资者单方面放弃（或注销）债权的金额。其与 B0614 和 B0616 项目的关系为：B0614 = B0615 + B0616。

B0616. 价值重估因素：剔除买卖因素和 B0615 因素外，本月市场价格或近似参考价格波动带来的相关工具价值增减。其与 B0614 和 B0615 项目的关系为：B0614 = B0615 + B0616。

B0617. 本月末市值：指本月末非居民投资者所持有相关金融产品的市值，按本月末最后一个交易日收盘价计算（债券类工具应按全价计值）。

B0618. 其中的剩余期限在一年及以下：仅适用于 B0604 下③（债券）类工具，指自本月末自最终到期在一年及以下的相关债务类工具的市值，按本月末最后一个工作日债券的全价计值。

B0619. 本月非居民投资者红利或利息收入：指本月非居民因持有境内发行的股权、股票、投资基金份额、债券而实现的红利、股息或利息。其中，红利、股息按股票除息日统计。利息按利息分发日统计。相关红利或利息收入应为税前收入。对于股票股息，按照除息日当天每股收盘价格乘以股票股息份数填报。

B0620. 备注：其他需要说明的情况。

3. 证券投资相关概念

（1）股本证券：包括上市股份和非上市但可交易的股份，具体表现为股份、股票、参股、存托凭证或类似单据等。统计内容如下：

包 括	不 包 括
1. 上市股份和非上市但可交易（流通）的股份，且本统计期初或期末跨境持有的表决权比例均在10%以下，包括普通股和参与性优先股。其中，上市股份指在交易所上市的股份，有时被称为挂牌股份。非上市但可交易（流通）的股权包括公司股权、投资于上市公司的私募股权和风险资本等	1. 非证券形式的股权，如在非公司制机构中的股权。所谓准公司或非公司制机构，指分支机构、信托、有限责任和其他合伙企业、非公司型基金以及拥有不动产和其他自然资源的名义单位
	2. 非参与性优先股、购股权、期权、认股权证和其他衍生工具、根据回购协议买入的股权证券、根据证券出借安排获得的股权证券

（2）投资基金份额/单位：投资基金是指投资者将资金集合起来，投资于金融或非金融资产或两者都投资的集体投资业务。投资基金份额/单位指共同基金等发行的份额和单位信托，而不是它们可能持有的股份，包括货币市场基金份额/单位和非货币市场投资基金份额/单位。统计内容如下：

包 括	不 包 括
1. 投资基金份额/单位，且本统计期初或期末跨境持有份额的比例<10%的	

（3）债务证券：可流通的债务工具，是证明其持有人（债权人）有权在未来某个（些）时点向其发行人（债务人）收回本金或收取利息的凭证。统计内容如下：

包 括	不 包 括
1. 可流通的债务工具，包括各种短期和中长期债券、可流通的贷款、非参与性优先股、可转债等。其中，跨境买断或由境内银行承兑的银行承兑汇票纳入F01表和F02表统计，本表不再重复统计	1. 不可流通的债务工具，包括但不限于不可流通的贷款

债务证券统计常见名词解释见下文 A～G：

A. 债券：一类可流通的债务工具，用以证明其持有人（债权人）有权在未来某个（些）时点向其发行人（债务人）收回本金或收取利息的凭证。根据其到期期限，可分为国库券、银行承兑汇票、本票、商业票据、合同偿还期为一年或更短的大额存单等短期债券，以及国债、浮动利率债券和合同偿还期超过一年的可转让大额存单等长期债券。

B. 可流通的贷款：存在二级市场交易（包括具有做市商、有频繁报价等特征）、具有可流通性的贷款属于债务证券类工具，如大额可转让存单（CDs）。

C. 非参与性优先股票或股份：是支付固定收入，但不允许在一个公司型企业解散时参与剩余价值分配的股票或股份。这些股份列为债务证券。

D. 可转债：是根据约定条件可转换为股权的债券，在其被转换前属于债务证券。

E. 资产担保证券、债务抵押证券（CDO）和抵押担保证券（CMO）：是由特定资产或收入流为利息和本金支付提供支持，而产品购买者对基础资产的剩余价值没有要求权的各种安排。这些支持包括：抵押品、房屋净值贷款、学生贷款和其他债务，以及被租赁资产组合。这些资产的证券化为原本不流动的资产提供了流动性。

F. 指数挂钩证券：指证券的本金、息票或本金和息票金额同时与另一个项目挂钩，例如价格指数或某商品的价格。

G. 本息分离证券：指将一个带有本金和息票支付的证券转化为一系列零息债券，且该系列零息债券的到期日与原债券息票的（一个或多个）付款日和（一份或多份）本金的偿还日相匹配。该证券又称除息证券。本息分离是为了按照不同于原始证券现金流组合的方式，满足投资者对特定现金流的偏好。本息分离证券的发行人可能不同于原有发行人。

（四）金融衍生产品及雇员认股权

1. 统计内容

本表统计居民与非居民之间开展的金融衍生产品及雇员认股权交易，以及金融衍生产品及雇员认股权的期末余额。金融衍生产品是一种金融工具，该金融工具与另一个特定的金融工具、指标或商品相联系，可以独立在金融市场上针对特定金融风险（例如，利率风险、外汇风险、股权和商品价格风险、信用风险等）进行交易。

包 括	不 包 括
1. 境内机构和个人与非居民之间开展的远期、期权、期货、掉期、雇员认股权以及各类组合类金融衍生产品交易和存量	1. 固定价格的货物和服务
2. 上述业务如发生在境内交易所（有组织的市场），由境内相关交易所或结算机构代为填报。本机构不再重复申报	2. 分担风险而非交易金融风险的产品，如保险和标准化担保
3. 上述业务如发生在境内场外或境外，境内机构或个人应按照以下先后顺序确定是否报送相关业务： ——有境内托管人的，由境内托管人负责代为报送，本机构（委托人）不再重复申报 ——无境内托管人，但相关对外业务有境内代理人或管理人的，由该境内代理人或管理人代为报送，本机构（被代理人）不再重复申报 ——既无境内托管人，也无境内代理人或管理人的，本机构应报送以自身名义投资的部分，包括以自身名义持有，但使用客户资金对外投资的部分	3. 或有资产和负债，如一次性担保和信用证
	4. 因金融衍生品交易产生的佣金和费用，应计入金融服务项下（见 E 表）

2. 相关填报说明

C0101. 填报机构身份，请按以下三种情况填列：①以自身名义投资（无境内托管人、代理人或管理人）；②是代理人或管理人，以客户或产品名义投资；③是境内结算机构或交易所，从居民投资者角度填报。

C0102. 居民被代理人／委托人所属国家／地区：填报居民被代理人／委托人机构注册或个人常住的国家／地区代码。应是中国居民，所属国家／地区为中国（不含中国香港、澳门和台湾地区）。

C0103. 居民被代理人／委托人所属部门：指本机构所代理的客户所属部门。请按以下五个子部门填列：①政府；②中央银行／货币当局；③银行；④非银行金融机构；⑤其他企业和个人。请按该客户的主营业务归类。

C0104. 合约类别：按远期类和期权类合约两大类划分。远期类合约包括：①远期；②期货；③掉期；④远期特征的结构性产品及其他产品。期权类合约包括：⑤单一期权；⑥组合类期权；⑦权证；⑧期权特征的结构性产品及其他产品。对于结构复杂的产品，应根据其核心特征进行归类。

C0105. 金融风险类别：金融衍生产品按金融风险主要挂钩指标进行分类，请按以下七种情况填列：①外汇产品；②单一货币利率产品；③股权类产品；④商品类产品；⑤信用类产品；⑥贵金属产品；⑦不能归入上述6类市场风险类别的其他衍生产品，如权证的金融风险类别为股权类产品、商品期货的金融风险类别为商品类产品。

对于具有一个以上风险类别的产品，如果产品为敞口风险的简单组合，应按照各风险细项分别记录；如果难以分离风险细项，则按照最重要原则在单一风险细目项记录，无法辨别重要性的，则按照商品、股权、外汇、单一货币利率和信用的序列记录。

C0106. 非居民交易对手所属国家/地区：指对应金融衍生产品交易的非居民交易主体注册地所属国家（或地区）。如果交易主体是境外准公司（如分支机构等）的，应填写该分支机构所在的国家或地区，而非其总部所在的国家或地区。

C0107. 非居民交易对手所属部门，请按以下五个子部门填列：①政府；②中央银行/货币当局；③银行；④非银行金融机构；⑤其他企业和个人。请按非居民交易对手的主营业务归类。

C0108. 非居民交易对手与本机构/居民机构的关系：请按以下四种情况填列：①交易对手方是本机构/被代理居民机构的境外直接投资者，即持有本机构/居民机构表决权≥10%；②交易对手方是本机构/被代理居民机构的境外直接投资企业，即本机构/被代理居民机构持有表决权在10%及以上的境外分支机构、子机构、联营机构或合营机构；③交易对手方是本机构/被代理居民机构的境外联属机构，即两机构有共同母公司，且相互持有表决权<10%或相互不持有表决权；④交易对手方与本机构/被代理居民机构无关联关系。

C0109. 结算的原始币种：指相关合约的计价币种，如涉及双币种，可选取基础币种或按本机构惯例。适用于C0110～C0116各项。

C0110. 上月末头寸市值：指上月末仍存续的金融衍生产品合约的公允价值。应优先使用市场价值。如无市场价值，则按照记账惯例填报公允价值。在汇总填报数据时，则公允价值为正值的合约，不得与公允价值为负值的合约进行轧差合并。

C0111. 本月（现金）结算付款额：指本月内，本机构/被代理居民机构作为期权的购买方向期权的出售方支付的期权费，或与非居民进行金融衍生品合约结算时支付的款项，以正值填列。为已实现损益。对于月内交易并结算的金融衍生产品，即使期末余额为零，也应填报相关结算付款金额。

C0112. 本月（现金）结算收款额：指本月内，本机构/被代理居民机构作为期权的出售方收到的期权费，或与非居民进行金融衍生品合约结算时收到的款项，以正值填列。为已实现损益。对于月内交易并结算的金融衍生产品，即使期末余额为零，也应填报相关结算收款金额。

C0111 和 C0112 项下：

期权类合约	远期类合约
1. 期权类合约的购买方向合约的出售方支付期权费，期权购买方计入 C0111，期权出售方计入 C0112	1. 远期类合约，期初以零值开始，C0111 和 C0112 均不计入
2. 期权类合约转让产生的现金流，买入方计入 C0111，卖出方计入 C0112	2. 远期类合约存续期内，重新估值，不发生现金流，不计入 C0111 和 C0112
3. 期权类合约行权时，采用现金结算（差额交割），支出现金的一方计入 C0111，收入现金的一方计入 C0112；采用金融衍生品挂钩的基础资产结算（全额交割），将基础资产市场价格与履约价格的差异（盈亏）部分计入该项，亏损的计入 C0111，盈利的计入 C0112	3. 远期类合约交割时，采用现金结算（差额交割），支出现金的一方计入 C0111，收入现金的一方计入 C0112；采用金融衍生品挂钩的基础资产结算（全额交割），将基础资产市场价格与履约价格的差异（盈亏）部分计入该项，亏损的计入 C0111，盈利的计入 C0112。对于在存续期内持续盯市并清算的远期类合约（如期货合约），支出现金的一方计入 C0111，收入现金的一方计入 C0112
4. 月末，本机构持有的尚未交割的合约价格重估不产生现金流，不计入 C0111 和 C0112	

例1：

（1）证券公司 A 期初持有金融衍生产品头寸为零，但后续所有交易和头寸均是以美元计值的，则该公司"C0109 结算的原始币种"应填报美元代码。

（2）证券公司 A 期初持有金融衍生产品头寸为零。该公司"C0110 上月末头寸市值"填报为零。

（3）当月，证券公司 A 与境外证券公司 B 签订三份期权合约。按照每份合约约定，该行在约定期限内可以 80 美元价格购买 100 股上市公司 C 的股票。证券公司 A 共向证券公司 B 支付 300 美元期权费（100 美元/份），应在"C0111 本月（现金）结算付款额"栏填金额"300（美元）"。

（4）当月，证券公司 A 向境外证券公司 C 以 105 美元转让其中一份期权合约（第一份），应在"C0112 本月（现金）结算收款额"栏填金额"105（美元）"。

（5）当月，证券公司 A 行权其中一份期权合约（第二份），以 80 美元价格购买 100 股上市公司 C 的股票（当日股票市值为 90 美元），因此第二份期权合约赚取收益（90 - 80）× 100 = 1 000（美元），应在"C0112 本月（现金）结算收款额"栏填金额"1 000（美元）"。

（6）本月末，上市公司 C 的股票市值为 100 美元，证券公司 A 剩余的最后一份期权合约（第三份）重新估值为 150 美元，即该份期权合约的期末余额。由于重新估值不涉及现金收支，不计入 C0111 和 C0112。

（7）本月末，"C0113. 非交易变动"填报"955（美元）"。C0113 = C0116 - C0110 -（C0111 - C0112）= 150 - 0 -（300 - 105 - 1 000）= 955。且该非交易变动源于价格变动，"C0115. 价值重估因素"填报"955"。

（8）本月末，"C0117. 名义本金币种"填报美元代码。"C0118. 本月末名义本金金额"填报 80 × 100 × 1 = 8 000（美元）。

例 2：

月初，中国境内银行 A 未开展货币掉期业务，"C0110 上月末头寸市值"填报为零。当月，银行 A 与境外银行 B 签订货币掉期合约，合约当日以 80 欧元兑换银行 B100 美元，并约定十日后将 100 美元兑换银行 B81 欧元。银行 A 选择以欧元为计值货币，则"C0109 结算的原始币种"应填报欧元代码。

（1）月末前，如该笔合约已到期交割，应在"C0112 本月（现金）结算收款额"栏填金额"3"（欧元），即交割时即期 100 美元兑换 78 欧元，而合约约定为 100 美元兑换 81 欧元，则赚取了 3 欧元。

（2）截至月末，如该笔合约尚未到期交割，且月末汇率为 1 美元兑换

0.78 欧元，则远期估值盈利 3 欧元，即 $81 - 0.78 \times 100 = 3$（欧元）。该情况下，应在"C0118 本月末头寸市值"栏填金额"3（欧元）"。

C0113. 本月非交易变动：由于数量、价格等非交易因素引起的金融衍生产品重新估值，导致市场价格与金融衍生产品履约价格的差异。该项计算公式为：C0113 = C0116 − C0110 −（C0111 − C0112）。

C0114. 注销、调整及重新分类至其他报表统计的金额：因债务人拖欠、破产等导致非正常偿还等其他变化引起金融衍生产品头寸重新分类，导致头寸变化。该项计算公式为：C0114 = C0113 − C0115。

C0115. 价值重估因素：填报因基础产品价格变化导致市场价格与金融衍生产品履约价格的差异，为未结算（交易）的部分，即未实现损益。

C0116. 本月末头寸市值：指本月末仍存续的金融衍生产品合约的公允价值。应优先使用市场价值。如无市场价值，则按照记账惯例填报公允价值。在汇总填报数据时，不得将公允价值为正值的合约与公允价值为负值的合约进行轧差合并。

C0117. 名义本金币种：指本月末仍存续的金融衍生品名义本金的计价币种。如涉及双币种，可选取基础币种或按本机构惯例。

C0118. 本月末名义本金金额：指本月末仍存续的金融衍生品合约的名义本金价值。对于本金价值可变的合约，填报本月末合约本金。

3. 金融衍生产品及雇员认股权相关概念

（1）期权类合约：在该类合约中，买方从卖方那里获得一项权利，可以按照履约价格，在特定日期当天或之前，购买或出售特定的基础产品。

（2）远期类合约：是一种无条件履约的合约，根据该合约，交易双方同意按照合约价格（履约价格）在特定日期交换特定数量的基础产品（实物或金融产品）。期权类合约和远期类合约的主要区别：期初，远期类合约以零值开始，期权类合约通常涉及期权费；在合约的有效期内，远期类合约双方都可能是债权人或债务人，且可能发生变化，期权的购买方始终是债权人，而出售方则始终是债务人；到期时，远期类合约须无条件履约，期权履约与否取决于合约的购买方。

（3）雇员认股权：作为一种报酬形式，向公司雇员提供的一种购买公司股权的期权。

（五）存贷款、应收应付款及非公司制机构股权等其他投资

1. 统计内容

本表统计居民与非居民之间非流通性股权（10%以下）、外币现钞、存款、贷款、银行同业或联行存放拆放、应收应付等各类金融交易和金融资产、负债余额，是不属于居民与非居民之间的直接投资、证券投资、金融衍生产品和雇员认股权以及储备资产投资的部分。

2. 相关填报说明

D01 表　　　　货币与存款（含存放银行同业和联行）（资产）

包　括	不　包　括
1. 境内机构持有的外币现钞（含硬币与纸币）	
2. 境内机构存放在境外的款项，包括存放境外银行同业和存放境外联行	

D0101. 业务类别：①外币现金（硬币与纸币）；②存款；③账户金（或存放境外的其他贵金属）。

D0102. 对方国家/地区：外币现钞项下根据现金（含硬币与纸币）发行国家/地区填写，其中，欧元现金暂申报为德国。存款和账户金项下根据账户行所在地填写国别。请参照数据采集规范最新版本中的相关代码表填列。

D0103. 对方部门，请按以下五个子部门填列：①政府；②中央银行/货币当局；③银行；④非银行金融机构；⑤其他企业和个人。如持有外币现钞，对方部门填写为②。

D0104. 对方与本机构的关系：请按以下四种情况填列：①对方是本机构的境外直接投资者，即持有本机构表决权≥10%；②对方是本机构的境外直接投资企业，即本机构持有表决权在10%及以上的境外分支机构、子机构、联营机构或合营机构；③对方是本机构的境外联属机构，即双方有共同母公司，但相互持有表决权<10%或相互不持有表决权；④对方与本机构无关联关系。

D0105. 原始期限：指相关资产自持有至到期的期限，请按以下两种情况填列：①一年及以下，含活期或不定期；②一年以上。持有的外币现钞，原始期限填写为①。

D0106. 原始币种：指外币现金的币种或存款的记账币种（入账币种）。适用于D0107～D0114各项。其中，存放境外贵金属币种按相关贵金属代码填写。

D0107. 上月末本金余额：指上月末相关资产的本金余额，包括已结转为本金的利息部分。对于存放境外同业账户发生的透支款项及利息，如无法单独区分，可合并在同业存款余额中填报。对于存放境外贵金属，应填写盎司数量。

D0108. 上月末应收利息余额：指上月末相关资产产生的应收未收利息余额。对于已结转为本金的利息，应纳入本金余额统计。

D0109. 本月末本金余额：指本月末相关资产的余额，包括已结转为本金的利息部分。对于存放境外同业账户发生的透支款项及利息，如无法单独区分，可合并在同业存款余额中填报。对于存放境外贵金属，可填写盎司数量，但对应利息数据的货币单位应与之保持一致。

D0110. 其中的剩余期限在一年及以下：指自本月末至最终到期在一年及以下的相关资产的余额，包括已结转为本金的利息部分。对于存放境外同业账户发生的透支款项及利息，如无法单独区分，可合并在同业存款余额中填报。对于存放境外贵金属，可填写盎司数量，但对应利息数据的货币单位应与之保持一致。

D0111. 本月末应收利息余额：指本月末相关资产产生的应收未收利息余额。对于已结转为本金的利息，应纳入本金余额统计。

D0112. 本月非交易变动：指本月因撤销或注销、重新分类以及所涉主体居民地位改变等因素导致持有外币现金及存放境外款项变动的净额。

D0113. 本月净发生额：指本月持有外币现金的变动净值（购入 – 售出）及存放境外款项增减的净值（存放境外 – 存款调回）。正值代表资产的增加，负值代表资产的减少。计算公式为 D0113 ＝（D0109 ＋ D0111）－（D0107 ＋ D0108）－ D0112。

D0114. 本月利息收入：指本机构会计账上按权责发生制确认的本月存款利息收入，指当月数，而非累计数。

D02 表　　　　　　　贷款（含拆放银行同业及联行）（资产）

包　括	不　包　括
1. 境内机构直接向非居民提供的贷款，包括普通贷款、透支（含信用卡透支）、融资租赁、证券回购协议、银行同业及联行拆借及其他贷款	
2. 境内机构接受居民委托，以代理人的身份向非居民发放的委托贷款，委托人不再重复报送这部分贷款数据	

D0201. 是否委托贷款：①委托贷款；②非委托贷款。

D0202. 居民委托人所属部门，请按以下五个子部门填列：①政府；②中央银行/货币当局；③银行；④非银行金融机构；⑤其他企业和个人。请按委托人的主营业务归类。若 D0201 所选内容为 "②非委托贷款"，本指标为 "N/A"。

D0203. 对方国家/地区：指接受贷款的非居民注册或常驻（住）的国家/地区。请参照数据采集规范最新版本中的相关代码表填列。

D0204. 对方部门：指接受贷款的非居民所属部门，请按以下五个子部门填列：①政府；②中央银行/货币当局；③银行；④非银行金融机构；⑤其他企业和个人。请按接受贷款的主体的主营业务归类。

D0205. 对方与本机构/委托人的关系，请按以下四种情况填列：①对方是本机构/委托人的境外直接投资者，即持有本机构/委托人表决权≥10%；②对方是本机构/委托人的境外直接投资企业，即本机构/委托人持有表决权在10%及以上的境外分支机构、子机构、联营机构或合营机构；③对方是本机构/委托人的境外联属机构，即双方有共同母公司，但相互持有表决权＜10%或相互不持有表决权；④对方与本机构/委托人无关联关系或关系未知。

D0206. 原始期限：指贷款合同或借贷双方交易证实书中贷款的首笔提款日至最终到期日（或结清日）的期限。按以下两种情况填列：①一年及以下，含不定期；②一年以上。其中，循环贷款按合同或交易证实书中约定的贷款周期填写。如发生贷款拖欠或展期的，应按照双方确定的期限计算。如双方无安排，应按原期限归类。

D0207. 原始币种：指贷款合同或借贷双方交易证实书中规定的贷款币种，适用于 D0208～D0215 各项。

D0208. 上月末本金余额：指上月末对非居民贷款本金的账面余额。

D0209. 上月末应收利息余额：指上月末对非居民应收未收的贷款利息余额。

D0210. 本月末本金余额：指本月末对非居民提供贷款的账面余额。

D0211. 其中的剩余期限在一年及以下：指自本月末至最终到期在一年及以下的本月末对非居民提供贷款的账面余额。对于循环贷款，应根据对应贷款自本月末至最终到期日（或结清日）的期限是否在一年及以下判断。对于贷款拖欠或展期的，应按照双方确定的期限判断剩余期限是否在一年及以下。如双方无安排，纳入一年及以下统计。

D0212. 本月末应收利息余额：指本月末对非居民应收未收的贷款利息余额。

D0213. 本月非交易变动：指因贷款核销、重新分类（贷款一旦转让，则重新分类为债务证券）以及所涉主体居民地位改变等因素导致境内机构对境外提供贷款余额变动的净额。

D0214. 本月净发生额：指本月对非居民提供贷款的净发生额（提供贷款－贷款收回），正值代表资产的增加，负值代表资产的减少。计算公式为 D0214＝（D0210＋D0212）－（D0208＋D0209）－D0213。

D0215. 本月利息收入：指本机构会计账上按权责发生制确认的本月贷款利息收入，指当月数，非累计数。

D03 表　　　　持有境外非公司制机构 10％以下表决权和
国际组织股权（资产）

包　　括	不　　包　　括
1. 境内机构持有境外非公司制机构（例如持有 SWIFT）10％以下表决权或国际组织不可流通的股权	1. 境内金融机构持有境外机构的可流通股权，或 10％以上的不可流通股权

D0301. 对方名称：指境外被投资主体的中文名称及当地注册的英文名称，如为其他语言名称，可不填写外文名称，但必须填写中文名称。

D0302. 对方代码：指可以唯一标识该境外被投资主体的代码，包括"SWIFT 编码"等。如无市场通用代码，应使用本机构内部使用的代码进行唯一标识。

D0303. 对方国家/地区：指境外被投资主体注册或常驻的国家/地区。请参照数据采集规范最新版本中的相关代码表填列。

D0304. 对方部门：指境外被投资主体所属部门，请按以下五个子部门填列：①政府；②中央银行/货币当局；③银行；④非银行金融机构；⑤其他企业和个人。请按境外被投资主体的主营业务归类。

D0305. 对方与本机构的关系：请按以下四种情况填列：①对方是本机构的境外直接投资者，即持有本机构表决权≥10％；②对方是本机构的境外直接投资企业，即本机构持有 10％及以上表决权的境外分支机构、子机构、联营机构或合营机构；③对方是本机构的境外联属机构，即双方有共同母公司，但相互持有表决权＜10%或相互不持有表决权；④对方与本机构无关联关系。

D0306. 原始币种：根据本机构会计系统中相关股权的记账币种进行填报，适用于 D0307～D0312 各项。

D0307. 上月末余额：指上月末本机构持有相关股权的存量金额。

D0308. 本月末余额：指本月末本机构持有相关股权的存量金额。

D0309. 本月非交易变动：指本机构本月因撤销或注销、重新分类以及所涉主体居民地位改变等因素导致其他股权增减的净额。计算方法为：D0309 = D0308 - D0307 - D0310。

D0310. 本月净发生额：指本机构本月购入或售出不可流通股权的净值（购入 - 出售）。正值代表资产的增加，负值代表资产的减少。

D0311. 本月末本机构持表决权比例（%）：指月末本机构持有的相关股权所对应的表决权比例。

D0312. 本月本机构的红利/股息/利润收入：指本月会计账上确认的相关股权的红利、股息或利润收入。

D04 表　　　　　　应收款（不含应收利息）（资产）

包　　括	不　　包　　括
1. 境内机构对非居民的各类应收（预付）款项	1. 各类金融工具产生的应收利息，应与原始金融工具（如贷款、存款）记录在一起

D0401. 对方国家/地区：指应收款项对应的非居民主体注册或常驻（住）的国家/地区。请参照数据采集规范最新版本中的相关代码表填列。

D0402. 对方部门：指应收款项对应的非居民主体所属部门，请按以下五个子部门填列：①政府；②中央银行/货币当局；③银行；④非银行金融机构；⑤其他企业和个人。请按对手方的主营业务归类。

D0403. 对方与本机构的关系：请按以下四种情况填列：①对方是本机构的境外直接投资者，即持有本机构表决权≥10%；②对方是本机构的境外直接投资企业，即本机构持有表决权在10%及以上的境外分支机构、子机构、联营机构或合营机构；③对方是本机构的境外联属机构，即双方有共同母公司，但相互持有表决权＜10%或相互不持有表决权；④对方与本机构无关联关系。

D0404 原始期限：指应收款从确认至（预计）收回的期限，按以下两种情况填列：①一年及以下，含不定期；②一年以上。如发生应收款拖欠或展期的，应按照双方确定的期限计算。如双方无安排，应按原期限归类。

D0405. 原始币种：指应收款项的原始计价币种，适用于 D0406~D0410 各项。

D0406. 上月末余额：指上月末对非居民应收款项的账面余额。

D0407. 本月末余额：指本月末对非居民应收款项的账面余额。

D0408. 其中的剩余期限在一年及以下：指自本月末至到期在一年及以下的本月末对非居民应收款项的账面余额。如发生应收款拖欠或展期的，应按照双方确定的期限计算。如双方无安排，纳入一年及以下统计。

D0409. 本月非交易变动：指因不良资产注销、重新分类以及所涉主体居民地位改变等因素导致境内机构对非居民应收款项变动的净额。

D0410. 本月净发生额：指本月对非居民应收款项的净发生额（提供应收－应收款项收回），正值代表资产的增加，负值代表资产的减少。计算公式为 D0410 = D0407 - D0406 - D0409。

D05 表　　　　存款（含银行同业和联行存放）（负债）

包　括	不　包　括
1. 非居民存放在境内金融机构的款项（含驻华使领馆存放在境内金融机构的款项以及境外银行同业和联行存款）	

D0501. 业务类别：①存款；②账户金。

D0502. 对方国家/地区：指非居民存款主体注册或常驻（住）的国家或地区。请参照数据采集规范最新版本中的相关代码表填列。

D0503. 对方部门：请按以下五个子部门填列：①政府；②中央银行/货币当局；③银行；④非银行金融机构；⑤其他企业和个人。请按非居民存款主体的主营业务归类。

D0504. 对方与本机构的关系，请按以下四种情况填列：①对方是本机构的境外直接投资者，即持有本机构表决权≥10%；②对方是本机构的境外直接投资企业，即本机构持有表决权在10%及以上的境外分支机构、子机构、联营机构或合营机构；③对方是本机构的境外联属机构，即双方有共同母公司，但相互持有表决权<10%或相互不持有表决权；④对方与本机构无关联关系。

D0505. 原始期限：指存款自初始存入至到期的期限，按以下两种情况填列：①一年及以下，含活期或不定期；②一年以上。

D0506. 原始币种：指存款的记账币种（入账币种）。适用于D0507~D0514各项。

D0507. 上月末本金余额：指上月末非居民在本机构存放款项的余额。对于境外同业存放账户发生的透支款项及利息，如无法单独区分，应作为同业存款的一部分填列在本表中。

D0508. 上月末应付利息余额：指上月末本机构因吸收非居民存放款项而产生的应付未付利息余额。对于已结转为本金的利息，应纳入本金余额统计。

D0509. 本月末本金余额：指本月末非居民存款主体在本机构存放款项的余额。对于境外同业存放账户发生的透支款项及利息，如无法单独区分，应作为同业存款的一部分填列在本表中。

D0510. 其中的剩余期限在一年及以下：指自本月末至最终到期在一年及以下的非居民在本机构存放款项的余额。对于境外同业存放账户发生的透支款项及利息，如无法单独区分，应纳入剩余期限在一年及以下的同业存款进行统计。

D0511. 本月末应付利息余额：指本月末因吸收非居民存放款项而产生的应付未付利息余额。对于已结转为本金的利息，应纳入本金余额统计。

D0512. 本月非交易变动：指本月因重新分类以及所涉主体居民地位改变等因素导致境外主体在本金融机构存放款项变动的净额。

D0513. 本月净发生额：指非居民存款主体本月在本机构存放款项的净发生额（境外存放－存款调出）。正值代表负债的增加，负值代表负债的减少。计算公式为D0513＝（D0509＋D0511）－（D0507＋D0508）－D0512。

D0514. 本月利息支出：指本机构会计账上按权责发生制确认的当月对非居民存款利息支出。指当月数，而非累计数。

D06 表 贷款（含银行同业和联行拆借）（负债）

包　括	不　包　括
1. 非居民向境内机构提供的贷款，包括普通贷款、透支、融资租赁、证券回购协议、银行同业拆借及其他贷款	

D0601. 对方国家/地区：指提供贷款的非居民注册或常驻（住）的国家或地区。请参照数据采集规范最新版本中的相关代码表填列。

D0602. 对方部门：指提供贷款的非居民所属部门，请按以下五个子部门填列：①政府；②中央银行/货币当局；③银行；④非银行金融机构；⑤其他企业和个人。请按提供贷款的非居民的主营业务归类。

D0603. 对方与本机构的关系：请按以下四种情况填列：①对方是本机构的境外直接投资者，即持有本机构表决权≥10%；②对方是本机构的境外直接投资企业，即本机构持有表决权在 10% 及以上的境外分支机构、子机构、联营机构或合营机构；③对方是本机构的境外联属机构，即双方有共同母公司，但相互持有表决权 <10% 或相互不持有表决权；④对方与本机构无关联关系。

D0604. 原始期限：指贷款合同或借贷双方交易证实书中贷款的首笔提款日至最终到期日（或结清日）的期限。按以下两种情况填列：①一年及以下，含不定期；②一年以上。其中，循环贷款按合同或交易证实书中约定的贷款周期填写。如发生贷款拖欠或展期的，应按照双方确定的期限计算。如双方无安排，应按原期限归类。

D0605. 原始币种：指贷款合同中规定的贷款币种。适用于 D0606～D0613 各项。

D0606. 上月末本金余额：指上月末接受非居民提供贷款的账面本金余额。

D0607. 上月末应付利息余额：指上月末对非居民应付未付的贷款利息余额。

D0608. 本月末本金余额：指本月末接受非居民提供贷款的账面本金余额。

D0609. 其中的剩余期限在一年及以下：指自本月末至到期在一年及以

下的接受非居民提供贷款的账面本金余额。对于循环贷款，应根据对应贷款自本月末至最终到期日（或结清日）的期限是否在一年及以下判断。对于贷款拖欠或展期的，应按照双方确定的期限判断剩余期限是否在一年及以下。如双方无安排，纳入一年及以下统计。

D0610. 本月末应付利息余额：指本月末对非居民应付未付的贷款利息余额。

D0611. 本月非交易变动：指因贷款重新分类（贷款一旦转让，则重新分类为债务证券）以及所涉主体居民地位改变等因素导致境内机构接受境外提供贷款余额变动的净额。

D0612. 本月净发生额：指本月本机构接受非居民提供贷款的净发生额（接受贷款－贷款偿还），正值代表负债的增加，负值代表负债的减少。计算公式为 D0612 =（D0608 + D0610）－（D0606 + D0607）－ D0611。

D0613. 本月利息支出：指本机构会计账上按权责发生制确认的本月对非居民贷款利息支出。指当月数，而非累计数。

D07 表　　非居民持有本机构（非公司制）10％以下表决权（负债）

包　　括	不　　包　　括
1. 非居民持有境内非公司制机构 10％以下表决权的不可流通股权	1. 非居民持有境内非公司制机构 10％及以上表决权的不可流通股权，纳入 A02 表统计
	2. 非居民持有境内机构的可流通股权

D0701. 对方名称：指境外投资主体的中文名称及当地注册的英文名称，如为其他语言名称，可不填写外文名称，但必须填写中文名称。

D0702. 对方代码：指可以唯一标识该境外投资主体的代码，包括"SWIFT 编码"等。如无市场通用代码，应使用本机构内部使用的代码进行唯一标识。

D0703. 对方国家/地区：指境外投资主体注册或常驻（住）的国家/地区。请参照数据采集规范最新版本中的相关代码表填列。

D0704. 对方部门：指境外投资主体所属部门，请按以下五个子部门填列：①政府；②中央银行/货币当局；③银行；④非银行金融机构；⑤其他企业和个人。请按境外投资主体的主营业务归类。

D0705. 对方与本机构的关系，请按以下四种情况填列：①对方是本机构的境外直接投资者,即持有本机构表决权≥10%;②对方是本机构的境外直接投资企业,即本机构持有表决权在 10% 及以上的境外分支机构、子机构、联营机构或合营机构;③对方是本机构的境外联属机构,即双方有共同母公司,但相互持有表决权<10% 或相互不持有表决权;④对方与本机构无关联关系。

D0706. 原始币种:指本机构会计系统中对其他股权的记账币种。适用于 D0707~D0710 各项,以及 D0712。

D0707. 上月末余额:指上月末非居民持有的相关股权的存量金额。

D0708. 本月末余额:指本月末非居民持有的相关股权的存量金额。

D0709. 本月非交易变动:指境外投资主体本月因重新分类以及所涉主体居民地位改变等因素导致其持有本机构不可流通股权增减变动的净额。计算公式为 D0709 = D0708 − D0707 − D0710。

D0710. 本月净发生额:指境外投资主体本月购入或售出本机构不可流通股权的净值(本机构出售 − 本机构赎回)。

D0711. 本月末外方表决权比例(%):指本月末境外投资主体拥有的表决权占本机构表决权的比例。

D0712. 本月对外方的股息/红利/利润支出:按照权责发生制,本机构本月应分配给境外投资主体的股权股息、红利、利润支出。

D08 表	应付款(不含应付利息)(负债)
包 括	不 包 括
1. 境内机构对非居民的各类应付(预收)款项	1. 其他各类金融工具产生的应付未付利息,应与对应金融工具(如贷款、存款)的余额数据记录在一起

D0801. 对方国家/地区:指应付款项对应的非居民主体注册或常驻(住)的国家/地区。请参照数据采集规范最新版本中的相关代码表填列。

D0802. 对方部门:指应付款项对应的非居民主体所属部门,请按以下五个子部门填列:①政府;②中央银行/货币当局;③银行;④非银行金融机构;⑤其他企业和个人。请按对方的主营业务归类。

D0803. 对方与本机构的关系,请按以下四种情况填列:①对方是本机构的境外直接投资者,即持有本机构表决权≥10%;②对方是本机构的境外直接投资企业，即本机构持有表决权在10%及以上的境外分支机构、子机构、联营机构或合营机构；③对方是本机构的境外联属机构，即双方有共同母公司，但相互持有表决权＜10%或相互不持有表决权；④对方与本机构无关联关系。

D0804. 原始期限：指应付款从确认至（预计）付清的期限。按以下两种情况填报：①一年及以下，含不定期；②一年以上。如发生应付款拖欠或展期的，应按照双方确定的期限计算。如双方无安排，应按原期限归类。

D0805. 原始币种：指应付款项的原始记账币种。适用于D0806~D0810各项。

D0806. 上月末余额：指上月末对非居民应付款项的账面余额。

D0807. 本月末余额：指本月末对非居民应付款项的账面余额。

D0808. 其中的剩余期限在一年及以下：自本月末至到期在一年及以下的对非居民应付款项的账面余额。如发生应付款拖欠或展期的，应按照双方确定的期限计算。如双方无安排，归入一年及以下统计。

D0809. 本月非交易变动：指因重新分类以及所涉主体居民地位改变等因素导致本机构对非居民应付款项变动的净额。

D0810. 本月净发生额：指本月对非居民应付款项的净发生额（应付增加－应付偿还），正值代表负债的增加，负值代表负债的减少。计算公式为 D0810 = D0807 - D0806 - D0809。

D09表：对非居民的贷款和应收款减值准备余额

D0901. 资产类别：①贷款；②应收款。

D0902. 风险分类按五级分类法：①正常；②关注；③次级；④可疑；⑤损失。

D0903. 币种：指本机构所提取的贷款和应收款减值准备所用币种，适用于D0904项。

D0904. 本月末减值准备余额：本月末，按照会计准则规定计提的对非居民的贷款和应收款减值准备余额。对于非居民信用卡透支，请根据本机构相关减值准备计提原则，确定填报口径。

3. 存贷款、应收应付款及非公司制机构股权等其他投资的相关概念：

（1）非公司或准公司股权：指不以"证券"代表的，不能被转手交易的股权，主要包括非公司或准公司股权（当单个投资者持有表决权比例在

10%以下时）。

（2）国际组织的份额：不以股份表示的国际组织的所有权，因此被列为其他股权。

（3）外币现金：指境外发行的硬币和纸币。

（4）存款：指存放在中央银行、中央银行以外的存款性公司的债权。

（5）银行同业存放：指境内银行与境外银行（包括境内银行在境外的分支机构）间由于日常资金往来而发生的存款。

（6）贷款：是在债权人将资金直接借给债务人时产生的，并以非流动单据作为证明的金融资产。一般来讲，贷款是不具有流动性的金融工具，一旦其具有流动性，将不再是"贷款"，而是"债务证券"。

（7）普通贷款：指贷款人与借款人签订的约定利率、期限并还本付息的贷款。

（8）透支：指客户在其信用额度内进行支付或取现，从而获得短期信贷资金的行为。

（9）融资租赁：指实质上转移与资产所有权有关的全部或大部分风险和报酬的租赁，以承租人占用融资成本的时间计算租金，本质上是一种贷款性质的融资行为，其租金实质为利息。

（10）证券回购协议：资金融入方与资金融出方以协议的方式，按特定价格出售资产，融入资金，并约定在将来特定日期按指定价格购回相同或类似资产的交易行为。对于资金融入方，是资产回购；对于资金融出方，是资产返售。

（11）银行同业拆借：指境内银行与境外银行（包括境内银行在境外的分支机构）间发生的短期资金融通行为。

（12）其他贷款：不包括在以上贷款业务类别中的其他贷款。

（13）应收应付款：指没有纳入其他金融工具之列的应收和应付账款。包括税款、证券买卖、融券费用、黄金贷款费用、工资、股息和应计但未付的社会缴款，还包括这些项目的预缴款（预收款计入 D08 表，预付款计入 D04 表）。其中，无对应现金作为交换的证券和黄金借贷所收取的费用不能被当成贷款利息处理，其应收应付及预收预付款应统计为其他应收与应付款。其他应收应付款实际为申报主体应向非居民收取或支付的、未纳入其他表格（A、B、C、D、F 表格）统计的，除应收应付利息外的所有款项合计。

（六）货物、服务、薪资及债务减免等其他各类往来

1. 统计内容：该表统计居民（填报机构）与非居民之间发生的非金融资产交易，包括货物买卖、服务收入/支出、雇员报酬（薪资）以及各类转移。

货物统计内容：

项　目	说　明
1. 货物	指一般商品的进出口、非货币黄金以及转手买卖所涉及的货物
（1）（其中项）非货币黄金	非货币黄金指以海关各种贸易方式进口的，但不作为中央银行储备资产的所有黄金 包括： ——作为储藏手段的黄金和其他用途（工业用）黄金，可以是金条、金块、金粉以及其他未加工或半加工的黄金 不包括： ——含有黄金的珠宝不属于非货币黄金，而是属于一般商品 ——列入国家储备的黄金资产，由中央银行持有

服务统计内容：

项　目	含　义
1. 服务	服务包括加工服务、别处未涵盖的维护和维修服务、运输、公务及商务旅行、建设、保险和养老金服务、金融服务、知识产权使用费、电信计算机和信息服务、研究和开发、专业和管理咨询、远程教育医疗和培训、签证费等政府服务、技术服务等其他商业服务
（1）加工服务	指对他人拥有的实物投入的制造服务（加工服务），包括由不拥有相关货物的企业承担的加工、装配、贴标签和包装等服务。不拥有货物的实体提供该服务，获得的是相关服务费用收入。常见的加工服务包括炼油、天然气液化、服装和电子装配、安装服务（但建筑预制件的安装纳入"建设"统计）、贴标签和包装（但不包括用于运输的包装，用于运输的包装纳入"运输"统计）

续表

项　目	含　义
（2）别处未涵盖的维护和维修服务	指居民为非居民（反之亦然）所拥有的货物提供的维护和维修工作。对于船舶、飞机和其他运输设备的维护和维修计入本项统计。但运输设备清洁服务纳入"运输"统计。建筑工程维护和维修纳入"建设"统计。计算机的维护和维修纳入"电信、计算机和信息服务"统计
（3）运输	指将人或物体从一地点运送至另一地点的过程，包括相关辅助和附属服务，以及邮政和邮递服务。其中，客运（如差旅中的机票）应为居民使用非居民承运人承运的国际运输以及在中国境内运输的花费。货运、邮政或邮递服务支出指居民使用非居民承运人、邮政或邮递公司提供的货物运输、信件、报纸、各类印刷品、邮包、包裹、快递和上门送货等各类服务的花费。但居民在境外使用非居民提供的运输或邮递、邮政服务应纳入商务旅行支出统计
（4）公务及商务旅行	指为公务及商务目的旅行的个人，在旅行地的个人物品和服务的花费，如在旅行地的交通、餐饮、住宿等花费。但公务及商务旅行人员使用非居民承运的国际运输花费，应纳入运输项目统计
（5）建设	指在建设工程所在经济体未设立法人、分支机构及项目办公司情况下开展的建设活动
（6）保险和养老金服务	指人寿保险和年金、非人寿保险、再保险、标准化担保服务，以及保险、养老金计划和标准化担保计划的辅助服务所涉及的费用等。境内保险机构向投保人收取的保费和支付的赔偿等相关信息纳入 I 表统计

续表

项 目	含 义
（7）金融服务	金融机构提供/接受金融中介和辅助服务而收取/支付的费用。中介和辅助服务包括与存贷款服务、信用证服务、信用卡服务、融资租赁服务、保理、承销、支付清算、境外上市筹资费用等，还包括金融咨询服务、金融资产或金条托管、金融资产管理、合并与收购服务、信用评级服务、证券交易服务和信托服务等 不包括： ——保险和养老金服务，涉及境内保险公司的保险和养老金服务收支的详见 I 表：涉外保险业务情况 ——法律服务、会计服务、管理咨询、公共关系服务；广告、市场研究和民意调查服务
（8）知识产权使用费	使用非居民所有的知识产权而产生的费用，以及复制传播此类产品（如书本和手稿、计算机软件、电影和音像制品）所涉及的许可费。知识产权包括专利权、商标权、版权、特许权等
（9）电信、计算机和信息服务	电信服务包括通过电话、电传、电报、无线广播、电视线缆、卫星电视、电子邮件、传真等形式广播或传播视音频信息。计算机服务包括与计算机有关的硬件和软件相关服务、数据处理服务。信息服务包括数据库服务、网页搜索服务、非批量定购报纸、期刊、书籍和电子出版物等
（10）研究和开发服务	指与基础研究、应用研究以及与新产品和流程的实验性开发相关的服务。包括定制和非定制的研发服务；转让研发成果所有权，如相关专利、版权、工业生产和设计等。但技术研究和咨询应纳入"技术服务相关其他商业服务"统计；计算机软件专利权销售以及复制或分销许可费，应纳入"电信、计算机和信息服务"等项目统计
（11）专业和管理咨询服务	指法律服务、会计服务、管理咨询、公共关系服务；广告、市场研究和民意调查服务

续表

项　目	含　义
（12）远程教育、医疗和培训	指居民在本经济体内接受非居民提供的教育、医疗和培训服务。包括在境内接受非居民提供（包括远程提供）的教育、医疗和培训服务，以及本机构直接在境外或从境内远程向非居民提供的教育、医疗和培训服务
（13）签证费等政府服务	指居民因使用非居民政府服务而支付的签证费等支出
（14）技术服务等其他商业服务	指建筑（建筑设计、装潢设计服务）、工程（机械设计、机械研制和使用等）、经营租赁、货物或服务交易佣金服务。但金融工具的经纪费应纳入"金融服务"统计；运输代理佣金等应纳入"运输"统计；保险佣金应纳入"保险和养老金服务"统计

代表处和筹备组费用统计内容：

项　目	含　义
1. 代表处经费	仅在支出方。在境外设立的非营业性质的代表处、办事处的所有花费
2. 筹备组费用	仅在支出方。在境外正式设立机构前的筹备费用

雇员报酬统计内容：

项　目	含　义
1. 支付非居民雇员报酬	仅在支出方，指支付给非居民雇员的报酬，包括现金形式的工资和薪金、实物形式的工资和薪金（含雇员股票期权（ESO））以及雇员的社保缴款
（1）（其中项）（计入本期费用的）非居民雇员股票期权支出	仅在支出方。雇员股票期权是支付实物形式工资和薪金的一种方式

转移统计内容：

项　目	含　义
1. 二次收入（经常转移）	支出、收入方均可能发生。资本转移以外的所有其他类型转移。主要包括：接受/提供与固定资产无关的捐赠和援助、保险赔偿、经常性税收、罚款、向国际组织缴纳的会费等
（1）保险赔付	指居民与非居民之间的保险赔付金额。一般情况下仅限于保险机构以外的其他机构填报，但在特殊情况下可用于保险机构，如保险公司为员工境外购买人身意外险，或保险公司对外支付保险代理费等
（2）其他经常转移	指除保险赔偿外，居民与非居民之间经常性无偿捐赠、救济、援助等金额
2. 资本账户	支出、收入方均可能发生。资本账户包括资本转移和非生产非金融资产转让 资本转移指涉及固定资产所有权的变更或债权人减免负债，且未得到任何回报的实物转移。现金转移如与固定资产的转移联系在一起（如捐款用于境外投资建房）也视为资本转移 非生产非金融资产转让指品牌、商标、商誉、契约、租约和许可所有权等的转让
（1）（其中项）债务减免	支出、收入方均可能发生。债务减免是指债权人与债务人通过合同协议方式自愿撤销部分或全部债务的行为。债权人单方面确认无法收回的账款不计入债务减免

代扣代缴税统计内容：

项　目	含　义
1. 代扣代缴税（我国税收收入）	是指接受境外提供的各项服务支出时，按我国法律法规规定代为扣缴的税收，即境外因向境内提供了服务，其获取的收入应按规定向我国纳税填报本项时，应确保"服务支出"中包含了代扣缴税款（尽管服务费的支出通常是以税后净额的形式对外支付的），以真实完整反映接受境外服务的支出。代为扣缴税款为我国的税收收入

续表

项　目	含　义
2. 支付境外代扣代缴税（对他国税收支出）	是指向境外提供各项服务时，按对应国法律法规规定由境外机构代为扣缴的税收支出，即境内因向境外提供了服务，所获取的收入应按规定向他国（地区）纳税

2. 相关填报说明

"交易对方国家/地区"是指本笔国际收支交易的交易对方的注册地或常驻（住）国家/地区，而非汇入/汇出地的国家/地区。

以下指标均为当期交易的流量数据。

1000. 来自非居民的收入：是货物收入（1100）、服务收入（1200）、二次收入（经常转移）收入（1600）及资本账户收入（1700）的合计项。

1100. 货物收入：出口货物的收入。

1101. 其中的非货币黄金收入：出口非货币黄金的收入。

1200. 服务收入：指向非居民提供各项服务的总收入，为1201～1214各项金额合计。

1201. 加工服务收入：指为非居民拥有的实物提供制造服务而获得的加工费收入。本机构不拥有该实物的所有权，仅提供加工、装配、贴标签和包装等服务。

1202. 别处未涵盖的维护和维修服务收入：指为非居民拥有的实物提供维护和维修服务而获得的收入。

1203. 运输收入：指向非居民提供国际运输、邮政快递等服务而收取的费用。未发生相关业务的金融机构此项应填报为零。

1204. 公务及商务旅行收入：指因在境内向非居民提供住宿、餐饮、购物服务而获得的收入。未发生相关业务的金融机构此项应填报为零。

1205. 建设收入：指向非居民提供建设服务而收取的费用。

1206. 保险和养老金服务收入：指因提供人寿保险和年金、非人寿保险、再保险、标准化担保服务，以及保险、养老金计划和标准化担保计划的辅助服务所涉及的费用等收入。境内保险机构向投保人收取的保费和支付的赔偿等相关信息纳入Ⅰ表统计，请勿填入此表。

1207. 金融服务收入：指向非居民提供金融中介和辅助服务而收取的费用，包括但不限于向非居民收取的中间业务、结算和清算、代理、托管等手续费和佣金以及外汇买卖价差收入，但向非居民提供法律、会计、管理咨询、公共关系、广告、市场研究和民意调查等服务而收取的费用应纳入"1211 专业和管理咨询服务收入"统计。

1208. 知识产权使用费收入：指因非居民使用本机构所有的知识产权而收取的费用，以及复制传播此类产品（如书本和手稿、计算机软件、电影和音像制品）所涉及的许可费。知识产权包括专利权、商标权、版权、特许权等。

1209. 电信、计算机和信息服务收入：指因非居民使用本机构提供的电信服务、计算机服务和信息服务而收取的费用。

1210. 研究和开发服务收入：指向非居民提供研究和开发服务而收取的费用。

1211. 专业和管理咨询服务收入：指向非居民提供法律服务、会计服务、管理咨询、公共关系服务、广告、市场研究和民意调查服务而收取的费用。

1212. 远程教育、医疗和培训收入：指因在境内（含远程）以及出境向非居民提供教育、医疗和培训服务而收取的费用。

1214. 技术服务等其他商业服务收入：指因提供建筑设计、装潢设计、工程（机械设计、机械研制和使用等）、经营租赁、货物或服务交易而收取的费用或佣金。但金融工具的经纪费应纳入"金融服务"统计；运输代理佣金等应纳入"运输"统计；保险佣金应纳入"保险和养老金服务"统计。

1600. 二次收入（经常转移）收入：指非居民向填报机构提供经常性的无偿捐赠、救济、援助，以现金或实物形式均可，以及保险赔付收入。实物按实际价值折算。

1601. 保险赔付收入：指来自非居民的保险赔付收入。仅限于保险机构以外的其他机构填报。境内保险机构再保险项下相关信息纳入 I 表统计。

1602. 其他二次收入（经常转移）收入：指非居民向填报机构提供经常性的无偿捐赠、救济、援助。

1700. 资本账户收入：指本机构从非居民处获得与固定资产有关的捐赠的价值，以及处置非生产非金融资产的收入。比较常见的资本转移有债务减免、桥梁和工程援建以及投资捐赠等。

1701．其中的债务减免：是指非居民债权人通过合同协议方式自愿撤销本机构部分或全部债务的行为。

2000．对非居民的支出：是货物支出（2100）、服务支出（2200）、代表处经费（2300）、筹备组费用（2400）、支付非居民雇员报酬（2500）、二次收入（经常转移）支出（2600）和资本账户支出（2700）的合计数。

2100．货物支出：进口货物的支出。

2101．其中的非货币黄金支出：进口非货币黄金的支出。

2200．服务支出：指接受非居民提供各项服务的总支出，为2201～2214各项金额合计。

2201．加工服务支出：指填报机构将本机构拥有的实物交付给非居民开展制造服务而支付的加工费。非居民不拥有相关实物的所有权，仅提供加工、装配、贴标签和包装等服务。

2202．别处未涵盖的维护和维修服务支出：指填报机构使用非居民对本机构拥有的实物提供维护和维修服务而支付的费用。

2203．运输支出：指因使用非居民提供的国际运输、邮政快递等服务而支付的费用。

2204．公务及商务旅行支出：指为公务及商务目的旅行的个人，在境外（旅行地）的个人物品和服务的花费，如在旅行地的交通、餐饮、住宿等花费。但公务及商务旅行人员使用非居民承运的国际运输花费，应纳入运输项目统计。

2205．建设支出：指因使用非居民建设服务而支付的费用。

2206．保险和养老金服务支出：指因使用非居民的人寿保险和年金、非人寿保险、再保险、标准化担保服务，以及保险、养老金计划和标准化担保计划的辅助服务而支付的费用。境内保险机构向投保人收取的保费和支付的赔偿等相关信息纳入I表统计，请勿填入此表。

2207．金融服务支出：指因接受金融中介和辅助服务而支付的费用，包括但不限于向非居民支付的中间业务、结算和清算、代理、托管等服务支出的手续费和佣金，但使用非居民提供的法律、会计、管理咨询、公共关系、广告、市场研究和民意调查等服务而支付的费用应纳入"2211专业和管理咨询服务支出"统计。

2208. 知识产权使用费支出：指因使用非居民所拥有的知识产权，以及复制传播此类产品（如书本和手稿、计算机软件、电影和音像制品）所支付的费用或许可费。知识产权包括专利权、商标权、版权、特许权等。

2209. 电信、计算机和信息服务支出：指因使用非居民提供的电信服务、计算机服务和信息服务而支付的费用。

2210. 研究和开发服务支出：指因使用非居民提供的研究和开发服务而支付的费用。

2211. 专业和管理咨询服务支出：指因使用非居民提供的法律服务、会计服务、管理咨询、公共关系服务、广告、市场研究和民意调查服务而支付的费用。

2212. 远程教育、医疗和培训支出：指在境内（含远程）接受非居民提供的教育、医疗和培训服务而支付的费用。

2213. 签证费等政府服务支出：指因使用非居民使领馆和政府等提供的签证或其他服务而支付的费用。

2214. 技术服务等其他商业服务支出：指因使用非居民的建筑设计、装潢设计、工程（机械设计、机械研制和使用等）、经营租赁、货物或服务交易而支付的费用或佣金。但金融工具的经纪费应纳入"金融服务"统计；运输代理佣金等应纳入"运输"统计；保险佣金应纳入"保险和养老金服务"统计。

2300. 代表处经费：指本机构拨付境外代表处、办事处的各项费用合计。

2400. 筹备组费用：在境外正式设立机构前的筹备费用支出。

2500. 支付非居民雇员报酬：填报机构向其非居民雇员支付的工资和酬金。包括现金和实物形式的工资、薪金，也包括雇员交纳的社保缴款。

2501. 其中的非居民雇员股票期权费用：填报机构向非居民雇员支付的雇员股票期权。

2600. 二次收入（经常转移）支出：指非居民向填报机构提供经常性的无偿捐赠、救济、援助，以现金或实物形式均可。实物按实际价值折算。

2601. 保险赔付支出：指向非居民支付的保险赔付。仅限于保险机构以外的其他机构填报。

2602. 其他二次收入（经常转移）支出：指填报机构向非居民机构或个人提供经常性的无偿捐赠、救济、援助。

2700. 资本账户支出：指本机构向非居民提供与固定资产有关的捐赠的价值，以及购买非生产非金融资产的支出。比较常见的资本转移有债务减免、桥梁和工程援建以及投资捐赠等。

2701. 其中的债务减免：是指本机构通过合同协议方式免除非居民债务人部分或全部债务的行为。

3000. 代扣代缴税：是指跨境提供各项服务时，按对应国法律法规规定由对应国境内机构代非居民扣缴的税收。

3001. 代扣代缴税（我国税收收入）：是指代非居民扣缴的税款。

3002. 支付境外代扣代缴税（对他国税收支出）：是指与境外发生业务往来，按对应国法律法规规定由境外机构代为扣缴的税收支出，即境内因向境外提供了服务，所获取的收入应按规定向他国（地区）纳税。

（七）与进出口票据、单证有关业务

1. 统计内容：

本表统计买断出口相关票据和单证情况（资产），和对外承担第一性付款义务的相关票据、单证情况（负债）。

2. 相关填报说明：

F01 表　　　　　　　　　　**买断出口票据、单证业务**

包　括	不　包　括
1. 本机构买断境外机构承兑的出口票据或单据，如福费廷、买断性质的保理以及其他买断性质的贸易融资活动，包括即期和远期收款权利	1. 本机构购买、转让或贴现境内机构承兑的汇票

F0101. 相关业务类型，按以下三种情况填列：①福费廷；②买断性质的保理；③其他买断贸易融资行为。

F0102. 是否附有银行承兑汇票，请按以下两种情况填列：①是；②否。

F0103. 境外付款人所属国家/地区：填报本机构所买断出口收款票据或单证的第一性付款人注册地国家/地区代码。

F0104. 境外付款人所属部门，请按以下五个子部门填列：①政府；②中央银行/货币当局；③银行；④非银行金融机构；⑤其他企业和个人。请按境外付款人的主营业务归类。

F0105. 境外付款人与本机构的关系：请按以下四种情况填列：①付款

人是本机构的境外直接投资者,即持有本机构表决权≥10%;②付款人是本机构的境外直接投资企业,即本机构持有表决权在10%及以上的境外分支机构、子机构、联营机构或合营机构;③付款人是本机构的境外联属机构,即双方有共同母公司,但相互持有表决权<10%或相互不持有表决权;④付款人与本机构无关联关系。

F0106. 原始期限:指从境外付款人付款责任确认至约定最终付款的期限,请按以下两种情况填列:①一年及以下;②一年以上。其中,不定期或未约定最终付款期限的,请填报为①。如发生对方付款拖欠或展期的,应按照双方重新确定的期限计算。如双方无安排,应按原期限归类。

F0107. 原始币种:指相关业务所涉及出口收款票据或单证的计价币种,请参照数据采集规范最新版本中的相关代码表填列。适用于F0108~F0112各项。

F0108. 上月末余额:指上月末所买断出口相关票据或单证的公允价值。如无公允价值,应按其账面(摊余)价值填列。

F0109. 本月末余额:指本月末所买断出口相关票据或单证的公允价值。如无公允价值,应按其账面(摊余)价值填列。

F0110. 其中的剩余期限在一年及以下:指自本月末至最终到期的在一年及以下相关票据或单证的公允价值。如无公允价值,应按其账面(摊余)价值填列。

F0111. 本月非交易变动:反映统计期间由于价格变动等非交易因素引起的出口相关票据或单证价值变动。

F0112. 本月净发生额:指本月内,本机构买卖相关出口收款凭证(如票据或单证)的净值[买入-卖出(或到期收款)]。正值代表净买入,负值代表净卖出或到期收款。计算方法为:F0112 = F0109 - F0108 - F0111。

F0113. 备注:填报本表时需特别说明的情况。

F02表　　　　　对外承担第一性付款责任的票据、单证业务

包　括	不　包　括
1. 本机构对境外非居民承担第一性付款责任的信用证、延付保函等的情况,包括即期应付未付和远期(承兑)付款义务	1. 本机构承兑境内贸易用票据等

F0201. 相关业务类别，按以下三种类别填列：①信用证；②延付保函；③其他。

F0202. 是否附有银行承兑汇票，请按以下两种情况填列：①是；②否。

F0203. 境外收款人所属国家/地区：填报本机构所承兑信用证、延付保函等的境外收款人注册或经营所在国家/地区代码。

F0204. 境外收款人所属部门，请按以下五个子部门填列：①政府；②中央银行/货币当局；③银行；④非银行金融机构；⑤其他企业和个人。请按境外收款人的主营业务归类。

F0205. 境外收款人与本机构的关系，请按以下四种情况填列：①收款人是本机构的境外直接投资者，即持有本机构表决权≥10%；②收款人是本机构的境外直接投资企业，即本机构持有表决权在10%及以上的境外分支机构、子机构、联营机构或合营机构；③收款人是本机构的境外联属机构，即双方有共同母公司，但相互持有表决权＜10%或相互不持有表决权；④收款人与本机构无关联关系。

F0206. 原始期限：指从本机构付款责任确认至约定的最终付款的期限，请按以下两种情况填列：①一年及以下；②一年以上。其中，不定期或未约定最终付款期限的，应归入①。如发生付款拖欠或展期的，应按照双方确定的期限计算。如双方无安排，应按原期限归类。

F0207. 原始币种（按进口相关付款凭证的原始币种）：指所承兑信用证、延付保函等的计价币种，请参照数据采集规范最新版本中的相关代码表填列，适用于F0208～F0212各项。

F0208. 上月末余额：指上月末信用证、银行承兑汇票或延付保函的公允价值。如无公允价值，应按其账面金额填列。

F0209. 本月末余额：指本月末信用证、银行承兑汇票或延付保函的公允价值。如无公允价值，应按其账面金额填列。

F0210. 其中的剩余期限一年及以下：指自本月末至最终到期在一年及以下的信用证、银行承兑汇票或延付保函的公允价值。如无公允价值，应按其账面金额填列。

F0211. 本月非交易变动：反映统计期间信用证、银行承兑汇票或延付保函因承兑及到期支付以外的撤销等非交易因素引起的价值变动。

F0212. 本月净发生额：指本月内，本机构信用证、银行承兑汇票或延付保函的净值变动（承兑－到期支付）。正值代表净承兑增加，负值代表净承兑减少或到期支付。计算方法为：F0212 = F0209 − F0208 − F0211。

F0213. 备注：填报本表时需特别说明的情况。

（八）涉外银行卡相关统计

1. 统计内容：境内银行卡在境外消费或提现情况，以及境外银行卡在境内消费或提现情况。

境内银行卡：是指由境内银行发行的各类银行卡，包括贷记卡、准贷记卡和借记卡等。境内银行为中国居民，是指在境内注册成立的银行，包括境外机构或个人在境内设立的银行法人和分支机构，不包括境内机构或个人在境外设立的银行法人和分支机构。

境外银行卡：是指由境外银行发行的各类银行卡，包括贷记卡、准贷记卡和借记卡等。境外银行为非中国居民，是指在境外注册成立的银行，包括境内机构或个人在境外设立的银行法人和分支机构，不包括境外机构或个人在境内设立的银行法人和分支机构。

2. 相关填报说明

G01 表   **境内银行卡境外消费提现**

包 括	不 包 括
1. 境内银行卡在境外刷卡消费和取现情况 2. 境内银行和银行卡组织应按以下先后顺序确定其数据报送范围： ——通过境内银行卡组织（中国银联）清算的资金由中国银联统一填报，境内发卡机构不再重复报送相关数据 ——除中国银联以外清算渠道发生的业务，由境内发卡机构自行报送	1. 境内银行卡在境内刷卡消费和取现情况

G0101. 发卡机构名称：指相关银行卡（含贷记卡、准贷记卡和借记卡）发行机构名称。仅限中国银联填报使用，境内银行不需填报。

G0102. 银行卡清算渠道：是指银行卡所使用的信用卡组织清算渠道或其他清算渠道，请按以下序号填列：①银联；②威士（Visa）；③万事达（Mastercard）；④美国运通（AMERICAN EXPRESS）；⑤大来（DINERS

CLUB）；⑥吉士美（JCB）；⑦发卡行自行清算；⑧其他。其中，通过①银联渠道清算的资金由中国银联统一填报，境内发卡机构不需填报。境内发卡机构仅需填写除银联以外清算渠道（渠道②~⑧）的资金。

G0103. 持卡人所属国家/地区：按持卡人是否为中国居民区分为①中国居民；②非中国居民。其中，非中国居民包括外国持卡人以及中国香港、澳门、台湾地区的持卡人。附属卡持卡人所属国家/地区按照主卡持卡人所属国家/地区确定。对于无法识别国家/地区的持卡人，统一视为中国居民，国家/地区应归入中国。

G0104. 交易类型，按照商户类别或境外提现情况选择：①购物；②住宿；③餐饮；④当地交通；⑤教育留学；⑥其他服务；⑦提现；⑧医疗保健。请参照数据采集规范最新版本中的相关代码表进行归类。如有未涵盖的商户类别码，请根据具体情况进行归类。

G0104CODE. 交易方式请选择：①线下；②线上。其中，"线下"是指通过 POS 和 ATM 机进行的交易；其他均归为"线上"。

G0105. 交易所在地国家/地区：指境外消费所在地或提现所在地。请参照数据采集规范最新版本中的相关代码表填列。

G0106. 交易原币：指持卡人在境外消费或提现的原始币种。请参照数据采集规范最新版本中的相关代码表填列。

G0107. 交易金额：指持卡人在境外消费或提现的金额。如无法获取交易原币金额，可选择清算币种及相应金额填列。

G02 表   **境外银行卡境内消费提现**

包 括	不 包 括
1. 境外银行卡在境内刷卡消费和取现情况	
2. 境内收单机构和银行卡组织（中国银联）应按以下先后顺序确定其数据报送范围： ——通过中国银联渠道清算以及由其代境内银行收单的资金由中国银联统一填报，境内其他收单机构不再重复报送相关数据 ——除中国银联清算或收单外的其他清算渠道发生的业务，由境内收单机构自行报送	

G0201. 银行卡清算渠道：是指银行卡所使用的卡组织清算渠道或其他清算渠道。请按以下序号填列：①银联；②威士（Visa）；③万事达（Mastercard）；④美国运通（AMERICAN EXPRESS）；⑤大来（DINERS CLUB）；⑥吉士美（JCB）；⑦本行清算；⑧其他。其中，通过①银联渠道清算以及由其代境内银行收单的资金由中国银联统一填报，境内其他收单机构不需填报。境内其他收单机构仅需填写除银联清算或收单以外的其他渠道的数据。

G0202. 交易类型按照商户类别或境内提现情况选择：①购物；②住宿；③餐饮；④当地交通；⑤教育留学；⑥其他服务；⑦提现；⑧医疗保健。请参照数据采集规范最新版本中的相关代码表进行归类。如有未涵盖的商户类别码，请根据具体情况进行归类。

G0202CODE. 交易方式：请选择①线下；②线上。其中，"线下"是指通过POS和ATM机进行的交易；其他均归为"线上"。

G0203. 发卡行所属国家/地区：发卡行国家/地区是指境外发卡行的注册或常驻国家/地区。如发卡行常驻国家/地区为中国香港、澳门和台湾地区，应分别填列中国香港、澳门和台湾。请参照数据采集规范最新版本中的相关代码表填列。如果无法确认发卡行国家/地区，则可以选择"无法识别"。

G0204. 交易原币：指境外卡持卡人在境内消费或提现的原始币种（即人民币）。请参照数据采集规范最新版本中的相关代码表填列。

G0205. 交易金额：指境外卡持卡人在境内消费或提现的金额。

（九）涉外托管业务

1. 统计内容

统计境内机构为居民及非居民托管的相关工具（如投资产品）的交易与头寸。

2. 相关报表说明

H01 表　　　　为非居民托管业务统计（QFII、RQFII相关）

包　括	不　包　括
1. 本机构为非居民托管的股本证券、投资基金份额/单位、债务证券及其他金融工具情况，相关证券应在非居民机构和个人名下	

H0101. 非居民委托人名称：指委托本机构进行托管的非居民的英文或

中文全称。

H0101CODE. 非居民委托人代码：指非居民委托人申领的特殊机构代码。

H0102. 非居民委托人所属国家/地区：指非居民委托人注册或常驻（住）的国家或地区。

H0103. 非居民委托人所属部门：请按以下五个子部门填列：①政府；②中央银行/货币当局；③银行；④非银行金融机构；⑤其他企业和个人。请按非居民委托人的主营业务归类。

H0104. 非居民委托人产品名称：指非居民委托人所托管产品的全称。

H0104CODE. 业务编号：外汇局签发的QFII产品编号。

H0105. 投资工具类型：指非居民委托人产品在境内投向的工具类型。按以下情况填列：①上市普通股；②非上市普通股；③货币市场基金份额/单位；④非货币市场基金份额/单位；⑤金融衍生产品；⑥债务证券；⑦存款（含活期和定期存款）；⑧应收款；⑨应付款；⑩参与性优先股；⑪非参与性优先股。无法区分⑩⑪的情况下，可视为非参与性优先股。

INVTYPE. 投资品种类型：请参照数据采集规范最新版本中的QFII/RQFII投资品种类型代码表填写。

H0105CODE. 业务类型：请选择①QFII；②RQFII；⑨其他。

H0106. 金融衍生产品的合约类别：按远期类和期权类合约两大类划分。远期类合约包括：①远期；②期货；③掉期；④远期特征的结构性产品及其他产品。期权类合约包括：⑤单一期权；⑥组合类期权；⑦权证；⑧期权特征的结构性产品及其他产品。对于结构复杂的产品，应根据其核心特征进行归类。

H0107. 金融衍生产品的风险类别：金融衍生产品按金融风险主要挂钩指标进行分类，请按以下七种情况填列：①外汇产品；②单一货币利率产品；③股权类产品；④商品类产品；⑤信用类产品；⑥贵金属产品；⑦不能归入上述6类市场风险类别的其他衍生产品。如，权证的金融风险类别为股权类产品，商品期货的金融风险类别为商品类产品。对于具有一个以上风险类别的产品，如果产品为敞口风险的简单组合，应按照各风险细项分别记录；如果难以分离风险细项，则按照最重要原则在单一风险细目项记录，无法辨别重要性的，则按照商品、股权、外汇、单一货币利率和信用类的序列记录。

H0108. 投资工具代码（逐支报送使用）：对于选择报送逐支证券或金

融衍生产品的，请填写此项。指本机构托管的、非居民委托人名下的证券（股票和债券）和金融衍生产品的代码。投资产品代码的填写规则为：投资产品代码需为唯一性代码，优先填写 ISIN 代码；没有 ISIN 代码的，填写当地市场唯一通行的代码；没有当地市场代码的，填写本机构自编代码，但需确保唯一性。除证券和金融衍生产品外的其他工具不填写此项。

H0109. 投资工具发行人名称（逐支报送使用）：对于选择逐支报送证券及金融衍生产品的，请填写相关证券及金融衍生产品的发行机构全称，按其中文全称填列。对于无法明确其发行人或部分场内交易的金融衍生产品，如交易所交易的股指期货或商品期货，其投资工具发行人可填写为相关交易所名称。除证券和金融衍生产品外的其他工具不填写此项。

H0110. 投资工具发行人（对手方）所属部门，请按以下五个子部门填列：①政府；②中央银行/货币当局；③银行；④非银行金融机构；⑤其他企业和个人。请按相关工具发行人（对手方）的主营业务归类。

H0111. 非居民委托人与境内发行人（对手方）的关系，请按以下四种情况填列：①非居民委托人是境内工具发行人（或对手方）的境外直接投资者，即持有境内对手方表决权≥10%；②非居民委托人是境内工具发行人（或对手方）的境外直接投资企业，即是境内工具发行人（或对手方）持有表决权在 10% 及以上的境外分支机构、子机构、联营机构或合营机构；③非居民委托人是境内工具发行人（或对手方）的境外联属机构，即双方有共同母公司，但相互持有表决权<10% 或相互不持有表决权；④非居民委托人与境内工具发行人（或对手方）无关联关系或关系未知。

H0112. 投资工具的原始期限：按以下两种情况填列：①一年及以下；②一年以上。其中，不定期或活期类工具归入①，永久性债和非参与性优先股归入②。本项仅适用于 H0105 下⑥~⑨以及⑪类工具，①~⑤以及⑩类工具不需填写本项。

H0113. 原始币种：指非居民委托人相关工具的计价币种，请参照数据采集规范最新版本中的相关代码表填列。如所托管证券的计价币种为人民币的，填入人民币代码。适用于 H0114~H0122 各项。

H0114. 上月末市值：指上月末相关工具的公允价值。应优先使用公开市场期末市场价值，如无市场价值，则按照填报机构的记账惯例填报公允价值。对于金融衍生产品，如填报的是小汇总数据，不得将公允价值为正值的合约与公允价值为负值的合约进行轧差合并。

H0115. 本月买入／申购／（现金）结算付款额：指本月内，非居民所托管工具买入、申购以及支付衍生产品期权费或结算衍生产品支付的金额。不包括相关股票发行机构因股票分割或发行红利股（即公司重组其股票）而向股东提供的新股票。与发行新股票获得新融资不同，股票分割和红利股不发生新的融资，不应记录为交易。对于存贷款或应收应付类工具，如为净增加，则填报在该项下，否则，填报在 H0116 下。

H0116. 本月卖出／赎回／（现金）结算收款额：指本月内，非居民所托管投资产品卖出、赎回或收到衍生产品期权费或结算衍生产品获得的相关结算额。对于存贷款或应收应付类工具，如为净减少，则填报在该项下，否则，填报在 H0115 下。

H0117. 本月非交易变动：反映统计期间相关工具交易净值变化以外的非交易因素引起的变动。计算方法为：H0117 = H0120 − H0114 −（H0115 − H0116）。

H0118. 重新分类至其他项目统计的金额：指非交易因素引起的投资产品资产数量增减和价值变动。包括但不限于本月因非居民委托人注销或重新分类相关投资（如，从债券投资重新划分为股权投资，反之亦然）所引起的资产价值变动。该项目与 H0117 和 H0119 项目的关系为：H0117 = H0118 + H0119。

H0119. 价值重估因素：指当期市场价格或近似参考价格变动引起的价值变化（重估损益）。该项目与 H0117 和 H0118 项目的关系为：H0117 = H0118 + H0119。

H0120. 本月末市值：指本月末相关工具的公允价值。应优先使用公开市场期末市场价值，如无市场价值，则按照填报机构的记账惯例填报公允价值。对于金融衍生产品，如填报的是小汇总数据，不得将公允价值为正值的合约与公允价值为负值合约进行轧差合并。

H0121. 其中的剩余期限在一年及以下：仅适用于 H0105 下⑥～⑨类工具。指自本月末至最终到期的期限在一年及以下的债务类工具的公允价值。应优先使用公开市场期末市场价值，如无市场价值，则按照填报机构的记账惯例填报公允价值。

H0122. 本月红利或利息收入：指按照权责发生制原则，本月确认的红利、股息或利息收入。对于股票股息，按照除息日当天每股收盘价格乘以股票股息份数填报。

H0123. 本月未实现收益（仅适用于货币市场基金份额）：本项目仅适用于货币市场基金份额，指该投资基金份额中归属于投资者的未分配利润（留存利润）。

H0124. 金融衍生产品的名义本金币种：指本月末仍存续的金融衍生品名义本金的计价币种。如涉及双币种，请选取基础币种或按本机构惯例填报。

H0125. 金融衍生产品的本月末名义本金金额：指本月末仍存续的金融衍生生品合约的名义本金价值。对于本金价值可变的合约，填报本月末合约本金。

H02 表	为居民托管业务统计（QDII 相关）
包 括	不 包 括
1. 本机构为居民机构和个人托管境外股本证券、投资基金份额、债务证券和金融衍生产品等相关工具情况，且相关投资产品在所托管居民机构和个人名下。该境外股本证券、投资基金份额、债务证券和金融衍生产品等投资工具的发行人包括非居民发行人和居民发行人	1. 本机构以投资产品名义登记，但代理居民机构和个人投资的境外股本、证券投资基金份额、债务证券和金融衍生产品。此类代理业务应填报 B～D 表

H0201. 居民委托人名称：指委托本机构进行托管的居民机构（即 QDII 机构）的英文或中文全称。

H0201CODE. 居民委托人代码：QDII 机构代码。

H0202. 居民委托人所属部门：请按以下五个子部门填列：①政府；②中央银行/货币当局；③银行；④非银行金融机构；⑤其他企业和个人。请按居民委托人的主营业务归类。

H0203. 居民委托人产品名称：指居民委托人所托管产品全称。

H0203CODE. 业务编号：填写外汇局规定的 QDII 产品的业务编号。

H0204. 投资工具类型：指居民委托人产品在境外投向的工具类型，按以下情况填列：①上市普通股；②非上市普通股；③货币市场基金份额/单位；④非货币市场基金份额/单位；⑤金融衍生产品；⑥债务证券；⑦存款（含活期和定期存款）；⑧应收款；⑨应付款；⑩参与性优先股；⑪非参与性优先股。其中，无法区分⑩⑪的情况下，可视为非参与性优先股。

INVTYPE. 投资品种类型：请参照数据采集规范最新版本中的 QDII 投资品种类型代码表填写。

H0204CODE. 业务类型：请选择①QDII；②RQDII；⑨其他。

H0205. 金融衍生产品的合约类别：按远期类和期权类合约两大类划分。远期类合约包括：①远期；②期货；③掉期；④远期特征的结构性产品及其他产品。期权类合约包括：⑤单一期权；⑥组合类期权；⑦权证；⑧期权特征的结构性产品及其他产品。对于结构复杂的产品，应根据其核心特征进行归类。

H0206. 金融衍生产品的风险类别：金融衍生产品按金融风险主要挂钩指标进行分类。请按以下七种情况填列：①外汇产品；②单一货币利率产品；③股权类产品；④商品类产品；⑤信用类产品；⑥贵金属产品；⑦不能归入上述 6 类市场风险类别的其他衍生产品。如，权证的金融风险类别为股权类产品，商品期货的金融风险类别为商品类产品。对于具有一个以上风险类别的产品，如果产品为敞口风险的简单组合，应按照各风险细项分别记录；如果难以分离风险细项，则按照最重要原则在单一风险细目项记录，无法辨别重要性的，则按照商品、股权、外汇、单一货币利率和信用类的序列记录。

H0207. 投资工具代码（逐支报送使用）：对于选择报送逐支证券或金融衍生产品的，请填写此项。指本机构所托管的、登记在居民机构或个人名下的境外证券或金融衍生产品的代码（带有上市地信息的代码）。投资产品代码的填写规则为：投资产品代码需为唯一性代码，优先填写 ISIN 代码；没有 ISIN 代码的，填写当地市场唯一通行的代码；没有当地市场代码的，填写本机构自编代码，但需确保唯一性。除证券和金融衍生产品外的其他工具不填写此项。

H0208. 投资工具发行人名称（逐支报送使用）：对于选择逐支报送证券及金融衍生产品的，请填写境外证券或金融衍生产品的发行主体全称，按其英文或中文全称填列。对于无法明确其发行人或部分场内交易的金融衍生产品，如交易所交易的股指期货或商品期货，其投资工具发行人可填写为相关交易所名称。除证券和金融衍生产品外的其他工具不填写此项。

H0209. 投资工具发行市场：请参照数据采集规范最新版本中的相关代码表填列。如为存贷款及应收应付款等非流动性工具，为对手方所在国家/地区。

H0210. 投资工具发行人所属国家/地区：填报本机构托管的、居民持有的境外投资产品的发行人国家/地区代码。①对于所持有的公开上市证券，按照发行主体的注册地（国家）填报，如，持有的是中国银行在香港发行的 H 股，其发行人所属国家/地区应为中国；②对于无法确定其注册地（国家），应按照该证券的发行场所所在国家/地区填列，如香港上市；③对于场外交易的证券，应确定证券发行人的国家/地区信息。如为存贷款及应收应付款等非流动性工具，为对手方所在国家/地区。

H0211. 投资工具发行人所属部门，请按以下五个子部门填列：①政府；②中央银行/货币当局；③银行；④非银行金融机构；⑤其他企业和个人。请按相关工具发行人的主营业务归类。

H0212. 投资工具发行人与居民委托人的关系，请按以下四种情况填列：①对手方是居民委托人的境外直接投资者，即持有居民委托人表决权≥10%；②对手方是居民委托人的境外直接投资企业，即是居民委托人持有表决权在 10% 及以上的境外分支机构、子机构、联营机构或合营机构；③对手方是居民委托人的境外联属机构，即双方有共同母公司，但相互持有表决权<10% 或相互不持有表决权；④对手方与境内委托人无关联关系，或双方均处于中国境内。

H0213. 投资工具的原始期限：按以下两种情况填列：①一年及以下，含不定期；②一年以上。其中，不定期或活期类工具归入①，永久性债券和非参与性优先股归入②。本项仅适用于 H0204 下⑥～⑨以及⑪类工具，①～⑤以及⑩类工具不需填写本项。

H0214. 原始币种：指居民所托管工具的计价币种，请参照数据采集规范最新版本中的相关代码表填列。适用于 H0215～H0223 各项。

H0215. 上月末市值：指上月末居民所托管工具的价值。应优先使用公开市场期末收盘价计算。如无市场价值，则按照惯例填报公允价值。如为存贷款或应收应付款，则为上月末账面余额。

H0216. 本月买入/申购/（现金）结算付款额：指本月内，居民所托管工具买入、申购以及支付衍生产品期权费或结算衍生产品支付的金额。不包括相关股票发行机构因股票分割而产生的新的股票数量。与发行新股票获得新融资不同，股票分割不发生新的融资，不应记录为交易。如为存贷款或应收应付类产品，本月如为净增加，则填报在该项下，否则，填报在 H0217 下。

H0217. 本月卖出/赎回/（现金）结算收款额：指本月内，居民所托管工具赎回或收到衍生产品期权费或结算衍生产品获得的相关结算额。对于存贷款或应收应付类工具，本月如为净减少，则填报在该项下，否则，填报在 H0216 下。

H0218. 本月非交易变动：反映统计期间居民所托管工具交易净值变化以外的非交易因素引起的变动。计算方法为：H0218 = H0221 - H0215 - (H0216 - H0217)。

H0219. 注销或重新分类至其他项目统计的金额：指非交易因素引起的相关工具资产数量增减和价值变动。包括但不限于本月因居民委托人注销或重新分类相关投资（如从债务证券重新划分为股权投资；反之亦然）所引起的资产价值变动。该项目与 H0218 和 H0220 项目的关系为：H0218 = H0219 + H0220。

H0220. 价值重估因素：指当期市场价格或近似参考价格变动引起的价值变化（重估损益）。该项目与 H0218 和 H0219 项目的关系为：H0218 = H0219 + H0220。

H0221. 本月末市值：指本月末居民所托管工具的价值。应优先使用公开市场期末收盘价计算。如无市场价值，则按照惯例填报公允价值。如为存贷款或应收应付款，则为本月末账面余额。

H0222. 其中的剩余期限在一年及以下：仅适用于 H0204 下⑥~⑨类工具。指自本月末至最终到期期限在一年及以下的债务类工具的价值（按所持证券的原始币种）。应优先使用公开市场期末市场价值，如无市场价值，则按照填报机构的记账惯例填报公允价值。如为存贷款或应收应付款，则为本月末账面余额。

H0223. 本月红利或利息收入：指按照权责发生制原则，本月居民所托管的股本证券、投资基金份额、债券或债务类产品确认的红利、股息或利息收入。对于股票股息，按照除息日当天每股收盘价格乘以股票股息份数填报。

H0224. 金融衍生产品的名义本金币种：指本月末仍存续的金融衍生品名义本金的计价币种。如涉及双币种，请选取基础币种或按本机构惯例填报。

H0225. 金融衍生产品的本月末名义本金金额：指本月末仍存续的金融衍生品合约的名义本金价值。对于本金价值可变的合约，填报本月末合约本金。

（十）涉外保险业务

1. 统计内容：境内保险公司向非居民提供直接保险而收取的寿险与非寿险保费，以及支付的索赔、归属于非居民保单持有人的红利及相关的保险准备金。

I01 表　　　　　　　　　　为非居民提供直接保险服务

包　括	不　包　括
1. 境内保险机构向非居民提供的直接保险，包括非人寿保险、人寿保险和年金 直接保险是指保险公司与公众之间的保险 非人寿保险类型包括意外险和健康险；定期人寿保险；海险；航空保险和其他交通险；火灾保险和其他财产损害保险；金钱损失保险；一般责任保险，以及信用保险 人寿保险是指投保人分期支付一系列款项，保单到期后可领取一次性付清款项。年金则相反，保单生效时一次性收取款项后，保险人分期支付一系列款项 非人寿保险与人寿保险和年金的区别在于：非人寿保险只在发生投保事件时支付索赔，非人寿保险的主要目的在于风险共担。而人寿保险和年金的目的在于投资 说明：再保险分出业务应独立核算。再保险分出人不应当将再保险合同形成的资产与有关原保险合同形成的负债相互抵销，不应当将再保险合同形成的收入与费用与有关原保险合同形成的费用或收入相互抵销	1. 境内保险机构向非居民保险公司提供的再保险 2. 境内保险机构向居民提供的保险 3. 与直接保险密切相关的辅助服务提供记入E表，如代理商佣金、保险经纪和代理服务、保险和养老金咨询服务、评估和损益调整服务、保险精算服务、救助管理服务以及对于赔偿和追偿服务的监管和监控服务等

2. 相关报表说明

I0101. 保险类别，对非居民投保人的直接保险划分为两类：①人寿保险和年金，包括长期人寿保险、储蓄保险、长期健康险，及年金（即养老金）；②非人寿保险，即除①以外的其他保险，如短期健康险、财险等。

I0102. 保单持有人所属国家/地区：填报相关非居民保单持有人所属国家/地区代码。保单持有人即保单所有人，是拥有保单各种权利的人，一般为投保人。

I0103. 保单持有人所属部门：请按以下五个子部门填列：①政府；②中央银行/货币当局；③银行；④非银行金融机构；⑤其他企业和个人。请按非居民保单持有人的主营业务归类。

I0104. 保单持有人与本机构的关系：请按以下四种情况填列：①保单持

有人是本机构的境外直接投资者，即持有本机构表决权≥10%；②保单持有人是本机构的境外直接投资企业，即是本机构持有表决权在10%及以上的境外分支机构、子机构、联营机构或合营机构；③保单持有人是本机构的境外联属机构，即双方有共同母公司，但相互持有表决权<10%或相互不持有表决权；④保单持有人与本机构无关联关系。

IO105. 填表币种：指报告机构报送本表数据所采用的币种，请参照数据采集规范最新版本中的相关代码表填列，适用于IO106~IO110各项。

IO106. 本月已赚毛保费总额：指作为直接保险的保险人，按照权责发生制原则，当月已实现对非居民的毛保费。

IO107. 本月归属于非居民保单持有人的收益（补充保费）：指保险公司将保险责任准备金（包括未决赔款准备金、未到期准备金、寿险准备金、长期健康险准备金）进行投资而获取的投资收益，本表将这部分收益视同保单持有人投入保险公司的补充保费。填报机构可根据保险责任准备金投资回报情况，拆分出对非居民保单持有人的责任准备金产生的回报。

IO108. 本月应付索赔/福利总额：按照权责发生制原则，作为直接保险的保险人应付非居民保单持有人的人寿险福利和非人寿险索赔。应付索赔包括会计期内已付索赔加上未付索赔准备金的变化，对于人寿保险而言，应付索赔等于赔付支出加上未决赔款准备金（包括寿险和长期健康险的对应准备金部分）的变化。即当导致有效索赔的事件发生时，无论是否在该期间支付、理赔或者报告，基于权责发生制的索赔即视为到期，纳入本项统计中。

IO109. 上月末保单责任准备金余额：指截至上月末，本保险机构对非居民的保险责任准备金，对于非寿险而言，包括未决赔款准备金余额和未到期责任准备金余额。其中，未决赔款准备金余额，是指保险公司在当期发生保险责任而未赔偿或未给付保险金，在当期保险费中提取的资金，包括针对已发生已报告的保险事故和已发生未报告的保险事故而计提的准备金。未到期责任准备金，指保险公司在会计期核算时，将保险责任尚未满期的，应属于下一期的部分保险费提存出来所形成的准备金。对于寿险而言，包括寿险责任准备金和长期健康险责任准备金。

IO110. 本月末保单责任准备金余额：指截至本月末，本保险机构对非居民的保险责任准备金，对于非寿险而言，包括未决赔款准备金余额和未到期责任准备金余额。其中，未决赔款准备金余额，是指保险公司在当期发生保险责任而未赔偿或未给付保险金,在当期保险费中提取的资金,包括针对已发生已报告的保险事故和已发生未报告的保险事故而计提的准备金。未到期责任准备金,指保险公司在会计期核算时,将保险责任尚未满期的,应属于下一期的部分保险费提存出来所形成的准备金。对于寿险而言,包括寿险责任准备金和长期健康险责任准备金。

I0111. 备注:指在填报本月数据时,需特别说明的部分。如是否为与进出口相关的涉外保险业务。

1. 统计内容:境内保险公司向非居民保险公司提供再保险而收取的分保费收入、支付的分保费用,以及支付的索赔、福利及相关的保险准备金。

I02 表　　　　　为非居民提供再保险服务(分入保险)

包　括	不　包　括
1. 境内保险机构向非居民保险机构提供的再保险,包括非人寿保险、人寿保险和年金 再保险是指一个保险人(再保险分出人)分出一定的保费给另一个保险人(再保险接受人),再保险接受人对再保险分出人由原保险合同所引起的赔付成本及其他相关费用进行补偿的保险合同	1. 境内保险机构向非居民保险公司提供的原保险 2. 境内保险机构向居民保险机构提供的再保险 3. 与再保险业务密切相关的辅助服务提供记入 E 表,如代理商佣金、保险经纪和代理服务、保险和养老金咨询服务、评估和损益调整服务、保险精算服务、救助管理服务以及对于赔偿和追偿服务的监管和监控服务等

2. 相关报表说明:

I0201. 保险类别:从非居民保险公司分入的保险业务划分为两类。①人寿保险和年金,包括长期人寿保险、储蓄保险、长期健康险,及年金(即养老金);②非人寿保险,即除①以外的其他保险,如短期健康险、财险等。

I0202. 再保险分出人所属国家/地区:填报相关非居民保单持有人(即再保险分出人)所属国家/地区代码。

I0203. 再保险分出人所属部门:请按以下五个子部门填列。①政府;②中央银行/货币当局;③银行;④非银行金融机构;⑤其他企业和个人。由于再保险的保单持有人为境外保险公司,因此所属部门为④非银行金融机构。

I0204. 再保险分出人与本机构的关系：请按以下四种情况填列。①再保险分出人是本机构的境外直接投资者，即持有本机构表决权≥10%；②再保险分出人是本机构的境外直接投资企业，即是本机构持有表决权在10%及以上的境外分支机构、子机构、联营机构或合营机构；③再保险分出人是本机构的境外联属机构，即双方有共同母公司，但相互持有表决权＜10%或相互不持有表决权；④再保险分出人与本机构无关联关系。

I0205. 填表币种：指报告机构报送本表数据所采用的币种，请参照数据采集规范最新版本中的相关代码表填列，适用于I0206~I0211各项。

I0206. 本月分入业务已赚分保费收入：指作为本机构（再保险接受人），按照权责发生制原则，当月已实现对非居民再保险分出人的保费收入。

I0207. 本月归属于非居民保单持有人的收益（补充保费）：是指本机构运用准备金进行投资而获取的投资收益，本表将这部分收益视同再保险分出人投入本机构的补充保费。

I0208. 本月应付分保费用：指按照权责发生制，本月本机构应向再保险分出人支付的分保费用。

I0209. 本月应付分保赔款：指按照权责发生制，本月本机构应向再保险分出人支付的分保索赔/红利。

I0210. 上月末分保责任准备金余额：指截至上月末，本机构对非居民再保险分出人的责任准备金余额，对于非寿险而言，包括未决赔款准备金余额和未到期责任准备金余额。其中，未决赔款准备金余额，是指保险公司在当期发生保险责任而未赔偿或未给付保险金，在当期保险费中提取的资金，包括针对已发生已报告的保险事故和已发生未报告的保险事故而计提的准备金。未到期责任准备金，指保险公司在会计期核算时，将保险责任尚未满期的，应属于下一期的部分保险费提存出来所形成的准备金。对于寿险而言，包括寿险责任准备金和长期健康险责任准备金。

I0211. 本月末分保责任准备金余额：指截至本月末，本机构对非居民再保险分出人的责任准备金余额，对于非寿险而言，包括未决赔款准备金余额和未到期责任准备金余额。其中，未决赔款准备金余额，是指保险公司在当期发生保险责任而未赔偿或未给付保险金，在当期保险费中提取的资金，包括针对已发生已报告的保险事故和已发生未报告的保险事故而计提的准备金。未到期责任准备金，指保险公司在会计期核算时，将保险责任尚未满期的，应属于下一期的部分保险费提存出来所形成的准备金。对于寿险而言，包括寿险责任准备金和长期健康险责任准备金。

I0212. 备注：指在填报本月数据时，需特别说明的部分，包括但不限于本期数据如发生较大变动，填写相关原因等。

1. 统计内容：境内保险公司向非居民保险公司分出保险而支付的分出保费、摊回的分保费用，以及摊回的赔付成本、及应收分保任准备金等。

I03 表　　　　从非居民保险机构获得再保险服务（分出保险）

包　括	不　包　括
1. 境内保险机构向非居民保险机构分出保险，包括非人寿保险、人寿保险和年金 再保险是指一个保险人（再保险分出人）分出一定的保费给另一个保险人（再保险接受人），再保险接受人对再保险分出人由原保险合同所引起的赔付成本及其他相关费用进行补偿的保险合同 说明：再保险分出业务应独立核算。再保险分出人不应当将再保险合同形成的资产与有关原保险合同形成的负债相互抵销，不应当将再保险合同形成的收入和费用与有关原保险合同形成的费用或收入相互抵销	1. 境内保险机构向居民保险机构分出的再保险 2. 与再保险业务密切相关的辅助服务提供记入 E 表，如代理商佣金、保险经纪和代理服务、保险和养老金咨询服务、评估和损益调整服务、保险精算服务、救助管理服务以及对于赔偿和追偿服务的监管和监控服务等

2. 相关报表说明

I0301. 保险类别：向非居民保险保险公司分出的保险划分为两类。①人寿保险和年金，包括长期人寿保险、储蓄保险、长期健康险，及年金（即养老金）；②非人寿保险，即除①以外的其他保险，如短期健康险、财险等。

I0302. 再保险接受人所属国家/地区：填报相关提供再保险的非居民保险机构（即再保险接受人）所属国家/地区代码。

I0303. 再保险接受人所属部门，请按以下五个子部门填列：①政府；②中央银行/货币当局；③银行；④非银行金融机构；⑤其他企业和个人。由于提供再保险的为境外保险公司，因此所属部门为④非银行金融机构。

I0304. 再保险接受人与本机构的关系：请按以下四种情况填列。①再保险接受人是本机构的境外直接投资者，即持有本机构表决权≥10%；②再保险接受人是本机构的境外直接投资企业，即是本机构持有表决权在10%及以上的境外分支机构、子机构、联营机构或合营机构；③再保险接受人是本机构的境外联属机构，即双方有共同母公司，但相互持有表决权＜10%或相互不持有表决权；④再保险接受人与本机构无关联关系。

I0305. 填表币种：指报告机构报送本表数据所采用的币种，请参照数据采集规范最新版本中的相关代码表填列，适用于I0306~I0310各项。

I0306. 本月分出业务保费支出：指本月本机构向非居民再保险接受人支付的分出保费。

I0307. 本月摊回分保费用收入：指本月本机构从再保险接受人获得的摊回的分保费用，以及退保。

I0308. 本月摊回赔付成本收入：指本月本机构从再保险接受人获得的摊回的赔付成本。

I0309. 上月末应收分保责任准备金余额：指截至上月末，本机构应收非居民再保险接受人的摊回的责任准备金余额，对于非寿险而言，包括未决赔款准备金余额和未到期责任准备金余额。其中，未决赔款准备金余额，是指保险公司在当期发生保险责任而未赔偿或未给付保险金，在当期保险费中提取的资金，包括针对已发生已报告的保险事故和已发生未报告的保险事故而计提的准备金。未到期责任准备金，指保险公司在会计期核算时，将保险责任尚未满期的，应属于下一期的部分保险费提存出来所形成的准备金。对于寿险而言，包括寿险责任准备金和长期健康险责任准备金。

I0310. 本月末应收分保责任准备金余额：指截至本月末，本机构应收非居民再保险接受人的摊回的责任准备金余额，对于非寿险而言，包括未决赔款准备金余额和未到期责任准备金余额。其中，未决赔款准备金余额，是指保险公司在当期发生保险责任而未赔偿或未给付保险金，在当期保险费中提取的资金，包括针对已发生已报告的保险事故和已发生未报告的保险事故而计提的准备金。未到期责任准备金，指保险公司在会计期核算时，将保险责任尚未满期的，应属于下一期的部分保险费提存出来所形成的准备金。对于寿险而言，包括寿险责任准备金和长期健康险责任准备金。

I0311. 备注：指在填报本月数据时，需特别说明的部分，包括但不限于本期数据如发生较大变动，填写相关原因等。

（十一）补充报表：银行进出口贸易融资余额

以下为补充报表，是为特定统计分析目的而采集的专题报表，其在统计内容上与 A～I 类基本报表可能重合，但角度不同。如海外代付业务，其为境内银行与境外银行之间的同业拆借行为，除需要纳入基本报表"D06 表贷款［含银行同业和联行拆借（负债）］"统计外，还需要纳入补充报表"X01 表银行进出口贸易融资余额"统计。

1. 统计内容：境内银行为进出口企业提供贸易融资等情况。

X01 表　　　　　　　　银行进出口贸易融资余额

包　　括	不　　包　　括
1. 境内银行进口贸易融资业务余额，及境内银行知悉的境外银行为进口贸易融资情况	1. 境内银行对境内货物贸易提供的融资余额
2. 境内银行提供担保或居间服务下境外银行提供贷款性质融资，及境内银行知悉的境外银行为出口贸易融资情况	

2. 相关报表说明

1000. 银行进口贸易融资业务——境外银行提供贸易融资：指境外银行为境内进口企业向境外出口企业在境外垫付进口货款。此项目由最终与境外银行发生代付等业务关系的境内银行填报。为 1100、1200 和 1300 三项合计。

1001. 其中的人民币：指 1000 项目余额中的人民币部分。

1100. 海外代付（境内银行名义融资）：境内银行以自身名义直接从境外银行融资，委托境外银行为境内进口企业在境外向境外出口企业支付货款；在境内银行以自身名义从境外银行融资时，境内银行与境外代付银行存在债务关系；境内进口企业与境内银行存在债务关系，但与境外银行无直接债务关系。

1101. 其中的人民币：指 1100 项目（海外代付，境内银行名义融资）余额中的人民币部分。

1110. 海外代付（境内银行名义融资）（90 天及以下）：指 90 天及以下的境内银行以自身名义直接从境外银行融资，委托境外银行为境内进口企业在境外向境外出口企业支付货款；在境内银行以自身名义从境外银行融资时，境内银行与境外代付银行存在债务关系；境内进口企业与境内银行存在债务关系，但与境外银行无直接债务关系。

1111. 其中的人民币：指 1110 项目（90 天及以下海外代付，境内银行名义融资）余额中的人民币部分。

1200. 境内银行提供担保：指境内进口企业直接从境外银行融资，委托境外银行为其在境外向境外出口企业支付货款，境内银行为境内进口企业从境外银行融资的行为提供担保；此时，境内进口企业作为主债务人承担对境外银行的债务，其与境内银行无直接债务关系，境内银行作为担保人在境内进口企业无法履行还款义务时承担还款责任。

1201. 其中的人民币：指 1200 项目（境内银行提供担保）余额中的人民币部分。

1300. 境内银行居间业务：指境内进口企业直接从境外银行融资，委托境外银行为其在境外向境外出口企业支付货款，境内银行仅为境外银行和境内进口企业提供居间服务；此时，境内进口企业与境外银行存在债务关系，境内银行与境内进口企业、境外银行之间不存在债权债务关系。

1301. 其中的人民币：指 1300 项目（境内银行居间业务）余额中的人民币部分。

2000. 银行出口贸易融资业务——境外银行提供贸易融资：为 2100 和 2200 两项目合计。

2001. 其中的人民币：指 2000 项目余额中的人民币部分。

2100. 境外银行提供贷款性质融资：指经由境内银行提供担保或居间服务，境外银行直接对境内出口企业提供贷款性质的贸易融资，境内出口商从境外进口商收回货款后再向境外银行偿还的行为。

2101. 其中的人民币：指 2100 项目（境外银行提供贷款性质融资）余额中的人民币部分。

2200. 境外银行承兑远期信用证和应付未付即期信用证（境内银行为交单行）：指对应月末境内银行作为交单行统计的境外银行向境内出口企业开出信用证并且承兑的余额，以及月末应付未付即期信用证余额。

2201. 其中的人民币：指 2200 项目［境外银行承兑远期信用证和应付未付即期信用证（境内银行为交单行）］余额中的人民币部分。

五、附录

（一）行业属性代码表

行业属性代码（新）	行业属性名称（新）
0101	农业
0102	林业
0103	畜牧业
0104	渔业
0105	农、林、牧、渔服务业
0206	煤炭开采和洗选业
0207	石油和天然气开采业
0208	黑色金属矿采选业
0209	有色金属矿采选业
0210	非金属矿采选业
0211	开采辅助活动
0212	其他采矿业
0313	农副食品加工业
0314	食品制造业
0315	酒、饮料和精制茶制造业
0316	烟草制品业
0317	纺织业
0318	纺织服装、服饰业
0319	皮革、毛皮、羽毛及其制品和制鞋业
0320	木材加工和木、竹、藤、棕、草制品业
0321	家具制造业
0322	造纸和纸制品业
0323	印刷和记录媒介复制业
0324	文教、工美、体育和娱乐用品制造业
0325	石油加工、炼焦和核燃料加工业
0326	化学原料和化学制品制造业
0327	医药制造业

续表

行业属性代码（新）	行业属性名称（新）
0328	化学纤维制造业
0329	橡胶和塑料制品业
0330	非金属矿物制品业
0331	黑色金属冶炼和压延加工业
0332	有色金属冶炼和压延加工业
0333	金属制品业
0334	通用设备制造业
0335	专用设备制造业
0336	汽车制造业
0337	铁路、船舶、航空航天和其他运输设备制造业
0338	电气机械和器材制造业
0339	计算机、通信和其他电子设备制造业
0340	仪器仪表制造业
0341	其他制造业
0342	废弃资源综合利用业
0343	金属制品、机械和设备修理业
0444	电力、热力生产和供应业
0445	燃气生产和供应业
0446	水的生产和供应业
0547	房屋建筑业
0548	土木工程建筑业
0549	建筑安装业
0550	建筑装饰和其他建筑业
0753	铁路运输业
0754	道路运输业
0755	水上运输业
0756	航空运输业
0757	管道运输业
0758	装卸搬运和运输代理业
0759	仓储业

续表

行业属性代码（新）	行业属性名称（新）
0760	邮政业
0963	电信、广播电视和卫星传输服务
0964	互联网和相关服务
0965	软件和信息技术服务业
0651	批发业
0652	零售业
0861	住宿业
0862	餐饮业
1066	货币金融服务
1067	资本市场服务
1068	保险业
1069	其他金融业
1170	房地产业
1271	租赁业
1272	商务服务业
1373	研究和试验发展
1374	专业技术服务业
1375	科技推广和应用服务业
1476	水利管理业
1477	生态保护和环境治理业
1478	公共设施管理业
1579	居民服务业
1580	机动车、电子产品和日用产品修理业
1581	其他服务业
1682	教育
1783	卫生
1784	社会工作
1885	新闻和出版业
1886	广播、电视、电影和影视录音制作业
1887	文化艺术业

续表

行业属性代码（新）	行业属性名称（新）
1888	体育
1889	娱乐业
1990	中国共产党机关
1991	国家机构
1992	人民政协、民主党派
1993	社会保障
1994	群众团体、社会团体和其他成员组织
1995	基层群众自治组织
2096	国际组织
2099	使领馆

（二）金融业代码表

金融业代码	金融业子类代码	金融业子类名称	包括 1066～1069 大类
1066		货币金融服务	包括 6610～6640 子类
	6610	中央银行服务	指代表政府管理金融活动，并制定和执行货币政策，维护金融稳定，管理金融市场的特殊金融机构的活动
	6620	货币银行服务	指除中央银行以外的各类银行所从事存款、贷款和信用卡等货币媒介活动，还包括在中国开展货币业务的外资银行及分支机构的活动
		非货币银行服务	指主要与非货币媒介机构以各种方式发放贷款有关的金融服务，包括 6631～6639 子类
	6631	金融租赁服务	指经中国银行业监督管理委员会批准以经营融资租赁业务为主的非银行金融机构的活动
	6632	财务公司	指经中国银行业监督管理委员会批准，为企业融资提供的金融活动
	6633	典当	指以实物、财产权利质押或抵押的放款活动
	6639	其他非货币银行服务	指上述未包括的从事融资、抵押等非货币银行的服务，包括小额贷款公司、农村合作基金会等融资活动，以及各种消费信贷、国际贸易融资、公积金房屋信贷、抵押顾问和经纪人的活动
	6640	银行监管服务	指代表政府管理银行业活动，制定并发布对银行业金融机构及其业务活动监督管理的规章、规则

续表

金融业代码	金融业子类代码	金融业子类名称	
			包括 1066~1069 大类
		资本市场服务	包括 6711~6790 子类
		证券市场服务	包括 6711~6713 子类
	6711	证券市场管理服务	指非政府机关进行的证券市场经营和监管,包括证券交易所、登记结算机构的活动
	6712	证券经纪交易服务	指在金融市场上代他人进行交易、代理发行证券和其他有关活动,包括证券经纪、证券承销与保荐、融资融券业务、客户资产管理业务等活动
	6713	基金管理服务	指在收费或合同基础上为个人、企业及其他客户进行的资产组合和基金管理活动,包括证券投资基金、企业年金、社保基金、专户理财、国内资本境外投资管理(QDII)等活动
1067		期货市场服务	包括 6721~6729 子类
	6721	期货市场管理服务	指非政府机关进行的期货市场经营和监管,包括商品期货交易所、金融期货交易所、期货保证金监控中心的活动
	6729	其他期货市场服务	指商品合约经纪及其他未列明的期货市场的服务
	6730	证券期货监管服务	指由政府或行业自律组织进行的对证券期货市场的监管活动
	6740	资本投资服务	指经批准的证券投资机构的自营投资、直接投资活动,以及风险投资和其他投资活动
	6790	其他资本市场服务	指投资咨询服务、财务咨询服务、资信评级服务,以及其他未列明的资本市场的服务
1068		保险业	包括 6811~6899 子类
		人身保险	指以人的寿命和身体为保险标的的保险活动,包括人寿保险、健康保险和意外伤害保险。包括 6811~6812 子类
	6811	人寿保险	指普通寿险、分红寿险、万能寿险、投资连结保险等活动(不论是否带有实质性的储蓄成分)
	6812	健康和意外险	指疾病保险、医疗保险、失能收入损失保险、护理保险以及意外伤害保险的活动
	6820	财产保险	指除人身保险外的保险活动,包括财产损失保险、责任保险、信用保险、保证保险等

续表

金融业代码	金融业子类代码	金融业子类名称	包括 1066~1069 大类
1068	6830	再保险	指承担与其他保险公司承保的现有保单相关的所有或部分风险的活动
	6840	养老金	指专为单位雇员或成员提供退休金补贴而设立的法定实体的活动（如基金、计划和/或项目等），包括养老金定额补贴计划以及完全根据成员贡献确定补贴数额的个人养老金计划等
	6850	保险经纪与代理服务	指保险代理人和经纪人进行的年金、保单和分保单的销售、谈判或促合活动
	6860	保险监管服务	指根据国务院授权及相关法律、法规规定所履行的对保险市场的监督、管理活动
		其他保险活动	包括 6891~6899 子类
	6891	风险和损失评估	指保险标的或保险事故的评估、鉴定、勘验、估损或理算等活动，包括索赔处理、风险评估、风险和损失核定、海损理算和损失理算，以及保险理赔等活动
	6899	其他未列明保险活动	指与保险和养老金相关或密切相关的活动（理赔和保险代理人、经纪人的活动除外），包括救助管理、保险精算等活动
1069		其他金融业	包括 6910~6990 子类
	6910	金融信托与管理服务	指根据委托书、遗嘱或代理协议代表受益人管理的信托基金、房地产账户或代理账户等活动，还包括单位投资信托管理
	6920	控股公司服务	指通过一定比例股份，控制某个公司或多个公司的集团，控股公司仅控制股权，不直接参与经营管理，以及其他类似的活动
	6930	非金融机构支付服务	指非金融机构在收付款人之间作为中介机构提供下列部分或全部货币资金转移服务，包括网络支付、预付卡的发行与受理、银行卡收单及中国人民银行确定的其他支付等服务
	6940	金融信息服务	指向从事金融分析、金融交易、金融决策或者其他金融活动的用户提供可能影响金融市场的信息（或者金融数据）的服务
	6990	其他未列明金融业	指主要与除提供贷款以外的资金分配有关的其他金融媒介活动，包括保理活动、掉期、期权和其他套期保值安排、保单贴现公司的活动、金融资产的管理、金融交易处理与结算等活动，还包括信用卡交易的处理与结算、外币兑换等活动

(三) 国家和地区代码表

国家地区代码	数字代码	中文全称	中文简称	英文全称	英文简称
ABW	533	阿鲁巴	阿鲁巴	Aruba	ARUBA
AFG	004	阿富汗	阿富汗	Afghanista	AFGHANISTAN
AGO	024	安哥拉共和国	安哥拉	Republic of Angola	ANGOLA
AIA	660	安圭拉	安圭拉	Anguill	ANGUILLA
ALA	248	奥兰群岛	奥兰群岛	Aland Islands	ALAND ISLANDS
ALB	008	阿尔巴尼亚共和国	阿尔巴尼亚	Republic of Albani	ALBANIA
AND	020	安道尔公国	安道尔	Principality of Andorra	ANDORRA
ANT	530	荷属安的列斯	荷属安的列斯	Netherlands Antilles	NETHERLANDS ANTILLES
ARE	784	阿拉伯联合酋长国	阿联酋	United Arab Emirates	UNITED ARAB EMIRATES
ARG	032	阿根廷共和国	阿根廷	Argentine Republic	ARGENTINA
ARM	051	亚美尼亚共和国	亚美尼亚	Republic of Armenia	ARMENIA
ASM	016	美属萨摩亚	美属萨摩亚	American Samoa	AMERICAN SAMOA
ATA	010	南极洲	南极洲	Antarctica	ANTARCTICA
ATF	260	法属南部领地	法属南部领地	French Southern Territories	FRENCH SOUTHERN TERRITORIES
ATG	028	安提瓜和巴布达	安提瓜和巴布达	Antigua and Barbuda	ANTIGUA AND BARBUDA
AUS	036	澳大利亚联邦	澳大利亚	Commonwealth of Australia	AUSTRALIA
AUT	040	奥地利共和国	奥地利	Republic of Austria	AUSTRIA
AZE	031	阿塞拜疆共和国	阿塞拜疆	Republic of Azerbaijan	AZERBAIJAN
BDI	108	布隆迪共和国	布隆迪	Republic of Burundi	BURUNDI
BEL	056	比利时王国	比利时	Kingdom of Belgium	BELGIUM
BEN	204	贝宁共和国	贝宁	Republic of Benin	BENIN
BES	535	博奈尔、圣尤斯特歇斯和萨巴岛	博奈尔、圣尤斯特歇斯和萨巴岛	Bonaire, Sint Eustatius and Saba	BONAIRE, SINT EUSTATIUS AND SABA
BFA	854	布基纳法索	布基纳法索	Burkina Faso	BURKINA FASO
BGD	050	孟加拉人民共和国	孟加拉国	People's Republic of Bangladesh	BANGLADESH

续表

国家地区代码	数字代码	中文全称	中文简称	英文全称	英文简称
BGR	100	保加利亚共和国	保加利亚	Republic of Bulgaria	BULGARIA
BHR	048	巴林国	巴林	State of Bahrain	BAHRAIN
BHS	044	巴哈马联邦	巴哈马	Commonwealth of the Bahamas	BAHAMAS
BIH	070	波斯尼亚和黑塞哥维那	波黑	Bosnia and Herzegovina	BOSNIA AND HERZEGOVINA
BLM	652	圣巴泰勒米岛	圣巴泰勒米岛	Saint Barthelemy	SAINT BARTHELEMY
BLR	112	白俄罗斯共和国	白俄罗斯	Republic of Belarus	BELARUS
BLZ	084	伯利兹	伯利兹	Belize	BELIZE
BMU	060	百慕大	百慕大	Bermuda	BERMUDA
BOL	068	玻利维亚共和国	玻利维亚	Republic of Bolivia	BOLIVIA
BRA	076	巴西联邦共和国	巴西	Federative Republic of Brazil	BRAZIL
BRB	052	巴巴多斯	巴巴多斯	Barbados	BARBADOS
BRN	096	文莱达鲁萨兰国	文莱	Brunei Darussalam	BRUNEI
BTN	064	不丹王国	不丹	Kingdom of Bhutan	BHUTAN
BVT	074	布维岛	布维岛	Bouvet Island	BOUVET ISLAND
BWA	072	博茨瓦纳共和国	博茨瓦纳	Republic of Botswana	BOTSWANA
CAF	140	中非共和国	中非	Central African Republic	CENTRAL AFRICAN REPUBLIC
CAN	124	加拿大	加拿大	Canada	
CCK	166	科科斯（基林）群岛	科科斯（基林）群岛	Cocos (Keeling) Islands	COCOS (KEELING) ISLANDS
CHE	756	瑞士联邦	瑞士	Swiss Confederation	SW ITZERLAND
CHL	152	智利共和国	智利	Republic of Chile	CHILE
CHN	156	中华人民共和国	中国	People's Republic of China	CHINA
CIV	384	科特迪瓦共和国	科特迪瓦	Republic of Cote d'Ivoire	COTE D'IVOIRE
CMR	120	喀麦隆共和国	喀麦隆	Republic of Cameroon	CAMEROON
COD	180	刚果民主共和国	刚果（金）	Democratic Republic of Congo	DEMOCRATIC REPUBLIC OF THE CONGO

续表

国家地区代码	数字代码	中文全称	中文简称	英文全称	英文简称
COG	178	刚果共和国	刚果（布）	Republic of Congo	CONGO
COK	184	库克群岛	库克群岛	Cook Islands	COOK ISLANDS
COL	170	哥伦比亚共和国	哥伦比亚	Republic of Colombia	COLOMBIA
COM	174	科摩罗伊斯兰联邦共和国	科摩罗	Islamic Federal Republic of the Comoros	COMOROS
CPV	132	佛得角共和国	佛得角	Republic of Cape Verd	CAPE VERDE
CRI	188	哥斯达黎加共和国	哥斯达黎加	Republic of Costa Rica	COSTA RICA
CUB	192	古巴共和国	古巴	Republic of Cuba	CUBA
CUW	531	库拉索	库拉索	Curacao	CURACAO
CXR	162	圣诞岛	圣诞岛	Christmas Island	CHRISTMAS ISLAND
CYM	136	开曼群岛	开曼群岛	Cayman Islands	CAYMAN ISLANDS
CYP	196	塞浦路斯共和国	塞浦路斯	Republic of Cyprus	CYPRUS
CZE	203	捷克共和国	捷克	Czech Republic	CZECH REPUBLIC
DEU	276	德意志联邦共和国	德国	Federal Republic of Germany	GERMANY
DJI	262	吉布提共和国	吉布提	Republic of Djibouti	DJIBOUTI
DMA	212	多米尼克国	多米尼克	Commonwealth of Dominica	DOMINICA
DNK	208	丹麦王国	丹麦	Kingdom of Denmark	DENMARK
DOM	214	多米尼加共和国	多米尼加	Dominican Republic	DOMINICAN REPUBLIC
DZA	012	阿尔及利亚民主人民共和国	阿尔及利亚	Democratic People's Republic of Algeri	ALGERIA
ECU	218	厄瓜多尔共和国	厄瓜多尔	Republic of Ecuador	ECUADOR
EGY	818	阿拉伯埃及共和国	埃及	Arab Republic of Egypt	EGYPT
ERI	232	厄立特里亚国	厄立特里亚	State of Eritrea	ERITREA
ESH	732	西撒哈拉	西撒哈拉	Western Sahara	WESTERN SAHARA
ESP	724	西班牙王国	西班牙	Kingdom of Spain	SPAIN
EST	233	爱沙尼亚共和国	爱沙尼亚	Republic of Estonia	ESTONIA
ETH	231	埃塞俄比亚联邦民主共和国	埃塞俄比亚	Federal Democratic Republic of Ethiopia	ETHIOPIA

续表

国家地区代码	数字代码	中文全称	中文简称	英文全称	英文简称
FIN	246	芬兰共和国	芬兰	Republic of Finland	FINLAND
FJI	242	斐济群岛共和国	斐济	Republic of the Fiji Islands	FIJI
FLK	238	福克兰群岛（马尔维纳斯群岛）	福克兰群岛（马尔维纳斯群岛）	Falkland Islands (Malvinas)	FALKLAND ISLANDS (MALVINAS)
FRA	250	法兰西共和国	法国	French Republic	FRANCE
FRO	234	法罗群岛	法罗群岛	Faroe Islands	FAROE ISLANDS
FSM	583	密克罗尼西亚联邦	密克罗尼西亚联邦	Federated States of Micronesia	FEDERATED STATES OF MICRONESIA
GAB	266	加蓬共和国	加蓬	Gabonese Republic	GABON
GBR	826	大不列颠及北爱尔兰联合王国	英国	United Kingdom of Great Britain and Northern Ireland	UNITED KINGDOM
GEO	268	格鲁吉亚	格鲁吉亚	Georgia	GEORGIA
GGY	831	根西岛	根西岛	Guernsey	GUERNSEY
GHA	288	加纳共和国	加纳	Republic of Ghana	GHANA
GIB	292	直布罗陀	直布罗陀	Gibraltar	GIBRALTAR
GIN	324	几内亚共和国	几内亚	Republic of Guinea	GUINEA
GLP	312	瓜德罗普	瓜德罗普	Guadeloupe	GUADELOUPE
GMB	270	冈比亚共和国	冈比亚	Republic of the Gambia	GAMBIA
GNB	624	几内亚比绍共和国	几内亚比绍	Republic of Guinea-Bissau	GUINEA-BISSAU
GNQ	226	赤道几内亚共和国	赤道几内亚	Republic of Equatorial Guinea	EQUATORIAL GUINEA
GRC	300	希腊共和国	希腊	Hellenic Republic	GREECE
GRD	308	格林纳达	格林纳达	Grenada	GRENADA
GRL	304	格陵兰	格陵兰	Greenland	GREENLAND
GTM	320	危地马拉共和国	危地马拉	Republic of Guatemala	GUATEMALA
GUF	254	法属圭亚那	法属圭亚那	French Guiana	FRENCH GUIANA

续表

国家地区代码	数字代码	中文全称	中文简称	英文全称	英文简称
GUM	316	关岛	关岛	Guam	GUAM
GUY	328	圭亚那合作共和国	圭亚那	Cooperative Republic of Guyana	GUYANA
HKG	344	中国香港特别行政区	香港	Hong Kong Special Administrative Region of China	HONG KONG
HMD	334	赫德岛和麦克唐纳岛	赫德岛和麦克唐纳岛	Heard Island and Mcdonald Islands	HEARD ISLAND AND MCDONALD ISLANDS
HND	340	洪都拉斯共和国	洪都拉斯	Republic of Honduras	HONDURAS
HRV	191	克罗地亚共和国	克罗地亚	Republic of Croatia	CROATIA
HTI	332	海地共和国	海地	Republic of Haiti	HAITI
HUN	348	匈牙利共和国	匈牙利	Republic of Hungary	HUNGARY
IDN	360	印度尼西亚共和国	印度尼西亚	Republic of Indonesia	INDONESIA
IMN	833	英属马恩岛	马恩岛	Isle of Man, British Independency	ISLE OF MAN
IND	356	印度共和国	印度	Republic of India	INDIA
IOT	086	英属印度洋领地	英属印度洋领地	British Indian Ocean Territory	BRITISH INDIAN OCEAN TERRITORY
IRL	372	爱尔兰	爱尔兰	Ireland	IRELAND
IRN	364	伊朗伊斯兰共和国	伊朗	Islamic Republic of Iran	IRAN
IRQ	368	伊拉克共和国	伊拉克	Republic of Iraq	IRAQ
ISL	352	冰岛共和国	冰岛	Republic of Iceland	ICELAND
ISR	376	以色列国	以色列	State of Israel	ISRAEL
ITA	380	意大利共和国	意大利	Italian Republic	ITALY
JAM	388	牙买加	牙买加	Jamaica	JAMAICA
JEY	832	泽西岛	泽西岛	Jersey	JERSEY
JOR	400	约旦哈希姆王国	约旦	Hashemite Kingdom of Jordan	JORDAN
JPN	392	日本国	日本	Japan	JAPAN

续表

国家地区代码	数字代码	中文全称	中文简称	英文全称	英文简称
KAZ	398	哈萨克斯坦共和国	哈萨克斯坦	Republic of Kazakhstan	KAZAKHSTAN
KEN	404	肯尼亚共和国	肯尼亚	Republic of Kenya	KENYA
KGZ	417	吉尔吉斯共和国	吉尔吉斯斯坦	Kyrgyz Republic	KYRGYZSTAN
KHM	116	柬埔寨王国	柬埔寨	Kingdom of Cambodia	CAMBODIA
KIR	296	基里巴斯共和国	基里巴斯	Republic of Kiribati	KIRIBATI
KNA	659	圣基茨和尼维斯联邦	圣基茨和尼维斯	Federation of Saint Kitts and Nevis	SAINT KITTS AND NEVIS
KOR	410	大韩民国	韩国	Republic of Korea	REPUBLIC OF KOREA
KWT	414	科威特国	科威特	State of Kuwait	KUWAIT
LAO	418	老挝人民民主共和国	老挝	Lao People's Democratic Republic	LAOS
LBN	422	黎巴嫩共和国	黎巴嫩	Lebanese Republic	LEBANON
LBR	430	利比里亚共和国	利比里亚	Republic of Liberia	LIBERIA
LBY	434	大阿拉伯利比亚人民社会主义民众国	利比亚	Great Socialist People's Libyan Arab Jamahiriya	LIBYA
LCA	662	圣卢西亚	圣卢西亚	Saint Lucia	SAINT LUCIA
LIE	438	列支敦士登公国	列支敦士登	Principality of Liechtenstein	LIECHTENSTEIN
LKA	144	斯里兰卡民主社会主义共和国	斯里兰卡	Democratic Socialist Republic of Sri Lanka	SRI LANKA
LSO	426	莱索托王国	莱索托	Kingdom of Lesotho	LESOTHO
LTU	440	立陶宛共和国	立陶宛	Republic of Lithuania	LITHUANIA
LUX	442	卢森堡大公国	卢森堡	Grand Duchy of Luxembourg	LUXEMBOURG
LVA	428	拉脱维亚共和国	拉脱维亚	Republic of Latvia	LATVIA
MAC	446	中国澳门特别行政区	澳门	Macau Special Administrative Region of China	MACAU
MAF	663	法属圣马丁	法属圣马丁	Saint Martin (French part)	SAINT MARTIN (FRENCH PART)
MAR	504	摩洛哥王国	摩洛哥	Kingdom of Morocco	MOROCCO

续表

国家地区代码	数字代码	中文全称	中文简称	英文全称	英文简称
MCO	492	摩纳哥公国	摩纳哥	Principality of Monaco	MONACO
MDA	498	摩尔多瓦共和国	摩尔多瓦	Republic of Moldova	MOLDOVA
MDG	450	马达加斯加共和国	马达加斯加	Republic of Madagascar	MADAGASCAR
MDV	462	马尔代夫共和国	马尔代夫	Republic of Maldives	MALDIVES
MEX	484	墨西哥合众国	墨西哥	United States of Mexico	MEXICO
MHL	584	马绍尔群岛共和国	马绍尔群岛	Republic of the Marshall Islands	MARSHALL ISLANDS
MKD	807	前南斯拉夫马其顿共和国	前南马其顿	The former Yugoslav Republic of Macedonia	THE FORMER YUGOSLAV REPUBLIC OF MACEDONIA
MLI	466	马里共和国	马里	Republic of Mali	MALI
MLT	470	马耳他共和国	马耳他	Republic of Malta	MALTA
MMR	104	缅甸联邦	缅甸	Union of Myanmar	MYANMAR
MNE	499	黑山	黑山	Republic of Montenegro	MONTENEGRO
MNG	496	蒙古国	蒙古	Mongolia	MONGOLIA
MNP	580	北马里亚纳自由联邦	北马里亚纳	Commonwealth of the IVIariana Islands	NORTHERN ISLANDS
MOZ	508	莫桑比克共和国	莫桑比克	Republic of Mozambique	MOZAMBIQUE
MRT	478	毛里塔尼亚伊斯兰共和国	毛里塔尼亚	Islamic Republic of Mauritania	MAURITANIA
MSR	500	蒙特塞拉特	蒙特塞拉特	Montserrat	MONTSERRAT
MTQ	474	马提尼克	马提尼克	Martinique	MARTINIQUE
MUS	480	毛里求斯共和国	毛里求斯	Republic of Mauritius	MAURITIUS
MWI	454	马拉维共和国	马拉维	Republic of Malawi	MALAWI
MYS	458	马来西亚	马来西亚	Malaysia	MALAYSIA
MYT	175	马约特	马约特	Mayotte	MAYOTTE
NAM	516	纳米比亚共和国	纳米比亚	Republic of Namibia	NAMIBIA
NCL	540	新喀里多尼亚	新喀里多尼亚	New Caledonia	NEW CALEDONIA
NER	562	尼日尔共和国	尼日尔	Republic of Niger	NIGER

续表

国家地区代码	数字代码	中文全称	中文简称	英文全称	英文简称
NFK	574	诺福克岛	诺福克岛	Norfolk Island	NORFOLK ISLAND
NGA	566	尼日利亚联邦共和国	尼日利亚	Federal Republic of Nigeria	NIGERIA
NIC	558	尼加拉瓜共和国	尼加拉瓜	Republic of Nicaragua	NICARAGUA
NIU	570	纽埃	纽埃	Niue	NIUE
NLD	528	荷兰王国	荷兰	Kingdom of the Netherlands	NETHERLANDS
NOR	578	挪威王国	挪威	Kingdom of Norway	NORWAY
NPL	524	尼泊尔王国	尼泊尔	Kingdom of Nepal	NEPAL
NRU	520	瑙鲁共和国	瑙鲁	Republic of Nauru	NAURU
NZL	554	新西兰	新西兰	New Zealand	NEW ZEALAND
OMN	512	阿曼苏丹国	阿曼	Sultanate of Oman	OMAN
PAK	586	巴基斯坦伊斯兰共和国	巴基斯坦	Islamic Republic of Pakistan	PAKISTAN
PAN	591	巴拿马共和国	巴拿马	Republic of Panama	PANAMA
PCN	612	皮特凯恩	皮特凯恩	Pitcairn	PITCAIRN
PER	604	秘鲁共和国	秘鲁	Republic of Peru	PERU
PHL	608	菲律宾共和国	菲律宾	Republic of the Philippines	PHILIPPINES
PLW	585	帕劳共和国	帕劳	Republie of Palau	PALAU
PNG	598	巴布亚新几内亚独立国	巴布亚新几内亚	Independent State of Papua New Guinea	PAPUA NEW GUINEA
POL	616	波兰共和国	波兰	Republic of Poland	POLAND
PRI	630	波多黎各自由联邦	波多黎各	Puerto Rico	PUERTO RICO
PRK	408	朝鲜民主主义人民共和国	朝鲜	Democratic People's Republic of Korea	DEMOCRATIC PEOPLE'S REPUBLIC OF KOREA
PRT	620	葡萄牙共和国	葡萄牙	Portuguese Republic	PORTUGAL
PRY	600	巴拉圭共和国	巴拉圭	Republic of Paraguay	PARAGUAY

续表

国家地区代码	数字代码	中文全称	中文简称	英文全称	英文简称
PSE	275	巴勒斯坦国	巴勒斯坦	State of Palestine	PALESTINE
PYF	258	法属波利尼西亚	法属波利尼西亚	French Polynesia	FRENCH POLYNESIA
QAT	634	卡塔尔国	卡塔尔	State of Qatar	QATAR
REU	638	留尼汪	留尼汪	Reunion	REUNION
ROM	642	罗马尼亚	罗马尼亚	Romania	ROMANIA
RUS	643	俄罗斯联邦	俄罗斯联邦	Russian Federation	RUSSIAN FEDERATION
RWA	646	卢旺达共和国	卢旺达	Republic of Rwanda	RWANDA
SAU	682	沙特阿拉伯王国	沙特阿拉伯	Kingdom of Saudi Arabia	SAUDI ARABIA
SDN	729	苏丹共和国	苏丹	The Republic of the Sudan	SUDAN
SEN	686	塞内加尔共和国	塞内加尔	Republic of Senegal	SENEGAL
SGP	702	新加坡共和国	新加坡	Republic of Singapore	SINGAPORE
SGS	239	南乔治亚岛和南桑德韦奇岛	南乔治亚岛和南桑德韦奇岛	South Georgia and the South Sandwich Islands	SOUTH GEORGIA AND THE SOT JTH SANDWICH ISLANDS
SHN	654	圣赫勒拿	圣赫勒拿	Saint Helena	SAINT HELENA
SJM	744	斯瓦尔巴岛和扬马延岛	斯瓦尔巴岛和扬马延岛	Svalbard and Jan Mayen	SVALBARD AND JAN MAYEN
SLB	090	所罗门群岛	所罗门群岛	Solomon Islands	SOLOMON ISLANDS
SLE	694	塞拉利昂共和国	塞拉利昂	Republic of Sierra Leone	SIERRA LEONE
SLV	222	萨尔瓦多共和国	萨尔瓦多	Republic of El Salvador	EL SALVADOR
SMR	674	圣马力诺共和国	圣马力诺	Republic of San Marino	SAN MARINO
SOM	706	索马里共和国	索马里	Somali Republic	SOMALIA
SPM	666	圣皮埃尔和密克隆	圣皮埃尔和密克隆	Saint Pierre and Miquelon	SAINT PIERRE AND MIQUELON
SRB	688	塞尔维亚	塞尔维亚	Republic of Serbia	SERBIA
SSD	728	南苏丹	南苏丹	South Sudan	SOUTH SUDAN
STP	678	圣多美和普林西比民主共和国	圣多美和普林西比	Democratic Republic of Sao Tome and Principe	SAO TOME AND PRINCIPE
SUR	740	苏里南共和国	苏里南	Republic of Suriname	SURINAME

续表

国家地区代码	数字代码	中文全称	中文简称	英文全称	英文简称
SVK	703	斯洛伐克共和国	斯洛伐克	Slovak Republic	SLOVAKIA
SVN	705	斯洛文尼亚共和国	斯洛文尼亚	Republic of Slovenia	SLOVENIA
SWE	752	瑞典王国	瑞典	Kingdom of Sweden	SWEDEN
SWZ	748	斯威士兰王国	斯威士兰	Kingdom of Swaziland	SWAZILAND
SXM	534	荷属圣马丁	荷属圣马丁	Sint Maarten (Dutch part)	SINT MAARTEN (DUTCH PART)
SYC	690	塞舌尔共和国	塞舌尔	Republic of Seychelles	SEYCHELLES
SYR	760	阿拉伯叙利亚共和国	叙利亚	Syrian Arab Republic	SYRIAN ARAB REPUBLIC
TCA	796	特克斯和凯科斯群岛	特克斯和凯科斯群岛	Turks and Caicos Islands	TURKS AND CAICOS ISLANDS
TCD	148	乍得共和国	乍得	Republic of Chad	CHAD
TGO	768	多哥共和国	多哥	Republic of Togo	TOGO
THA	764	泰王国	泰国	Kingdom of Thailand	THAILAND
TJK	762	塔吉克斯坦共和国	塔吉克斯坦	Republic of Tajikistan	TANKISTAN
TKL	772	托克劳	托克劳	Tokelau	TOKELAU
TKM	795	土库曼斯坦	土库曼斯坦	Turkmenistan	TURKMENISTAN
TMP	626	东帝汶	东帝汶	East Timor	EAST TIMOR
TON	776	汤加王国	汤加	Kingdom of Tonga	TONGA
TTO	780	特立尼达和多巴哥共和国	特立尼达和多巴哥	Republic of Trinidad and Tobago	TRINIDAD AND TOBAGO
TUN	788	突尼斯共和国	突尼斯	Republic of Tunisia	TUNISIA
TUR	792	土耳其共和国	土耳其	Republic of Turkey	TURKEY
TUV	798	图瓦卢	图瓦卢	Tuvalu	TUVALU
TWN	158	中国台湾	台湾	Taiwan, Province of China	TAIWAN, PROVINCE OF CHINA
TZA	834	坦桑尼亚联合共和国	坦桑尼亚	United Republic of Tanzani	TANZANIA
UGA	800	乌干达共和国	乌干达	Republic of Uganda	UGANDA

续表

国家地区代码	数字代码	中文全称	中文简称	英文全称	英文简称
UKR	804	乌克兰	乌克兰	Ukraine	UKRAINE
UMI	581	美国本土外小岛屿	美国本土外小岛屿	United States Minor Outlying Islands	UNITED STATES MINOR OUTLYING ISLANDS
URY	858	乌拉圭东岸共和国	乌拉圭	Oriental Republic of Uruguay	URUGUAY
USA	840	美利坚合众国	美国	United States of America	UNITED STATES
UZB	860	乌兹别克斯坦共和国	乌兹别克斯坦	Republic of Uzbekistan	UZBEKISTAN
VAT	336	梵蒂冈城国	梵蒂冈	Vatican City State	VATICAN
VCT	670	圣文森特和格林纳丁斯	圣文森特和格林纳丁斯	Saint Vincent and the Grenadines	SAINT VINCENT AND THE GRENADINES
VEN	862	委内瑞拉共和国	委内瑞拉	Republic of Venezuela	VENEZUELA
VGB	092	英属维尔京群岛	英属维尔京群岛	British Virgin Islands	VIRGIN ISLANDS, BRITISH
VIR	850	美属维尔京群岛	美属维尔京群岛	Virgin Islands of the United States	VIRGIN ISLANDS, U.S.
VNM	704	越南社会主义共和国	越南	Socialist Republic of Viet Nam	VIET NAM
VUT	548	瓦努阿图共和国	瓦努阿图	Republic of Vanuatu	VANUATU
WLF	876	瓦利斯和富图纳	瓦利斯和富图纳	Wallis and Futuna	WALLIS AND FUTUNA
WSM	882	萨摩亚独立国	萨摩亚	Independent State of Samoa	SAMOA
YEM	887	也门共和国	也门	Republic of Yemen	YEMEN
ZAF	710	南非共和国	南非	Republic of South Africa	SOUTH AFRICA
ZMB	894	赞比亚共和国	赞比亚	Republic of Zambia	ZAMBIA
ZWE	716	津巴布韦共和国	津巴布韦	Republic of Zimbabwe	ZIMBABWE
IOS	998	国际组织	国际组织	International Organizations	International Organizations
ZZZ	999	其他国家和地区	其他国家和地区	Others	Others

（四）币种代码表

币种代码	币种名称	数字代码
ADP	安道尔比赛塔	020
AED	阿联酋 UAE 迪拉姆	784
AFA	阿富汗尼	004
ALL	阿尔巴尼亚列克	008
AMD	亚美尼亚达姆	051
ANG	荷属安的列斯盾	532
AOA	安哥拉宽扎	973
ARS	阿根廷比索	032
ASF	记账瑞士法郎	999
ATS	奥地利先令	040
AUD	澳大利亚元	036
AWG	阿鲁巴盾	533
AZM	阿塞拜疆马纳特	031
BAM	可自由兑换标记	977
BBD	巴巴多斯元	052
BDT	孟加拉国塔卡	050
BEF	比利时法郎	056
BGN	保加利亚列弗	975
BHD	巴林第纳尔	048
BIF	布隆迪法郎	108
BMD	百慕大元	060
BND	文莱元	096
BOB	玻利维亚比索	068
BOV	Mvdol	984
BRL	巴西瑞尔	986
BSD	巴哈马元	044
BTN	不丹努尔特鲁姆	064
BWP	博茨瓦纳普拉	072
BYR	白俄罗斯卢布	974
BZD	伯利兹元	084

续表

币种代码	币种名称	数字代码
CAD	加元	124
CDF	刚果法郎	976
CHF	瑞士法郎	756
CLF	发展单位	990
CLP	智利比索	152
CNY	人民币元	156
COP	哥伦比亚比索	170
CRC	哥斯达黎加科郎	188
CUP	古巴比索	192
CVE	佛得角埃斯库多	132
CYP	塞浦路斯镑	196
CZK	捷克克朗	203
DEM	德国马克	280
DJF	吉布提法郎	262
DKK	丹麦克朗	208
DOP	多米尼加比索	214
DZD	阿尔及利亚第纳尔	012
EEK	克罗姆	233
EGP	埃及镑	818
ERN	厄立特里亚纳克法	232
ESP	西班牙比塞塔	724
ETB	埃塞俄比亚比尔	230
EUR	欧元	978
FIM	芬兰马克	246
FJD	斐济元	242
FKP	福克兰群岛镑	238
FRF	法国法郎	250
GBP	英镑	826
GEL	格鲁吉亚拉里	981
GHC	加纳塞地	288

续表

币种代码	币种名称	数字代码
GIP	直布罗陀镑	292
GMD	冈比亚达拉西	270
GNF	几内亚法郎	324
GRD	希腊德拉克马	300
GTQ	危地马拉格查尔	320
GWP	几内亚比绍比索	624
GYD	圭亚那元	328
HKD	香港元	344
HNL	洪都拉斯伦皮拉	340
HRK	克罗地亚库纳	191
HTG	海地古德	332
HUF	匈牙利福林	348
IDR	印度尼西亚卢比	360
IEP	爱尔兰镑	372
ILS	以色列锡克尔	376
INR	印度卢比	356
IQD	伊拉克第纳尔	368
IRR	伊朗里亚尔	364
ISK	冰岛克朗	352
ITL	意大利里拉	380
JMD	牙买加元	388
JOD	约旦第纳尔	400
JPY	日元	392
KES	肯尼亚先令	404
KGS	吉尔吉斯斯坦索姆	417
KHR	柬埔寨瑞尔	116
KMF	科摩罗法郎	174
KPW	北朝鲜元	408
KRW	韩国元	410
KWD	科威特第纳尔	414

续表

币种代码	币种名称	数字代码
KYD	开曼群岛元	136
KZT	哈萨克斯坦坚戈	398
LAK	老挝基普	418
LBP	黎巴嫩镑	422
LKR	斯里兰卡卢比	144
LRD	利比里亚元	430
LSL	莱索托罗提	426
LTL	立陶宛	440
LUF	卢森堡法郎	442
LVL	拉脱维亚拉特	428
LYD	利比亚第纳尔	434
MAD	摩洛哥迪拉姆	504
MDL	摩尔瓦多列伊	498
MGA	马达加斯加阿里亚里	969
MGF	马尔加什法郎	450
MKD	马其顿第纳尔	807
MMK	缅元	104
MNT	蒙古图格里克	496
MOP	澳门元	446
MRO	毛里塔尼亚乌吉亚	478
MTL	马尔他里拉	470
MUR	毛里求斯卢比	480
MVR	马尔代夫卢菲亚	462
MWK	马拉维克瓦查	454
MXN	墨西哥比索	484
MXV	墨西哥发展单位	979
MYR	马来西亚林吉特	458
MZM	莫桑比克麦梯卡尔	508
NAD	纳米比亚元	516
NGN	尼日利亚奈拉	566

续表

币种代码	币种名称	数字代码
NIO	尼加拉瓜金科多巴	558
NLG	荷兰盾	528
NOK	挪威克朗	578
NPR	尼泊尔卢比	524
NZD	新西兰元	554
OMR	阿曼里亚尔	512
PAB	巴拿马巴波亚	590
PEN	秘鲁索尔	604
PGK	巴布亚新几内亚基那	598
PHP	菲律宾比索	608
PKR	巴基斯坦卢比	586
PLN	波兰兹罗提	985
PTE	葡萄牙埃斯库多	620
PYG	巴拉圭瓜拉尼	600
QAR	卡塔尔里亚尔	634
ROL	罗马尼亚列伊	642
RSD	塞尔维亚第纳尔	941
RUB	俄罗斯卢布	810
RWF	卢旺达法郎	646
SAR	沙特里亚尔	682
SBD	所罗门群岛元	090
SCR	塞舌尔卢比	690
SDG	新苏丹镑	938
SEK	瑞典克朗	752
SGD	新加坡元	702
SHP	圣赫勒拿镑	654
SIT	斯洛文尼亚托拉尔	705
SKK	斯洛伐克克朗	703
SLL	塞拉利昂利昂	694
SOS	索马里先令	706

续表

币种代码	币种名称	数字代码
SRG	苏里南盾	740
SSP	南苏丹镑	728
STD	圣多美和普林西比多布拉	678
SVC	萨尔瓦多科郎	222
SYP	叙利亚镑	760
SZL	斯威士兰里兰吉尼	748
THB	泰国铢	764
TJS	塔吉克斯坦索莫尼	972
TMM	土库曼斯坦马纳特	795
TND	突尼斯第纳尔	788
TOP	汤加邦加	776
TPE	东帝汶埃斯库多	
TRY	新土耳其里拉	949
TTD	特立尼达和多巴哥元	780
TWD	新台湾元	901
TZS	坦桑尼亚先令	834
UAH	乌克兰格里夫纳	980
UGX	乌干达先令	800
USD	美元	840
USN	美元次日	997
USS	美元同日	998
UYU	乌拉圭比索	858
UZS	乌兹别克斯坦苏姆	860
VEF	委内瑞拉博利瓦	937
VND	越南盾	704
VUV	瓦努阿图瓦图	548
WST	萨摩亚塔拉	882
XAF	CFA 法郎 BEAC	950
XAG	银	961
XAU	黄金	959

续表

币种代码	币种名称	数字代码
XBA	欧洲混合单位（EURCO）	955
XBB	欧洲货币单位（EMU.-6）	956
XBC	欧洲账户9单位（E.U.A.-9）	957
XBD	欧洲账户17单位（E.U.A.-17）	958
XCD	东加勒比元	951
XDR	特别提款权	960
XFO	黄金法郎	
XFU	UIC法郎	
XOF	CFA法郎 BCEAO	952
XPD	钯	964
XPF	CFP法郎	953
XPT	铂白金	962
XTS	记账美元	963
XXX	未包括的交易货币代码指定为：	999
YER	也门里亚尔	886
YUM	南斯拉夫第纳尔	891
ZAR	兰特	710
ZMK	赞比亚克瓦查	894
ZMW	新赞比亚克瓦查	967
ZWD	津巴布韦元	716

（五）经济类型代码表

经济类型代码	经济类型名称
100	内资
110	国有全资
120	集体全资
130	股份合作
140	联营
141	国有联营
142	集体联营
143	国有与集体联营

续表

经济类型代码	经济类型名称
149	其他联营
150	有限责任（公司）
151	国有独资（公司）
159	其他有限责任（公司）
160	股份有限（公司）
170	私有
171	私有独资
172	私有合伙
173	私营有限责任（公司）
174	私营股份有限（公司）
175	个体经营
179	其他私有
190	其他内资
200	港澳台投资
210	内地和港澳台合资
220	内地和港澳台合作
230	港澳台独资
240	港澳台投资股份有限（公司）
290	其他港澳台投资
300	国外投资
310	中外合资
320	中外合作
330	外资
340	国外投资股份有限（公司）
390	其他国外投资
400	境外机构
900	其他

（六）中国大陆行政区划代码表（内容详见光盘）

（七）涉外银行卡商户分类码分类标准（内容详见光盘）

（八）国际组织名录（内容详见光盘）

（九）中央银行名录（内容详见光盘）

（十）境外上市非金融企业参考名录（内容详见光盘）

附件2：

《对外金融资产负债及交易统计制度》修订表

项　目		修订后内容	备　注
一、总说明	第（二）条第二段最后一句	实践中，可按照永久居留证、护照、身份证认定来认定是否为中国居民	进一步明确
	第（四）条	本制度的申报主体为中国境内金融机构法人，境外金融机构在中国境内的主报告分支机构，境外上市的境内非金融企业，全国社会保障基金理事会，中国投资有限责任公司，中央国债登记结算有限责任公司，中国证券登记结算有限公司，银行间市场清算所股份有限公司，银行卡组织以及其他指定申报主体	将"境外上市的境内非金融企业"纳入申报主体
	第（八）条	本制度为月度统计，采用零报送制度。各申报主体应于月后10日内通过国家外汇管理局指定数据平台报送各项数据，除国家外汇管理局另行通知外，遇节假日不顺延	增加"除国家外汇管理局另行通知外"
	第（十一）条	本制度数据用于编制国际收支平衡表和国际投资头寸表。发布数据均为汇总数据，发布方式为电子形式。发布渠道为国家外汇管理局官网（www.safe.gov.cn）。发布时间预告表可登录官网查询	新增
	第（十二）条	国家外汇管理局可在法规允许范围内与有需求的相关部委共享数据	新增

续表

项 目	修订后内容	备 注
二、报表目录		
Z01~B02、B04~B05、C01~D06、D08~E02 中的统计范围	将 Z01~B02、B04~B05、C01~D06、D08~E02 中的统计范围改为：中国境内的金融机构法人和境外金融机构在中国境内的主报告分支报告机构，包括银行业、证券业、保险业和其他从事金融业务的机构；境外上市的境内非金融企业及其他指定主体	增加"境外上市的境内非金融企业"
Z 表	Z 表被拆分为 Z01、Z02、Z03 表	与数据采集规范一致
A01 表	A01 表被拆分为 A01-1、A01-2 表	与数据采集规范一致
A02 表	A02 表被拆分为 A02-1、A02-2、A02-3 表	与数据采集规范一致
B01 表	增加 B0104CODE 业务类型	新的数据需求
B04 表	增加 B0401CODE 业务类型	新的数据需求
B06 表	增加 B0601CODE 业务类型	新的数据需求
三、调查表式		
G01 表	增加 G0104CODE. 交易方式：请选择①线下；②线上。其中，"线下"是指通过 POS 和 ATM 机进行的交易；其他均归为"线上"	新的数据需求
G02 表	增加 G0202CODE. 交易方式：请选择①线下；②线上。其中，"线下"是指通过 POS 和 ATM 机进行的交易；其他均归为"线上"	新的数据需求
H01 表	增加 H0101CODE 非居民委托人代码，H0104CODE 业务编号，IVNTYPE 投资品种类型	与数据采集规范一致
H01 表	增加 H0105CODE 业务类型	新的数据需求
H02 表	增加 H0201CODE 居民委托人代码，H0203CODE 业务编号，IVNTYPE 投资品种类型	与数据采集规范一致
H02 表	增加 H0204CODE 业务类型	新的数据需求

续表

	项目	修订后内容	备注
	Z0101	Z0101. 填报单位名称：对于机构，请按照工商行政管理部门核发的"组织机构代码证"或统一社会信用代码证或外汇局签发的特殊机构代码赋码通知上的名称填写	增加"统一社会信用代码证"
	Z0102	Z0102. 证照类别：请选择：①组织机构代码证或统一社会信用代码证；②特殊机构代码赋码通知；③身份证；④护照；⑤其他；⑥永久居留证	增加"统一社会信用代码证"和"永久居留证"
	Z0206	Z0206 填表人电话及电子邮箱：填表人联系电话及常用电子邮箱地址	增加"常用电子邮箱地址"
四、主要指标解释	Z0304（原 Z0115）、Z0309（原 Z0120）、B0103、B0109、B0203、B0208、B0302、B0307、B0406、B0506、B0603、B0608、C0103、C0107、D0103、D0202、D0204、D0304、D0402、D0503、D0602、D0704、D0802、F0104、F0204、H0103、H0110、H0202、H0211、I0103、I0203、I0303	删除"国际组织"	国家和地区代码表里增加"国际组织"
	A0126	增加"每年填报一次，仅需在报送 12 月报表时填列本年发生额"	进一步明确
	A0127	增加"每年填报一次，仅需在报送 12 月报表时填列本年末数"	进一步明确
	A0128	增加"每年填报一次，仅需在报送 12 月报表时填列本年末数"	进一步明确
	A01-2 表 BIZCODE	增加"业务编号"	与数据采集规范一致
	A0215	增加"每年填报一次，仅需在报送 12 月报表时填列本年发生额"	进一步明确
	A0216	增加"每年填报一次，仅需在报送 12 月报表时填列本年末数"	进一步明确

续表

项　目	修订后内容	备注
A0217	增加"每年填报一次，仅需在报送12月报表时填列本年末数"	进一步明确
B0104	增加"⑤参与性优先股"	新的数据需求
B0104CODE	增加B0104CODE. 业务类型"。包括：①基金互认；②沪港通；③深港通；⑨其他	新的数据需求
B0401	增加"⑤参与性优先股"	新的数据需求
B0401CODE	增加B0401CODE. 业务类型。包括：①基金互认；⑨其他	新的数据需求
B0601CODE	增加B0601CODE. 业务类型。填写①QFII；②RQFII；③沪港通；④深港通；⑤境外机构投资者投资银行间债券市场；⑨其他	新的数据需求
四、主要指标解释 （六）货物、服务、薪资及债务减免等其他各类往来	（6）保险和养老金服务：指人寿保险和年金、非人寿保险、再保险、标准化担保服务，以及保险、养老金计划和标准化担保计划所涉及的辅助保险服务、境内保险机构向投保人收取的保费和支付的赔偿等相关信息纳入I表统计	进一步明确
	1206. 保险和养老金服务收入：指因提供人寿保险和年金、非人寿保险、标准化担保服务，以及保险、养老金计划和标准化担保计划的辅助服务、境内保险机构向投保人收取的保费等相关信息纳入I表统计，请勿填入此表	进一步明确
	2206. 保险和养老金服务支出：指因使用非居民的人寿保险和年金、非人寿保险、标准化担保服务，以及保险、养老金计划和标准化担保计划的辅助服务、境内保险机构向投保人支付的赔偿和支付的保费等相关信息纳入I表统计，请勿填入此表	进一步明确
G0104	按照商户类别或境外提现情况选项：①购物；②住宿；③餐饮；④当地交通；⑤教育留学；⑥其他服务；⑦提现；⑧医疗保健	增加"医疗保健"选项
G0104CODE	增加G0104CODE. 交易方式：请选择①线下；②线上。其中，"线下"是指通过POS和ATM机进行的交易；其他均归为"线上"	新的数据需求

续表

项目	修订后内容	备注
G0202	按照商户类别或境内提现情况选择：①线下购物；②住宿；③餐饮；④当地交通；⑤教育留学；⑥其他服务；⑦提现；⑧医疗保健	增加"医疗保健"选项
G0202CODE	增加G0202CODE.交易方式：请选择①线下；②线上。其中，"线下"是指通过POS和ATM机进行的交易；其他均归为"线上"	新的数据需求
H0101CODE	H0101CODE.非居民委托人代码：非居民委托人申领的特殊机构代码	与数据采集规范一致
H0104CODE	H0104CODE.业务编号：外汇局签发的QFII/RQFII产品编号	与数据采集规范一致
H0105	H0105.投资工具类型：指非居民委托人产品在境内投向的工具类型，按以下情况填列：①上市普通股；②非上市普通股；③货币市场基金份额/单位；④非货币市场基金份额/单位；⑤金融衍生产品；⑥债务证券；⑦存款（含活期和定期存款）；⑧应付款；⑨应收款；⑩参与性优先股；⑪非参与性优先股。无法区分⑩⑪的情况下，可视为非参与性优先股。	增加"⑩参与性优先股；⑪非参与性优先股。无法区分⑩⑪的情况下，可视为非参与性优先股"
H01表 INVTYPE	INVTYPE.投资品种类型	与数据采集规范一致
H0105CODE	H0105CODE.业务类型：请选择①QFII；②RQFII；⑨其他	新的数据需求
H0201CODE	H0201CODE.居民委托人代码：QDII机构代码	与数据采集规范一致
H0203CODE	H0203CODE.业务编号：填写外汇局规定的QDII产品的业务编号	与数据采集规范一致
H0204	H0204.投资工具类型：指居民委托人产品在境外投向的工具类型，按以下九种情况填列：①上市普通股；②非上市普通股；③货币市场基金份额/单位；④非货币市场基金份额/单位；⑤金融衍生产品；⑥债务证券；⑦存款（含活期和定期存款）；⑧应付款；⑨应收款；⑩参与性优先股；⑪非参与性优先股。其中，无法区分⑩⑪的情况下，可视为非参与性优先股	增加"⑩参与性优先股；⑪非参与性优先股。无法区分⑩⑪的情况下，可视为非参与性优先股"
INVTYPE	INVTYPE.投资品种类型	与数据采集规范一致
H0204CODE	H0204CODE.业务类型：请选择①QDII；②RQDII；⑨其他	新的数据需求

四、主要指标解释

第四章　经常项目外汇管理

海关总署　商务部　税务总局　工商总局 质检总局　外汇局关于进一步优化电子 口岸企业入网资格审查流程的通知

署岸发〔2016〕165号

广东分署、各直属海关，各省、自治区、直辖市、计划单列市及新疆生产建设兵团商务主管部门、国家税务局、工商局、外汇局、质量技术监督局（市场监督管理部门）：

　　为贯彻落实国务院关于推进简政放权、放管结合、优化服务改革工作要求，现决定对电子口岸企业入网资格审查流程进行优化。通知如下：

　　一、电子口岸企业入网实行联网资格审查，取消纸质"中国电子口岸入网用户资格审查登记表"，企业无须到各部门现场办理审查手续，"让数据多跑路，让企业少跑腿"，进一步提高入网审查效率，减轻企业负担。

　　二、根据国家统一社会信用代码改革要求，电子口岸企业入网资格审查内容调整为：工商部门审查企业营业执照，商务部门审查"对外贸易经营者备案登记表"或"中华人民共和国外商投资企业批准证书"，海关审查"中华人民共和国海关报关单位注册登记证"，外汇管理部门审查"贸易外汇收支企业名录"资格。国税、质监部门不再进行企业入网资格审查。

　　三、中国电子口岸数据中心各地分中心接受企业的入网申请，为企业申领电子口岸用户法人卡及操作员卡提供"一站式"服务。鼓励有条件的地区提供寄送服务。

四、中国电子口岸数据中心各地分中心应按照本通知要求,积极推进电子口岸企业入网资格审查流程优化工作,做好政策宣贯和技术保障工作,如遇问题及时上报中国电子口岸数据中心。

五、尚未取得"一照一码"的企业,仍按照署通发〔2001〕188号文件要求办理电子口岸企业入网资格审查手续。

六、电子口岸企业入网联网资格审查系统2016年9月1日上线试运行,10月1日起全面实行企业入网资格联网审查。

特此通知。

二〇一六年八月三十日

国家外汇管理局关于规范货物贸易外汇收支电子单证审核的通知

汇发〔2016〕25号

国家外汇管理局各省、自治区、直辖市分局、外汇管理部，深圳、大连、青岛、厦门、宁波市分局；各中资外汇指定银行：

为进一步促进货物贸易外汇收支便利化，满足外汇指定银行（以下简称银行）和境内机构（以下简称企业）办理外汇业务的电子化需求，国家外汇管理局制定了《货物贸易外汇收支电子单证审核指引》（以下简称《指引》，见附件），现印发你们，请遵照执行，并就有关事宜通知如下：

一、自2016年11月1日起，按照现行货物贸易外汇管理规定和《指引》要求，银行为符合条件的企业办理货物贸易外汇收支时，可以审核其电子单证。

二、国家外汇管理局各分局、外汇管理部接到本通知后，应及时转发辖内中心支局（支局）、地方性商业银行及外资银行。各中资银行收到本通知后，应及时转发下属分支机构。执行过程中如遇问题，请及时向国家外汇管理局反馈。

特此通知。

附件：货物贸易外汇收支电子单证审核指引（内容详见光盘）

二〇一六年九月二十八日

第五章　资本项目外汇管理

国家外汇管理局公告

〔2016〕第 1 号

根据《中华人民共和国外汇管理条例》及相关规定，国家外汇管理局制定了《合格境外机构投资者境内证券投资外汇管理规定》（见附件）。现予公布，自公布之日起施行。

附件：合格境外机构投资者境内证券投资外汇管理规定（内容详见光盘）

二〇一六年二月三日

附：

改革合格境外机构投资者外汇管理制度
进一步扩大境内资本市场开放

（国家外汇管理局新闻稿 2016年2月4日）

为有序推进资本项目可兑换，促进跨境投融资便利化，日前，国家外汇管理局发布《合格境外机构投资者境内证券投资外汇管理规定》（国家外汇管理局公告2016年第1号，以下简称《规定》），对合格境外机构投资者（QFII）外汇管理制度进行改革。

《规定》的主要内容包括：一是放宽单家QFII机构投资额度上限。不再对单家机构设置统一的投资额度上限，而是根据机构资产规模或管理的资产规模的一定比例作为其获取投资额度（基础额度）的依据。二是简化额度审批管理。对QFII机构基础额度内的额度申请采取备案管理；超过基础额度的，才需外汇局审批。三是进一步便利资金汇出入。对QFII投资本金不再设置汇入期限要求；允许QFII开放式基金按日申购、赎回。四是将锁定期从一年缩短为三个月，保留资金分批、分期汇出要求，QFII每月汇出资金总规模不得超过境内资产的20%。

《规定》自发布之日起实施。

印发《关于对财政性资金管理使用领域相关失信责任主体实施联合惩戒的合作备忘录》的通知

发改财金〔2016〕2641号

各省、自治区、直辖市和新疆生产建设兵团有关部门、机构：

为贯彻党的十八大和十八届三中、四中、五中、六中全会精神，落实《国务院关于印发社会信用体系建设规划纲要（2014～2020年）的通知》（国发〔2014〕21号）、《国务院关于建立完善守信联合激励和失信联合惩戒制度加快推进社会诚信建设的指导意见》（国发〔2016〕33号）等文件要求，加快推进社会信用体系建设，健全跨部门失信联合惩戒机制，促进财政性资金依法依规合理使用，国家发展改革委、人民银行、财政部、中央组织部、中央宣传部、中央编办、中央文明办、中央网信办、工业和信息化部、人力资源社会保障部、国土资源部、住房城乡建设部、交通运输部、水利部、商务部、国资委、海关总署、税务总局、工商总局、质检总局、安全监管总局、银监会、证监会、保监会、公务员局、民航局、外汇局、中国铁路总公司联合签署了《关于对财政性资金管理使用领域相关失信责任主体实施联合惩戒的合作备忘录》。现印发给你们，请认真贯彻执行。

附件：关于对财政性资金管理使用领域相关失信责任主体实施联合惩戒的合作备忘录（电子版详见光盘）

二〇一六年十二月十四日

附件：

关于对财政性资金管理使用领域相关失信责任主体实施联合惩戒的合作备忘录

为贯彻党的十八大和十八届三中、四中、五中、六中全会精神，落实《国务院关于印发社会信用体系建设规划纲要（2014～2020年）的通知》（国发〔2014〕21号）、《国务院关于建立完善守信联合激励和失信联合惩戒制度加快推进社会诚信建设的指导意见》（国发〔2016〕33号）等文件要求，加快推进社会信用体系建设，健全跨部门失信联合惩戒机制，促进财政性资金依法依规合理使用，国家发展改革委、人民银行、财政部、中央组织部、中央宣传部、中央编办、中央文明办、中央网信办、工业和信息化部、人力资源社会保障部、国土资源部、住房城乡建设部、交通运输部、水利部、商务部、国资委、海关总署、税务总局、工商总局、质检总局、安全监管总局、银监会、证监会、保监会、公务员局、民航局、外汇局、中国铁路总公司等部门就财政性资金管理使用领域相关失信责任主体实施联合惩戒达成如下一致意见。

一、惩戒对象

联合惩戒的对象为财政部、国家发展改革委会同有关部门确定的在财政性资金管理使用领域中存在弄虚作假、虚报冒领、骗取套取、截留挪用、拖欠国际金融组织和外国政府贷款到期债务等失信、失范行为的单位、组织和有关人员。

二、信息共享与联合惩戒的实施方式

财政部、国家发展改革委通过全国信用信息共享平台的失信联合惩戒系统，依法依规向签署本备忘录的其他部门和单位提供财政性资金管理使用领域相关失信责任主体信息,并在"信用中国"网站、企业信用信息公示系统、国家发展改革委和财政部网站向社会公布。其他部门和单位按照本备忘录规定实施联合惩戒措施,按季度将执行情况通过该系统反馈给国家发展改革委和财政部。

三、惩戒措施

(一) 依法处理财政违法违规行为

对失信责任主体违反预算管理法律法规和财经纪律的行为,按照《中华人民共和国预算法》《财政违法行为处罚处分条例》等有关法律法规严肃处理。

(二) 依法限制财政补助补贴性资金和社会保障资金支持

各部门在主管领域内依法限制失信责任主体申请财政补助补贴性资金和社会保障资金支持。

(三) 依法限制参加政府采购活动

依法限制失信责任主体作为供应商参加政府采购活动。

(四) 作为选择参与政府和社会资本合作的参考

将失信责任主体相关信息作为选择参与政府和社会资本合作的依据或参考。

(五) 供证券公司、基金管理公司、期货公司设立及变更持有5%以上股权的股东、实际控制人审批,私募投资基金管理人登记的依据或参考;从严审核发行企业债券及公司债券;在上市公司或者非上市公众公司收购的事中事后监管中,对有严重失信行为的生产经营单位予以重点关注

将失信责任主体相关信息作为证券公司、基金管理公司、期货公司设立及变更持有5%以上股权的股东、实际控制人审批,私募投资基金管理人登记的依据或参考;从严审核失信责任主体发行企业债券及公司债券;对失信情形严重的失信责任主体,在上市公司或者非上市公众公司收购的事中事后监管中,对有严重失信行为的生产经营单位予以重点关注。

(六) 从严审核在银行间市场发行债券

对失信责任主体在银行间市场发行债券从严审核。

(七) 依法限制设立融资性担保公司;依法限制任职融资性担保公司或金融机构的董事、监事、高级管理人员

依法限制失信责任主体设立融资性担保公司；依法限制失信责任主体任职融资性担保公司或金融机构的董事、监事、高级管理人员。

（八）设立保险公司审批参考，依法限制支付高额保费购买具有现金价值的保险产品

将失信责任主体相关信息作为设立保险公司审批参考；依法限制失信责任主体（自然人）及失信责任主体（企事业单位）的法定代表人、主要负责人、影响债务履行的直接责任人员、实际控制人支付高额保费购买具有现金价值的保险产品。

（九）供设立商业银行或分行、代表处以及参股、收购商业银行审批时审慎性参考

将失信责任主体相关信息作为设立商业银行或分行、代表处以及参股、收购商业银行的审批时审慎性参考。

（十）中止境内国有控股上市公司股权激励计划或终止股权激励对象行权资格

对失信责任主体为境内国有控股上市公司的，协助中止其股权激励计划或终止其股权激励对象行权资格。

（十一）供外汇额度核准与管理时审慎性参考

在合格境外机构投资者、合格境内机构投资者额度审批和管理中，将失信状况作为审慎性参考依据。

（十二）供金融机构融资授信时审慎性参考

引导各金融机构在融资授信时查询拟授信对象及其法定代表人、实际控制人、董事、监事、高级管理人员是否为失信责任主体，对拟授信对象为失信责任主体的从严审核。

（十三）享受优惠性政策认定参考

在实施优惠性政策时，查询相关机构及其法定代表人、实际控制人、董事、监事、高级管理人员是否为失信责任主体，对其享受该政策时审慎性参考。

（十四）依法限制参与基础设施和公用事业特许经营

对失信责任主体申请参与基础设施和公用事业特许经营，依法进行必要限制。

（十五）依法限制取得政府供应土地

对失信责任主体在取得政府供应土地方面依法予以限制或禁止。

（十六）依法限制参与政府投资工程建设项目投标活动

对失信责任主体申请参与政府投资工程建设项目投标活动，依法进行必要限制。

（十七）依法限制受让收费公路权益

依法限制失信责任主体受让收费公路权益。

（十八）依法限制成为海关认证企业

失信责任主体申请适用海关认证企业管理的，海关不予通过认证；已经成为认证企业的，按照规定下调企业信用等级。

（十九）加大进出口货物监管力度

在失信责任主体申请办理通关业务时，对其进出口货物加大监管力度，加强单证审核和布控查验。

（二十）依法限制取得安全生产许可证

对失信责任主体申请安全生产许可证予以限制。

（二十一）依法限制取得生产等许可

对失信责任主体申请生产等许可证予以限制。

（二十二）依法加强检验检疫信用监管

将失信责任主体违法失信行为纳入检验检疫进出口企业信用管理系统，依据《出入境检验检疫企业信用管理办法》对其进行信用评级和监管。

（二十三）依法限制担任国有企业法定代表人、董事、监事

失信责任主体为个人的，依法限制其担任国有独资公司法定代表人、董事、监事及国有资本控股或参股公司法定代表人、董事、监事及国有企业的法定代表人、高级管理人员；已担任相关职务的，提出其不再担任相关职务的意见。

（二十四）依法限制登记为事业单位法定代表人

失信责任主体为个人的，依法限制登记为事业单位法定代表人。

（二十五）加强日常监管检查

将失信责任主体和以失信责任主体为法定代表人、实际控制人、董事、监事、高级管理人员的单位，作为重点监管对象，加大日常监管力度，提高随机抽查的比例和频次，并可依据相关法律法规对其采取行政监管措施。

（二十六）通过主要新闻网站向社会公布

协调相关互联网新闻信息服务单位向社会公布失信责任主体信息。

（二十七）依法限制招录（聘）为公务员或事业单位工作人员

协助限制招录（聘）失信人为公务员或事业单位工作人员。

（二十八）依法限制参评文明单位、道德模范

对于机关、企事业单位、社会团体或其领导成员为失信责任主体的，不得参加文明单位评选，已经取得文明单位荣誉称号的予以撤销。各类失信责任主体均不得参加道德模范评选，已获得道德模范荣誉称号的予以撤销。

四、共享信息的持续管理

财政部、国家发展改革委在全国信用信息共享平台的失信联合惩戒系统上实时更新财政性资金管理使用领域相关失信责任主体信息，其他部门和单位根据各自职责，按照法律法规和有关规定实施惩戒或解除惩戒。同时，有关部门要依法依规规范失信责任主体名单产生和发布行为，建立健全退出机制和异议、投诉制度。

五、其他事宜

各部门和单位应密切协作，积极落实本备忘录，确保2016年年底前实现财政性资金管理使用领域相关失信责任主体信息推送和联合惩戒。

本备忘录实施过程中的具体操作问题，由各部门另行协商解决。

附录：

惩戒措施	法律及政策依据	实施单位
（一）依法处理财政违法违规行为	1.《中华人民共和国预算法》 第三十五条 地方各级预算按照量入为出、收支平衡的原则编制，除本法另有规定外，不列赤字。 经国务院批准的省、自治区、直辖市的预算中必需的建设投资的部分资金，可以在国务院确定的限额内，通过发行地方政府债券举借债务的方式筹措。举借债务的规模，由国务院报全国人民代表大会或者全国人民代表大会常务委员会批准。省、自治区、直辖市依照国务院下达的限额举借的债务，列入本级预算调整方案，报本级人民代表大会常务委员会批准。举借的债务应当有偿还计划和稳定的偿还资金来源，只能用于公益性资本支出，不得用于经常性支出。 除前款规定外，地方政府及其所属部门不得以任何方式举借债务。 除法律另有规定外，地方政府及其所属部门不得以任何方式为任何单位和个人的债务以任何方式提供担保。 国务院建立地方政府债务风险评估和预警机制、应急处置机制以及责任追究制度。国务院财政部门对地方政府债务实施监督。 第九十二条 各级政府及有关部门有下列行为之一的，责令改正，对负有直接责任的主管人员和其他直接责任人员依法追究行政责任： （一）未依照本法规定，编制、报送预算草案、预算调整方案、决算草案和部门预算、决算以及批复预算、决算的； （二）违反本法规定，进行预算调整的； （三）未依照本法规定对有关预算事项进行公开和说明的； （四）违反法律、法规规定设立政府性基金项目和其他财政收入项目的； （五）违反本法规定设立开设财政专户的； （六）违反本法规定开设财政专户的。 第九十三条 各级政府及有关部门、单位有下列行为之一的，责令改正，对负有直接责任的主管人员	财政部等相关部门

续表

惩戒措施	法律及政策依据	实施单位
（一）依法处理财政违法违规行为	和其他直接责任人员依法给予降级、撤职、开除的处分： （一）未将所有政府收入和支出列入预算或者虚列收入和支出的； （二）违反法律、行政法规规定，多征、提前征收或者减征、免征、缓征应征预算收入的； （三）截留、占用、挪用或者拖欠应当上缴国库的预算收入的； （四）违反本法规定，改变预算支出用途的； （五）擅自改变上级政府专项转移支付资金用途的； （六）违反本法规定支付预算支出资金，办理预算收入收纳、划分、留解、退付，或者违反本法规定冻结、动用国库库款或者以其他方式支配已入国库库款的。 第九十四条 各级政府、各部门、各单位违反本法规定举借债务或者为他人债务提供担保，或者挪用重点支出资金，或者在预算之外及超预算标准建设楼堂馆所的，责令改正，对负有直接责任的主管人员和其他直接责任人员给予撤职、开除的处分。 第九十五条 各级政府有关部门、单位及其工作人员有下列行为之一的，责令改正，追回骗取、使用的资金，有违法所得的没收违法所得，对负有直接责任的主管人员和其他直接责任人员依法给予处分： （一）违反法律、法规的规定，改变预算收入上缴方式的； （二）以虚报、冒领等手段骗取预算资金的； （三）违反规定扩大开支范围、提高开支标准的； （四）其他违反财政管理规定的行为。 第九十六条 本法第九十二条、第九十三条、第九十四条、第九十五条所列违法行为，其他法律对其处理、处罚另有规定的，依照其规定。 违反本法规定，构成犯罪的，依法追究刑事责任。 2.《财政违法行为处罚处分条例》 第六条 国家机关及其工作人员有下列违反规定使用、骗取财政资金的行为之一的，责令改正，调整	财政部等相关部门

第五章 资本项目外汇管理

续表

惩戒措施	法律及政策依据	实施单位
(一) 依法处理财政违法违规行为	有关会计账目，追回有关财政资金，限期退还违法所得，对单位给予警告或者通报批评。对直接负责的主管人员和其他直接责任人员给予记大过处分；情节较重的，给予降级或者撤职处分；情节严重的，给予开除处分： (一) 以虚报、冒领等手段骗取财政资金； (二) 截留、挪用财政资金； (三) 滞留应当下拨的财政资金； (四) 违反规定扩大开支范围、提高开支标准，骗取财政资金使用，骗取财政资金的行为。 (五) 其他违反单位和个人有下列违反国家有关投资建设项目规定的行为之一的，责令改正，调整有关会计账目，追回被截留、挪用、骗取的国家建设资金，没收违法所得，核减或者停止拨付工程投资，对单位给予警告或者通报批评，其直接负责的主管人员和其他直接责任人员属于国家公务员的，给予开除处分；情节较重的，给予降级或者撤职处分；情节严重的，给予开除处分： (一) 截留、挪用国家建设资金； (二) 以虚报、冒领、关联交易等手段骗取国家建设资金； (三) 违反规定超概算投资； (四) 虚列投资完成额； (五) 其他违反《国家重点建设项目管理办法》等法律、行政法规另有规定的，依照其规定处理。 招标投标法》《中华人民共和国政府采购法》《中华人民共和国招标投标法》《中华人民共和国政府采购法》等有关法律、行政法规另有规定的，依照其规定处理。 第十四条 企业和个人有下列行为之一的，责令改正，调整有关资金10%以上50%以下的罚款或者被违规使用、骗取的有关资金，没收违法所得，并处被骗取有关资金和其他直接责任人员处3 000元以上5万元以下的罚款，国际金融组织贷款；金10%以上30%以下的罚款；对直接负责的主管财政资金以及政府承贷或者担保的外国政府贷款、国际金融组织贷款： (一) 以虚报、冒领等手段骗取财政资金以及政府承贷或者担保的外国政府贷款、国际金融组织贷款； (二) 挪用财政资金以及政府承贷或者担保的外国政府贷款、国际金融组织贷款；	财政部等相关部门

· 219 ·

续表

惩戒措施	法律及政策依据	实施单位
	（三）从无偿使用的财政资金以及政府承贷或者担保的外国政府贷款、国际金融组织贷款中非法获益、骗取财政资金以及政府承贷或者担保的外国政府贷款、国际金融组织贷款的行为，依照《中华人民共和国政府采购法》及有关法律、行政法规的规定处理、处罚。 （四）其他违反规定使用、骗取财政资金以及政府承贷或者担保的外国政府贷款、国际金融组织贷款的行为。 属于政府采购方面的违法行为，依照《中华人民共和国政府采购法》及有关法律、行政法规的规定处理、处罚。	
（二）依法限制财政补助补贴性资金和社会保障资金支持	《社会信用体系建设规划纲要（2014～2020年）》第二部分第（一）条 发挥政府诚信建设示范作用。各级人民政府首先要加强自身诚信建设，以政府的诚信施政，带动全社会诚信意识的树立和诚信水平的提高。在行政许可、政府采购、招标投标、劳动就业、社会保障、科研管理、干部选拔任用和管理监督、申请政府资金支持等领域，率先使用信用信息和信用产品，培育信用服务市场发展。	国家发展改革委、财政部、人力资源社会保障部、国资委及相关部门
（三）依法限制参加政府采购活动	1.《中华人民共和国政府采购法》 第二十二条 供应商参加政府采购活动应当具备下列条件： （一）具有独立承担民事责任的能力； （二）具有良好的商业信誉和健全的财务会计制度； （三）具有履行合同所必需的设备和专业技术能力； （四）有依法缴纳税收和社会保障资金的良好记录； （五）参加政府采购活动前三年内，在经营活动中没有重大违法记录。 （六）法律、行政法规规定的其他条件。 第六十二条 集中采购机构的采购人员应当具有相关职业素质和专业技能，符合政府采购监督管理部门规定的专业岗位任职要求。 集中采购机构对其工作人员应当加强教育和培训；对采购人员的专业水平、工作实绩和职业道德状况定期进行考核。采购人员经考核不合格的，不得继续任职。 第七十二条 采购人、采购代理机构及其工作人员有下列情形之一，构成犯罪的，依法追究刑事责任；尚不构成犯罪的，处以罚款，有违法所得的，并处没收违法所得，属于国家机关工作人员的，依法给予行政处分：	财政部

第五章 资本项目外汇管理

续表

惩戒措施	法律及政策依据	实施单位
（三）依法限制参加政府采购活动	（一）与供应商或者采购代理机构恶意串通的； （二）在采购过程中接受贿赂或者获取其他不正当利益的； （三）在有关部门依法实施的监督检查中提供虚假情况的； （四）开标前泄露标底的。 第七十三条 有前两条违法行为之一，影响中标、成交结果或者可能影响中标、成交结果的，按下列情况分别处理： （一）未确定中标、成交供应商的，终止采购活动； （二）中标、成交供应商已确定但采购合同尚未履行的，撤销合同，从合格的中标、成交候选人中另行确定中标、成交供应商； （三）采购合同已经履行的，给采购人、供应商造成损失的，由责任人承担赔偿责任。 2.《社会信用体系建设规划纲要（2014～2020年）》第二部分第（一）（二）条 （一）加快推进政务诚信建设 发挥政府诚信建设示范作用。各级人民政府首先要加强自身诚信建设，以政府的诚信施政，带动全社会诚信意识的树立和诚信水平的提高。在行政许可、政府采购、招标投标、劳动就业、社会保障、科研管理、干部选拔任用和管理监督，申请政府资金支持等领域，率先使用信用信息和信用产品，培育信用服务市场发展。 （二）深入推进商务诚信建设 政府采购领域信用建设。加强政府采购信用管理，加强政府采购代理机构以及相关从业人员的信用记录建设，保护政府采购当事人的合法权益，依法建立政府采购供应商不良行为记录名单，对列入不良行为记录名单的供应商，在一定期限内禁止参加政府采购活动。完善政府采购市场准入和退出机制，充分利用工商、税务、金融、检察等其他部门提供的信用信息，加强对政府采购当事人和相关人员的信用管理。加快建设全国统一的政府采购管理交易系统，提高政府采购活动透明度，实现信用信息的统一发布和共享。	财政部

· 221 ·

续表

惩戒措施	法律及政策依据	实施单位
（三）依法限制参加政府采购活动	3. 招标投标领域信用建设。扩大招标投标信用信息公开和共享范围，建立涵盖招标投标情况的信用评价指标和评价标准体系，健全招标投标信用信息公开和共享制度。进一步贯彻落实招标投标违法行为记录公告制度，推动完善奖惩联动机制。依托电子招标投标公共服务平台，实现招标投标信息和合同履行等信息的互联互通，实时交换和整合共享。鼓励招标投标市场主体运用基本信用信息和第三方信用评价结果，并将其作为投标人资格审查、评标、定标和合同签订的重要依据。《关于在政府采购活动中查询及使用信用记录有关问题的通知》第二部分 二、认真做好信用记录查询及使用工作 （一）总体要求。 各地区各部门应当按照社会信用体系建设有关要求，根据社会信用体系建设情况，创造条件将相关主体的信用记录作为供应商资格审查、采购代理机构委托、评审专家管理的重要依据。 （二）信用记录查询渠道。 各级财政部门、采购人、采购代理机构应当通过"信用中国"网站（www.creditchina.gov.cn）、中国政府采购网（www.ccgp.gov.cn）等渠道查询相关主体信用记录，并采取必要方式做好信用信息查询记录和证据留存，信用信息查询记录及证据留存，信用信息查询记录及相关证据应当与其他采购文件一并保存。 （三）信用记录的使用。 1. 采购人或者采购代理机构应当在采购文件中明确信用信息查询渠道及截止时点，信用信息查询记录和证据留存的具体采购方式、信用信息的使用规则等内容。采购人或者采购代理机构应当对供应商信用记录进行甄别，对列入失信被执行人、重大税收违法案件当事人名单、政府采购严重违法失信行为记录名单及其他不符合《中华人民共和国政府采购法》第二十二条规定条件的供应商，应当拒绝其参与政府采购活动。两个以上的自然人、法人或者其他组织组成一个联合体，以一个供应商的身份共同参加政府采购活动的，联合体各成员应当信用记录查询，联合体成员存在不良信用记录的，视同联合体存在不良信用记录。 2. 各级财政部门应当在评审专家选聘及日常管理中查询相关主体信用记录，对具有行贿、受贿、欺诈等不良信用记录人员不得聘用为评审专家，已聘用的应当及时解聘。	财政部

· 222 ·

第五章 资本项目外汇管理

续表

惩戒措施	法律及政策依据	实施单位
	依法自行选定评审专家的，采购人或者采购代理机构查询有关信用记录，不得选定具有行贿、受贿、欺诈等不良信用记录的人员。 3. 采购人委托采购代理机构办理政府采购事宜的，应当查询其信用记录，优先选择无不良信用记录的采购代理机构。 4. 采购人及采购代理机构应当妥善保管相关主体信用信息，不得用于政府采购以外事宜。	
（四）作为选择参与政府和社会资本合作的参考	1. 中共中央、国务院关于深化投融资体制改革的意见（中发〔2016〕18号） （九）鼓励政府和社会资本合作。各地区各部门可以根据需要和财力状况，通过特许经营、政府购买服务等方式，在交通、环保、医疗、养老等领域采取单个项目、组合项目、连片开发等多种形式，扩大公共产品和服务供给。要合理把握价格、财务、法律等方面专业机构作用，提高项目决策的科学性，稳定项目预期收益。要发挥工程咨询、金融等方面的政策支持力度，充分发挥项目管理的专业性和项目实施的有效性。 （十六）健全监管约束机制。地方政府要严格履行主体责任，项目主管部门和行业管理部门，明确监管责任，整合监管力量，注重发挥投资主管部门综合监管职能，实现协同监管。依托投资项目在线审批监管平台，加强项目建设全过程监管，确保项目合法开工、建设过程合规合存。各有关部门要完善规章制度，制定监管工作指南和操作规程，促进监管工作标准化、公开化。要严格执法。依法纠正和查处违法违规投资行为。实施投融资信用支付行为，纳入全国信用信息共享平台、"黑名单"，强化并提升相关主体信用承诺责任。建立异常警示意识和诚信意识，形成守信激励、失信惩戒的约束机制，促使相关切实强化责任，履行法定义务，确保投资建设市场安全高效运行。 2. 《关于在公共服务领域推广政府和社会资本合作模式的指导意见》（国办发〔2015〕42号） （十五）择优选择项目合作伙伴。对使用财政性资金作为社会资本对价的公共服务项目，地方政府应当根据预算法、合同法、政府采购法及其实施条例等法律法规规定，选择项目合作伙伴。依托政府采购信息平台，及时、充分向社会公布项目采购信息。综合评估项目合作伙伴的专业资质、管理经验、财务实力和信用状况等因素，依法选择诚实守信的合作伙伴。加强项目政府采购环节的监督管理。	公共服务领域的政府和社会资本合作项目，由财政部牵头负责；传统的基础设施领域的政府和社会资本合作项目，由发展改革委牵头负责。

续表

惩戒措施	法律及政策依据	实施单位
	理，保证采购过程公平、公正、公开。 (二十五) 搭建信息平台。地方各级人民政府要切实履行规划指导、识别评价、信息统计、专家库和项目年度建设等职责，建立统一信息发布平台，及时向社会公开项目实施情况等相关信息，确保项目实施信息公开透明，有序推进。	
(五) 供证券公司、基金管理公司、期货公司设立及变更持有5%以上股权的股东、实际控制人审批、私募投资基金管理人登记的参考；从严审核发行企业债券及公司债券；在上市公司或者非上市公众公司收购的事中事后监管中，对有严重失信行为的生产经营单位予以重点关注	1.《国务院关于建立完善守信联合激励和失信联合惩戒制度加快推进社会诚信建设的指导意见》（国发[2016]33号） (十) 依法依规加强对失信行为的行政性约束和惩戒。对严重失信主体，各地区、各有关部门要切实依法依规采取行政性约束和惩戒措施。从严审核行政许可项目，限制生产许可证发放，限制新增项目审批、核准，限制股票发行上市融资或发起设立或参股金融机构，融资担保公司、创业投资公司、互联网融资平台等机构，限制从事互联网信息服务等。严格限制申请财政性资金项目，限制参与有关公共资源交易活动，限制参与基础设施和公用事业特许经营。对严重失信企业及其法定代表人、主要负责人和对失信行为负有直接责任的注册执业人员实施市场和行业禁入措施。及时撤销严重失信企业的董事、股东等人员的荣誉称号，取消参加评先评优资格。 2.《国家发展改革委关于推进企业债券市场发展、简化发行核准程序有关事项的通知》（发改财金[2008]7号） 第二条第（七）项：企业公开发行企业债券应符合下列条件： (一) 股份有限公司的净资产不低于人民币3 000万元，有限责任公司和其他类型企业的净资产不低于人民币6 000万元； (二) 累计债券余额不超过企业净资产（不包括少数股东权益）的40%； (三) 最近三年可分配利润（净利润）足以支付企业债券一年的利息； (四) 筹集资金的投向符合国家产业政策和行业发展方向，所需相关手续齐全。用于固定资产投资项目的，应符合固定资产投资项目资本金制度的要求，原则上累计发行额不得超过该项目总投资的60%。用	国家发展改革委、中国证监会

续表

惩戒措施	法律及政策依据	实施单位
（五）供证券公司、基金管理公司、期货公司设立及变更登记依据参考；从严审核发行公司债券及公众公司非公开发行公司债券及在上市公司或者非上市公众公司收购的审核事项中，对有严重失信行为的生产经营单位予以重点关注	于收购产权（股权）的，比照该比例执行。用于调整债务结构的，不受该比例限制，但企业应提供银行同意以债务还贷的证明；用于补充企业营运资金的，不超过发债总额的20%； （五）债券的利率充分根据市场情况确定，但不得超过国务院限定的利率水平； （六）已发行的债券或者其他债务处于违约或者延迟支付本息的状态； （七）最近三年没有重大违法违规行为。 3.《国家发展改革委 人民银行 中央编办关于在行政管理事项中使用信用记录和信用报告的若干意见》（发改财金[2013]920号） 第二条 切实发挥在行政管理事项中使用信用记录和信用报告的作用 各级政府、各相关部门应将相关市场主体所提供的信用记录或信用报告作为其实施行政管理的重要参考。对守信者，应探索实行优先办理、简化程序、"绿色通道"和重点支持激励政策；对失信者，应结合失信类别和程度，严肃落实失信惩戒制度规范。 对食品药品安全、环境保护、产品质量、医疗卫生、工程建设、教育科研、电子商务、股权投资、融资担保等关系到人民群众切身利益、经济健康发展和社会和谐稳定的重点领域，各级政府、各相关部门应先推进在行政管理事项中使用相关市场主体的信用记录和信用报告。 第三条 探索完善在行政管理事项中使用信用报告的制度规范 各级政府、各相关部门应结合地方和部门实际，在政府采购、招标投标、行政审批、市场准入、资质审核等行政管理事项中依法要求相关市场主体提供第三方信用服务机构出具的信用记录或信用报告，研究明确信用服务机构或信用报告的主要内容和运用规范。 第五条 不断健全全社会守信激励和失信惩戒的联动机制 各级政府、各相关部门要树立大局意识，把在行政管理事项中使用信用记录和信用报告工作纳入重要工作日程。要加强协同配合，推动形成信用应用的联动机制，跨区域应用和运用联动机制，逐步建立健全全社会守信激励和失信惩戒联动机制。 4.《中华人民共和国证券法》	国家发展改革委、中国证监会

· 225 ·

续表

惩戒措施	法律及政策依据	实施单位
(五) 供证券、基金管理公司、期货公司设立及变更持有5%以上股权的股东、实际控制人审批、私募投资基金管理人登记的依据参考；从严审核发行企业债券及公司债券；在上市公司或者非上市公众公司收购中事中事后监管中，对有严重失信行为的生产经营单位予以重点关注	第十六条 公开发行公司债券，应当符合下列条件： (一) 股份有限公司的净资产不低于人民币3 000万元，有限责任公司的净资产不低于人民币6 000万元； (二) 累计债券余额不超过公司净资产的40%； (三) 最近三年平均可分配利润足以支付公司债券一年的利息； (四) 筹集的资金投向符合国家产业政策； (五) 债券的利率不超过国务院限定的利率水平； (六) 国务院规定的其他条件。 公开发行公司债券筹集的资金，必须用于核准的用途，不得用于弥补亏损和非生产性支出。 上市公司发行可转换为股票的公司债券，除应当符合本法第一款规定的条件外，还应当符合本法关于公开发行股票的条件，并报国务院证券监督管理机构核准。 第一百二十四条 设立证券公司，应当具备下列条件： (一) 有符合法律、行政法规规定的公司章程； (二) 主要股东具有持续盈利能力，信誉良好，最近三年无重大违法违规记录，净资产不低于人民币2亿元； (三) 有符合本法规定的注册资本； (四) 有董事、监事、高级管理人员具备任职资格，从业人员具有证券从业资格； (五) 有完善的风险管理与内部控制制度； (六) 有合格的经营场所和营业设施； (七) 法律、行政法规规定的和经国务院批准的国务院证券监督管理机构规定的其他条件。 5.《中华人民共和国证券投资基金法》 第四条 从事证券投资基金活动，应当遵循自愿、公平、诚实信用的原则，不得损害国家利益和社会公共利益。 第十三条 设立管理公开募集基金的基金管理公司，应当具备下列条件：	国家发展改革委、中国证监会

第五章 资本项目外汇管理

续表

惩戒措施	法律及政策依据	实施单位
(五) 供证券、基金管理公司、期货公司设立及变更参股5%以上股权的股东、实际控制人审批、私募投资基金管理人登记的依据；从严审核发行企业债券及公司债券、在上市公司或者非上市公众公司收购的事中事后监管中，对有严重失信行为的生产经营单位予以重点关注	构批准： (一) 有符合本法和《中华人民共和国公司法》规定的章程； (二) 注册资本不低于1亿元人民币，且必须为实缴货币资本； (三) 主要股东应当具有经营金融业务或者经营资产管理业务的良好业绩，良好的财务状况和社会信誉，资产规模达到国务院规定的标准，最近三年没有违法违规记录； (四) 取得基金从业资格的人员达到法定人数； (五) 董事、监事、高级管理人员具备相应的任职条件； (六) 有符合要求的营业场所、安全防范设施和与基金管理业务有关的其他设施； (七) 有良好的内部治理结构、完善的内部稽核监控制度、风险控制制度； (八) 法律、行政法规规定的和经国务院批准的国务院证券监督管理机构规定的其他条件。 6.《期货交易管理条例》 第十六条 申请设立期货公司，应当符合《中华人民共和国公司法》的规定，并具备下列条件： (一) 注册资本最低限额为人民币3 000万元； (二) 董事、监事、高级管理人员具备任职资格，从业人员具有期货从业资格； (三) 有符合法律、行政法规规定的公司章程； (四) 主要股东以及实际控制人具有持续盈利能力，信誉良好，最近三年无重大违法违规记录； (五) 有合格的经营场所和业务设施； (六) 有健全的风险管理和内部控制制度； (七) 国务院期货监督管理机构规定的其他条件。 国务院期货监督管理机构根据审慎监管原则和各项业务的风险程度，可以提高注册资本最低限额。注册资本应当是实缴资本。股东应当以货币或者期货公司经营必需的非货币财产出资，货币出资比例不得低于85%。 国务院期货监督管理机构应当在受理期货公司设立申请之日起6个月内，根据审慎监管原则进行审查，	国家发展改革委、中国证监会

续表

惩戒措施	法律及政策依据	实施单位
（五）供证券公司、基金管理公司、期货公司设立及变更持有5%以上股权的股东、实际控制人审批，私募投资基金管理人登记备案的依据；从严审核发行公司债券及在上市公司或者非上市公众公司收购的事中事后监管中，对有严重失信行为的生产经营单位予以重点关注	做出批准或者不批准的决定。未经国务院期货监督管理机构批准，任何单位和个人不得成为持有证券公司5%以上股权的股东、实际控制人，任何单位和个人不得委托或者接受他人委托持有或者管理期货公司的股权。 7.《证券公司监督管理条例》 第十条 有下列情形之一的单位或者个人，不得成为持有证券公司5%以上股权的股东、实际控制人： （一）因故意犯罪被判处刑罚，刑罚执行完毕未逾3年； （二）净资产低于实收资本的50%，或者负债达到净资产的50%； （三）不能清偿到期债务； （四）国务院证券监督管理机构认定的其他情形。 证券公司的其他股东应当符合国务院证券监督管理机构的相关要求。 8.《证券投资基金管理公司管理办法》 第七条 申请设立基金管理公司，出资或者持有股份占基金管理公司注册资本的比例（以下简称持股比例）在5%以上的股东，应当具备下列条件： （一）注册资本、净资产不低于1亿元人民币，资产质量良好； （二）持续经营3个以上完整的会计年度，公司治理健全，内部监控制度完善； （三）最近三年没有因违法违规行为受到行政处罚或者刑事处罚； （四）没有挪用客户资产等损害客户利益的行为； （五）没有因违法违规行为正在被监管机构调查，或者正处于整改期间，最近三年在金融监管、税务、工商等行政机关，以及自律管理、商业银行等机构无不良记录。 9.《期货公司监督管理办法》 第七条 持有5%以上股权的股东为法人或者其他组织的，应当具备下列条件： （一）实收资本和净资产均不低于人民币3 000万元；	国家发展改革委、中国证监会

· 228 ·

续表

惩戒措施	法律及政策依据	实施单位
(五)供证券公司、基金管理公司、期货公司设立及变更持有5%以上股权的股东、实际控制人审批，私募投资基金管理人登记的依据或参考；审核发行公司债券及非公开发行公司债券；在上市公司或非上市公众公司收购中事后监管中，对有严重失信行为的生产经营单位予以重点关注	(二)净资产不低于实收资本的50%，或负债总额低于净资产的50%，不存在对财务状况产生重大不确定影响的其他风险； (三)没有较大数额的到期未清偿债务； (四)近三年未因重大违法违规行为受到行政处罚或者刑事处罚； (五)未因涉嫌重大违法违规正在被有权机关(含金融机构)立案调查或者采取强制措施； (六)近三年作为公司(含金融机构)的股东或实际控制人，未有滥用股东权利、逃避股东义务等不诚信行为； (七)不存在中国证监会根据审慎监管原则认定的其他不适合持有期货公司及其股东公司股权的情形。 10.《上市公司收购管理办法》 第六条 任何人不得利用上市公司的收购损害被收购公司及其股东的合法权益。 有下列情形之一的，不得收购上市公司： (一)收购人负有数额较大债务，到期未清偿，且处于持续状态； (二)收购人最近三年有重大违法行为或者涉嫌有重大违法行为； (三)收购人最近三年有严重的证券市场失信行为； (四)收购人为自然人的，存在《公司法》第一百四十六条规定情形； (五)法律、行政法规规定以及中国证监会认定的不得收购上市公司的其他情形。 11.《私募投资基金监督管理暂行办法》 第三条 从事私募基金业务，应当遵循自愿、公平、诚实信用原则，维护投资者合法权益，不得损害国家利益和社会公共利益。 12.《非上市公众公司收购管理办法》 第六条 进行非上市公众公司收购，收购人及其实际控制人应当具有良好的诚信记录。收购人及其实际控制人为法人的，应当具有健全的公司治理合理机制。任何人不得利用公众公司收购损害被收购公司及其股东的合法权益。	国家发展改革委、中国证监会

续表

惩戒措施	法律及政策依据	实施单位
（六）从严审核在银行间市场发行债券	有下列情形之一的，不得收购公众公司： （一）收购人负有数额较大债务，到期未清偿，且处于持续状态； （二）收购人最近两年有重大违法行为或者涉嫌有重大违法行为； （三）收购人最近两年有严重的证券市场失信行为； （四）收购人为自然人的，存在《公司法》第一百四十六条规定的情形； （五）法律、行政法规规定以及中国证监会认定的不得收购公众公司的其他情形。 《全国银行间债券市场金融债券发行管理办法》 第七条 商业银行发行金融债券应具备以下条件： （一）具有良好的公司治理机制； （二）核心资本充足率不低于4%； （三）最近三年连续盈利； （四）贷款损失准备计提充足； （五）风险监管指标符合监管机构的有关规定； （六）最近三年没有重大违法、违规行为； （七）中国人民银行要求的其他条件。 根据商业银行 企业集团财务公司治理机制 第八条 中国人民银行可以豁免前款所规定的个别条件。 （一）具有良好的公司治理机制； （二）资本充足率不低于10%； （三）风险监管指标符合监管机构的有关规定； （四）最近三年没有重大违法、违规行为； （五）中国人民银行要求的其他条件。 第十一条 政策性银行发行金融债券应向中国人民银行报送下列文件： （一）金融债券发行申请报告； （二）发行人近三年经审计的财务报告及审计报告； （三）金融债券发行办法； （四）承销协议； （五）中国人民银行要求的其他文件。	人民银行

第五章 资本项目外汇管理

续表

惩戒措施	法律及政策依据	实施单位
（七）依法限制设立融资性担保公司；依法限制任职融资性担保机构的董事、监事、高级管理人员	1.《融资性担保公司管理暂行办法》 第三条　融资性担保公司应当以安全性、流动性、收益性为经营原则，建立市场化运作的可持续审慎经营模式。 融资性担保公司与企业、银行业金融机构等客户的业务往来，应当遵循诚实守信的原则，并遵守合同的约定。 第九条　设立融资性担保公司，应当具备下列条件： （一）有符合《中华人民共和国公司法》规定的章程； （二）有具备持续出资能力的股东； （三）有符合本办法规定的注册资本； （四）有符合任职资格的董事、监事、高级管理人员和合格的从业人员； （五）有健全的组织机构、内部控制和风险管理制度； （六）有符合营业要求的营业场所； （七）监管部门规定的其他审慎性条件。 董事、监事、高级管理人员和从业人员的资格管理办法由融资性担保业务监管部部际联席会议另行制定。 2.《融资性担保公司董事、监事、高级管理人员任职资格管理暂行办法》 第五条　融资性担保公司董事、监事、高级管理人员任职资格应当具备以下条件： （一）具有完全民事行为能力； （二）遵纪守法，诚实守信，勤勉尽职，具有良好的职业操守、品行和声誉； （三）熟悉经济、金融、担保的法律法规，具有良好的合规意识和审慎经营意识； （四）具有与拟任职务相适应的知识、经验和能力。 第六条　下列人员不得担任融资性担保公司董事、监事、高级管理人员： （一）有故意或重大过失犯罪记录的； （二）因违反职业操守或工作严重失职给所任职的机构造成重大损失或者恶劣影响的；	中国银监会、中国证监会、国家发展改革委、中国保监会、工业和信息化部、财政部、商务部、工商总局等相关部门

· 231 ·

续表

惩戒措施	法律及政策依据	实施单位
（七）依法限制设立金融资性担保公司；依法限制任职融资性担保公司或金融机构的董事、监事、高级管理人员	（三）最近五年担任因违法经营而被撤销、监管、高级管理人员，并负有个人责任的； （四）曾在履行工作职责时有提供虚假信息等违反诚信原则行为，或指使、参与所任职机构对抗依法监管或案件查处，情节严重的； （五）被取消董事、监事、高级管理人员任职资格或被禁止从事担保或金融行业工作的年限未满的； （六）提交虚假申请材料或明知不具备本办法规定的任职资格条件，采用欺骗、贿赂等不正当手段获得任职资格核准的； （七）个人或配偶有数额较大的到期未偿还债务的； （八）法律、法规规定的其他情形。 3.《银行业金融机构董事（理事）和高级管理人员任职资格管理办法》 第二条 本办法所称银行业金融机构（以下简称金融机构），是指在中华人民共和国境内设立的商业银行、农村合作银行、村镇银行、农村信用合作联社、农村信用合作社、企业集团财务公司、汽车金融公司、货币经纪公司、消费金融公司、信托公司、金融资产管理公司、金融租赁公司、贷款公司、农村信用社联合社、农村资金互助社、外资金融机构驻华代表机构以及经监管机构批准设立的其他金融机构。 在中华人民共和国境内设立的金融资产管理公司、信托公司、企业集团财务公司、金融租赁公司、汽车金融公司、货币经纪公司、消费金融公司、贷款公司、农村信用合作社联合社、省（自治区）农村信用社联合社、外国银行分行等吸收公众存款的金融机构以及经监管机构批准设立的其他金融机构的董事（理事）和高级管理人员的任职资格管理，适用本办法。 第三条 本办法所称高级管理人员，是指金融机构总部及分支机构管理层中对该机构经营管理、风险控制有决策权或重要影响力的各类人员。 第九条第（二）项、第（三）项、第（五）项规定之一的，视为不符合本办法和高级管理人员拟任、现任董事（理事）和高级管理人员出现下列情形之一的，视为不符合本办法第八条第（二）项、第（三）项、第（五）项规定的任职资格条件： （一）有故意或重大过失犯罪记录的； （二）有违反社会公德的不良行为，造成恶劣影响的；	中国银监会、中国证监会、国家发展改革委、中国保监会、工业和信息化部、财政部、商务部、工商总局等相关部门

第五章　资本项目外汇管理

续表

惩戒措施	法律及政策依据	实施单位
（七）依法限制设立金融资性担保公司；依法限制担保融资性担保机构的董事、监事、高级管理人员	（三）对曾任职机构违法违规经营活动或重大损失负有个人责任或直接领导责任，情节严重的； （四）担任或曾任职机构被接管、撤销、宣告破产或被吊销营业执照，但能够证明本人对曾任职机构被接管、撤销、宣告破产或被吊销营业执照不负有个人责任或者有恶劣影响的除外； （五）因违反职业道德、操守或本人工作严重失职，造成重大损失或者有恶劣影响的； （六）指使、参与所任职机构不配合依法监管或案件查处的； （七）被取消终身的董事（理事）和高级管理人员任职资格，或受到监管机构其他金融管理部门处罚累计达到两次以上的； （八）有本办法规定的不具备任职资格条件的情形，采用不正当手段获得任职资格的。 4.《保险公司董事、监事和高级管理人员任职资格管理规定》 第七条　保险机构董事、监事和高级管理人员应当具有诚实信用的品行、良好合规经营意识和履行职务必需的经营管理能力。	中国银监会、中国证监会、国家发展改革委、中国保监会、工业和信息化部、财政部、商务部、工商总局等相关部门
（八）设立保险公司审批参考；依法限制支付高额保费购买具有现金价值的保险产品	1.《保险法》 第六十八条　设立保险公司应当具备下列条件： （一）主要股东具有持续盈利能力、信誉良好，最近三年内无重大违法违规记录，净资产不低于人民币 2 亿元； （二）有符合本法和《中华人民共和国公司法》规定的章程； （三）有符合本法规定的注册资本； （四）有具备任职专业知识和业务工作经验的董事、监事和高级管理人员； （五）有健全的组织机构和管理制度； （六）有符合要求的营业场所和与经营业务有关的其他设施； （七）法律、行政法规和国务院保险监督管理机构规定的其他条件。	中国保监会

· 233 ·

续表

惩戒措施	法律及政策依据	实施单位
（九）供设立商业银行分行、代表处以及参股、收购商业银行审批时审慎性参考	《中华人民共和国外资银行管理条例》 第九条 拟设外商独资银行、中外合资银行、外国银行分行，代表处的外国银行应当具备下列条件： （一）具有持续盈利能力，信誉良好，无重大违法违规记录； （二）拟设外商独资银行的股东、中外合资银行的外方股东、外国银行分行、代表处的外国银行具有从事国际金融活动的经验； （三）具有有效的反洗钱制度； （四）拟设外商独资银行的股东、中外合资银行的外方股东或者拟设分行、代表处的外国银行受到所在国家或者地区金融监管当局的有效监管，并且其申请已经中经征得所在国家或者代表处的外国银行所在国家或者地区的金融监督管理机构规定的其他审慎性条件； （五）国务院银行业监督管理机构规定的其他审慎性条件。 拟设外商独资银行的股东、中外合资银行的外方股东或者拟设分行、代表处的外国银行所在国家或者地区应当具有完善的金融监督管理制度，并且其金融监督管理当局已经与国务院银行业监督管理机构建立良好的监督管理合作机制。	中国银监会
（十）中止境内国有控股上市公司股权激励计划或终止股权激励对象并取消其股权行权资格	《国有控股上市公司（境内）实施股权激励试行办法》 第三十四条 国有控股股东应依法行使股东权利，要求上市公司在发生以下情形之一时，中止实施股权激励计划，自发生之日起一年内不得向激励对象授予新的股权，激励对象也不得根据股权激励计划行使权利或获得收益： （一）企业年度绩效考核达不到股权激励计划规定的绩效考核标准； （二）国有资产监督管理机构或部门、董事会或监管部门对上市公司业绩或年度财务会计报告依法行使股东权利，提出终止新的股权激励计划的，受到证券监管及其他有关部门处罚。 第三十五条 股权激励对象有以下情形之一的，上市公司国有控股股东应依法行使股东权利，提出终止授予其股权并取消其股权行权资格： （一）违反国家有关法律法规、上市公司章程规定。 （二）任职期间，由于受贿索贿、贪污盗窃、泄露上市公司经营和技术秘密、实施关联交易损害上市公司利益、声誉和对上市公司形象有重大负面影响等违纪违法行为，给上市公司造成损失的。	国资委、财政部

续表

惩戒措施	法律及政策依据	实施单位
（十一）供外汇额度核准与管理时审慎性参考	《社会信用体系建设规划纲要（2014～2020年）》第二部分第（一）条 发挥政府诚信建设示范作用。各级人民政府首先要加强自身诚信建设，以政府的诚信施政，带动全社会诚信意识的树立和诚信水平的提高。在行政许可、政府采购、招标投标、劳动就业、社会保障、科研管理、干部选拔任用和管理监督、申请政府资金支持等领域，率先使用信用信息和信用产品，培育信用服务市场发展。	外汇局
（十二）供金融机构融资授信时审慎性参考	1.《征信业管理条例》 第十三条 采集个人信息应经信息主体本人同意，未经本人同意，不得采集。但是，依照法律、行政法规规定公开的信息除外。企业的董事、监事、高级管理人员与其履行职务相关的信息，不作为个人信息。 第十五条 金融债券发行应当由具有债券信用评级能力的信用评级机构进行信用评级。金融债券发行后信用评级机构应每年对该金融债券进行跟踪信用评级。如发生影响该金融债券信用评级的重大事项，信用评级机构应及时调整该金融债券的信用评级，并向投资者公布。 2.《全国银行间债券市场金融债券发行管理办法》 3.《贷款通则》 第十七条 借款人申请贷款，应当具备有市场、生产经营有效益、不挤占挪用信贷资金、恪守信用等基本条件，并且应当符合以下要求： （一）有按期还本付息的能力，原应付贷款利息和到期贷款已清偿；没有清偿的，已经做了贷款人认可的偿还计划。 （二）除自然人和不需要经工商部门核准登记的事业法人外，应当经过工商部门办理年检手续。 （三）已开立基本账户或一般存款账户。 （四）除国务院规定外，有限责任公司和股份有限公司对外股本权益性投资累计额未超过其净资产总额的50%。 （五）借款人的资产负债率符合贷款人的要求。 （六）申请中期、长期贷款的，新建项目的企业法人所有者权益与项目所需总投资的比例不低于国家规定的投资项目的资本金比例。	人民银行、中国银监会

惩戒措施	法律及政策依据	实施单位
（十二）供金融机构融资授信时审慎性参考	第二十二条 贷款人的权利 根据贷款条件和贷款程自主审查和决定贷款，除国务院批准的特定贷款外，有权拒绝任何单位和个人强令其发放贷款或者提供担保。 （一）要求借款人提供与借款有关的资料； （二）根据借款人提供的条件，决定贷与不贷、贷款金额、期限和利率等； （三）了解借款人的生产经营活动和财务活动； （四）依合同约定从借款人账户上划收贷款本金和利息； （五）借款人未能履行合同规定义务的，贷款人有权依合同约定要求借款人提前归还贷款或停止支付借款人尚未使用的贷款； （六）在贷款将受已受损失时，可依据合同规定，采取使贷款免受损失的措施。 4.《社会信用体系建设规划纲要（2014～2020年）》第二部分第（一）条 发挥政府诚信建设示范作用。各级人民政府首先要加强自身诚信建设，以政府的诚信施政，带动全社会诚信意识的树立和诚信水平的提高。在行政许可、政府采购、招标投标、劳动就业、社会保障、科研管理、干部选拔任用和管理监督、申请政府资金支持等领域，率先使用信用信息和信用产品，培育信用服务市场发展。 5.《国务院关于促进市场公平竞争维护市场正常秩序的若干意见》 （十五）建立健全守信信用激励和失信惩戒机制。将市场主体信用信息作为实施行政管理的重要参考。根据市场主体信用状况分级分类监管，动态监管，建立健全市场经营异常名录制度，对违背市场竞争原则和侵犯消费者、劳动者合法权益，对失信市场主体建立"黑名单"制度。（工商总局牵头负责）对失信市场主体在经营、投融资、取得政府供应土地、进出口、出入境、注册新公司、工程招投标、政府采购、获得荣誉、安全许可、生产许可、从业任职资格、资质审核等方面依法予以限制或禁止，对严重违法失信市场主体实行市场禁入制度。（各相关市场监管部门按职责分工分别负责）	人民银行、中国银监会

续表

惩戒措施	法律及政策依据	实施单位
（十三）享受优惠性行政策认定参考	《社会信用体系建设规划纲要（2014～2020年）》第五部分第一条 完善以奖惩制度为重点的社会信用体系运行机制。 运行机制是保障社会信用体系各系统协调运行的制度基础。其中，守信激励和失信惩戒机制直接作用于各个社会主体信用行为，是社会信用激励和失信惩戒运行的核心机制。 （一）构建守信激励和失信惩戒机制。 加强对守信主体的奖励和激励。加大对守信行为的表彰和宣传力度。按规定对诚信企业和模范个人给予表彰，通过新闻媒体广泛宣传，营造守信光荣的舆论氛围。发展改革、财政、金融、环境保护、住房城乡建设、交通运输、商务、工商、税务、质检、海关、安全监管、知识产权等部门，在市场监管和公共服务过程中，要深化信用信息和信用产品的应用，对诚实守信者实行优先办理、简化程序等"绿色通道"支持激励政策。 加强对失信主体的约束和惩戒。强化行政监管约束和惩戒。在现有行政处罚措施的基础上，健全失信惩戒制度。建立各行业黑名单制度和市场退出机制。推动各级人民政府在市场监管和公共服务的市场准入、资质认定、行政审批、政策扶持等方面实施信用分类监管，结合监管对象的失信类别和程度，使失信者受到惩戒。逐步建立行政许可申请人信用承诺制度，配合开展申请人信用审查，并开展信用核查工作。完善征信机构有偿信息采集工作，配合征信机构开展信用信息采集和披露制度。确保申请人在政府推荐的征信机构中有信用指标体系和评价方法。完善失信信息记录和披露机制，推动形成市场交易中受到惩戒，制定信用基准性约束和惩戒。通过行业协会制定行业自律规则并监督会员遵守。对违规的失信者，按照情节轻重，对行业性约束和个人会员警告、行业内通报批评、公开谴责等惩戒措施。推动形成社会性约束和惩戒。通过社会的声讨、约束社会震慑力，约束社会成员的失信行为。 建立失信行为有奖举报制度。切实落实对举报人的奖励，保护举报人的合法权益。 建立多部门，跨地区信用联合奖惩机制，加强对失信行为的披露和曝光，通过信用信息交换共享，实现多部门，跨地区信用奖惩联动，使守信者处处受益，失信者寸步难行。	国家发展改革委、商务部、海关总署、税务总局、质检总局

续表

惩戒措施	法律及政策依据	实施单位
（十四）依法限制参与基础设施和公用事业特许经营	《基础设施和公用事业特许经营管理办法》（国家发展和改革委员会令第25号） 第十七条 实施机构应当公平择优选择特许经营者。特许经营者其他组织作为特许经营者，具有相应管理经验、专业能力、融资实力以及信用状况良好的法人或者其他组织作为特许经营者。鼓励金融机构与参与竞争的特许经营者依据合同内外资法人等有关法律、行政法规规定。特许经营者选定的特许经营者，应当向社会公示。 第五十三条 特许经营者违反法律、行政法规和国家强制性标准，或者造成重大质量、安全事故或者突发环境事件的，有关部门应当责令限期改正并依法予以行政处罚；拒不改正，情节严重的，可以终止特许经营协议；构成犯罪的，依法追究刑事责任。 第五十六条 县级以上人民政府有关部门应当对特许经营者及其从业人员的不良行为建立信用记录，纳入全国统一的信用信息共享交换平台，对严重违法失信行为依法予以曝光，并会同有关部门实施联合惩戒。	国家发展改革委、财政部、住房城乡建设部、交通运输部、水利部、人民银行
（十五）依法限制取得政府供应土地	1.《国务院关于促进市场公平竞争维护市场正常秩序的若干意见》（国发〔2014〕20号） 建立健全守信激励和失信惩戒机制。将市场主体的信用状况作为实施行政管理的重要参考。根据市场主体信用状况实行分级、动态监管。建立健全经营异常名录制度，对违背市场竞争原则和侵犯消费者、劳动者合法权益的市场主体建立"黑名单"制度。对守信主体予以支持和激励，对失信主体任经营、投融资、取得政府供应土地、进出口、出入境、注册新公司、工程招投标、政府采购、获得荣誉、安全许可、生产许可、从业任职资格、资质审核等方面依法予以限制或禁止，严重违法失信主体实行市场禁入制度。 2.《国务院办公厅关于运用大数据加强对市场主体服务和监管的若干意见》（国办发〔2015〕51号） 建立健全失信联合惩戒机制。各级人民政府应将使用信用信息和信用报告嵌入行政管理和公共服务各领域、各环节，作为必要条件或重要参考依据。充分发挥行政、司法、金融、社会等领域的综合监管效能，在市场准入、行政审批、资质认定、银行信贷、招标投标、国有土地出让、企业上市、税收征管、格评审、政府采购、政府购买服务、财政补贴和税收优惠政策、电子商务、产品质量、食品药品安全、知识产权、社保缴费、外汇管理、劳动用工、价格制定、治安管理、人口管理、出入境管理、授予荣誉称号等方面，建立跨部门联动响应和失	国土资源部

惩戒措施	法律及政策依据	实施单位
（十五）依法限制取得政府供应土地	信约束机制，对违法失信主体依法予以限制或禁入，申请人良好的信用状况作为各类行政许可的必备条件。 3.《企业信息公示暂行条例》（中华人民共和国国务院令第654号） 第十八条 县级以上地方人民政府及其有关部门应当建立健全信用约束机制，在政府采购、工程招投标、国有土地出让、授予荣誉称号等工作中，将企业信息信用作为重要考量因素，对被列入经营异常名录或者严重违法企业名单的企业依法予以限制或者禁入。	国土资源部
（十六）依法限制参与工程建设项目投标活动	1.《工程建设项目施工招标投标办法》（国家发展计划委员会、国家发展和改革委员会令第30号，国家发展和改革委员会令第23号） 第二十条 资格审查应主要审查潜在投标人或者投标人是否符合下列条件： （一）具有独立订立合同的权利； （二）具有履行合同的能力，包括专业、技术资格和能力，资金、设备和其他物质设施状况，管理能力，经验，信誉和相应的从业人员； （三）没有处于被责令停业，投标资格被取消，财产被接管、冻结，破产状态； （四）在最近三年内没有骗取中标和严重违约及重大工程质量问题； （五）国家规定的其他资格条件。 资格审查时，招标人不得以不合理的条件限制、排斥潜在投标人或者投标人，不得对潜在投标人实行歧视待遇。任何单位和个人不得以行政手段或者其他方式限制投标人的数量。 2.《国务院关于印发社会信用体系建设规划纲要（2014—2020年）的通知》（国发〔2014〕21号） 招标投标领域信用建设。扩大招标投标信用信息公开和共享范围，进一步贯彻落实招标投标违法行为记录公告制度，健全招标投标信用奖惩联动机制。依托电子招标投标系统及其公共服务平台，实现招标投标信用信息和合同履行等信用信息的互联互通，实时交换和整合共享。鼓励市场主体运用基本信用信息和第三方信用评价结果，并将其作为投标人资格审查、评标、定标和合同签订的重要依据。	国家发展改革委、工业和信息化部、住房城乡建设部、交通运输部、水利部、商务部、民航局、铁路总公司

续表

惩戒措施	法律及政策依据	实施单位
(十六) 依法限制参与政府投资工程建设项目投标活动	3.《国务院办公厅关于运用大数据加强对市场主体服务和监管的若干意见》(国办发〔2015〕51号) 建立健全失信联合惩戒机制。各级人民政府应将使用信用信息和信用报告人行政管理和公共服务的各领域、各环节、在市场准入、行政审批、资质认定、享受财政资金补贴和税收优惠政策、银行信贷、招标投标、政府采购、政府购买服务、国有土地出让、电子商务、价格制定、外汇缴费、劳动用工、人口管理、出入境管理、治安管理、环境保护、对违法失信主体依法予以限制或禁入。建立各行业"黑名单"制度和市场退出机制，推动各类奖惩名称号荣誉和失信约束机制，对违法失信状况作为各类行政许可的必备条件。信用良好状况作为各类行政许可的必备条件。	国家发展改革委、工业和信息化部、司法部、金融、社会等领域的综合监管的企业法定代表人和负责人任职资格、货物通关、食品药品安全、消费安全、知识产权、建立跨部门联动响应和失信企业出入境管理等方面，建立各行业"黑名单"制度和市场退出机制，推动民航局、商务部、铁路总公司
(十七) 依法限制受让收费公路权益	《收费公路权益转让办法》 第十二条 公路收费权的受让方应当具备下列条件: (一) 财务状况良好，企业所有者权益不低于受让所在项目实际造价的35%; (二) 商业信誉良好，在经济活动中无有重大违法违规行为; (三) 法律、法规规定的其他条件。 单独转让公路收费权广告经营权、服务设施经营权时，其受让方应当具备的条件，按照地方性法规和省级人民政府规章执行。	交通运输部
(十八) 依法限制成为海关认证企业	1.《关于公布〈海关认证企业标准〉的公告》(海关总署公告2014年第82号) 《海关认证企业标准(一般认证)》第(九)项 未有不良信用:连续一年在工商、商务、税务、银行、外汇、黑名单企业。或者其企业法定代表人(负责人)、负责关务的高级管理人员、财务负责人经营异常名录、失信企业名单、失信企业人员名单信用外部门信用:企业或者其企业法定代表人(负责人)、负责关务的高级管理人员、财务负责人被列入经营异常名录，失信企业人员名单、失信企业人员名单。 《海关认证企业标准(高级认证)》第(九)项 未有不良信用:连续一年在工商、商务、税务、银行、外汇、公安、检察院、法院等部门信用:企业或者其企业法定代表人(负责人)、负责关务的高级管理人员、财务负责人被列入经营异常名录，失信企业人员名单、失信企业人员名单。	海关总署

第五章 资本项目外汇管理

续表

惩戒措施	法律及政策依据	实施单位
（十八）依法限制成为海关认证企业	2.《国务院关于促进市场公平竞争维护市场正常秩序的若干意见》（国发〔2014〕20号）建立健全信用状况实行分类分级、动态监管，建立健全经营异常名录制度。将市场主体信用状况作为实施行政管理的重要参考。根据市场主体信用激励和失信惩戒机制，对违背市场竞争原则和侵犯消费者、劳动者合法权益的市场主体建立"黑名单"制度。对守信主体予以支持和激励，对失信主体经营、投融资、取得政府供应土地、进出口，注册新公司、工程招投标、政府采购、获得荣誉、安全许可、生产许可、资质审核等方面依法予以限制或禁止，对严重违法失信主体实行市场禁入制度。	海关总署
（十九）加大进出口货物监管力度	《国务院关于促进市场公平竞争维护市场正常秩序的若干意见》（国发〔2014〕20号）（十五）建立健全信用状况实行分类分级、动态监管、建立健全经营异常名录制度。根据市场主体守信激励和失信惩戒机制。将市场主体建立"黑名单"制度。（工商总局牵头负责）对守信主体予以支持和激励，对失信主体经营、投融资、取得政府供应土地、进出口，注册新公司、工程招投标、政府采购、获得荣誉、安全许可、生产许可、资质审核等方面依法予以限制或禁止，对严重违法失信主体实行市场禁入制度。（各相关市场监管部门按职责分工分别负责）	海关总署、质检总局
（二十）依法限制取得安全生产许可证	1.《国务院关于促进市场公平竞争维护市场正常秩序的若干意见》（国发〔2014〕20号）（十五）建立健全信用状况实行分类分级、动态监管，建立健全经营异常名录制度。根据市场主体守信激励和失信惩戒机制。将市场主体建立"黑名单"制度。（工商总局牵头负责）对守信主体予以支持和激励，对失信主体经营、投融资、取得政府供应土地、进出口，注册新公司、工程招投标、政府采购、获得荣誉、安全许可、生产许可、资质审核等方面依法予以限制或禁止，对严重违法失信主体实行市场禁入制度。（各相关市场监管部门按职责分工分别负责） 2.《安全生产许可证条例》 第六条 企业取得安全生产许可证，应当具备下列安全生产条件： （一）建立、健全安全生产责任制，制定完备的安全生产规章制度和操作规程；	安全监管总局、住房城乡建设部等相关部门

续表

惩戒措施	法律及政策依据	实施单位
（二十）依法限制取得安全生产许可证	（二）安全投入符合安全生产要求； （三）设置安全生产管理机构，配备专职安全生产管理人员； （四）主要负责人和安全管理人员经考核合格； （五）特种作业人员经有关主管部门考核合格，取得特种作业操作资格证书； （六）从业人员经安全生产教育和培训合格； （七）依法参加工伤保险，为从业人员缴纳保险费； （八）厂房、作业场所和安全设施、设备、工艺符合有关安全生产法律、法规、标准和规程的要求； （九）有职业危害防治措施，并为从业人员配备符合国家标准或者行业标准的劳动防护用品； （十）依法进行安全评价； （十一）有重大危险源检测、评估、监控措施和应急预案； （十二）有生产安全事故应急救援预案、应急救援组织或者应急救援人员，配备必要的应急救援器材、设备； （十三）法律、法规规定的其他条件。	安全监管总局，住房城乡建设部等相关部门
（二十一）依法限制取得生产许可等许可	1.《工业产品生产许可证管理条例》 第九条 企业取得生产许可证，应当符合下列条件： （一）有营业执照； （二）有与生产所生产产品相适应的专业技术人员； （三）有与生产所生产产品相适应的生产条件和检验检疫手段； （四）有与生产所生产产品相适应的技术文件和工艺文件； （五）有健全有效的质量管理制度和责任制度； （六）产品符合有关国家标准、行业标准以及保障人体健康和人身、财产安全的要求； （七）符合国家产业政策的规定，不存在国家明令淘汰和禁止投资建设的落后工艺、高耗能、污染环境、浪费资源的情况。	质检总局

第五章 资本项目外汇管理

续表

惩戒措施	法律及政策依据	实施单位
（二十一）依法限制取得生产许可等许可	法律、行政法规有其他规定的，还应当符合其规定。 2.《国务院关于促进市场公平竞争维护市场正常秩序若干意见》（国发〔2014〕20号）（十五）建立健全守信激励和失信惩戒机制。动态监管。将市场主体的信用状况作为实施行政管理的重要参考。根据市场主体信用状况实行分级分类监管，对守信信用主体予以支持和激励，对失信者、劳动者合法权益的市场主体建立"黑名单"制度。（工商总局牵头负责）对违背市场竞争原则和侵犯消费者、劳动者合法权益的市场主体建立"黑名单"制度，取得政府供应土地、进出口、注册新公司、工程招投标、政府采购、投融资、安全许可、生产许可、获得荣誉、资质审核等方面依法予以限制或禁止，对严重违法失信主体实行市场禁入制度。（各相关市场监管部门按职责分工分别负责）	质检总局
（二十二）依法加强检验检疫信用监管	1.《出入境检验检疫企业信用管理办法》 第三条 企业信用信息包括企业基本信息、企业守法信息、企业质量管理能力信息、产品质量信息、检验检疫监管信息、社会对企业信用评价信息包括行政管理部门情况通报、媒体报道及社会公众举报投诉等情况。 （六）社会对企业信用评价信息包括行政管理部门情况通报、媒体报道及社会公众举报投诉等情况。 2.《国务院关于促进市场公平竞争维护市场正常秩序若干意见》（国发〔2014〕20号）（十五）建立健全守信激励和失信惩戒机制。动态监管。根据市场主体信用状况实行分级分类监管，对守信信用主体予以支持和激励，对失信者、劳动者合法权益的市场主体建立"黑名单"制度，取得政府供应土地、进出口、注册新公司、工程招投标、政府采购、投融资、安全许可、生产许可、获得荣誉、资质审核等方面依法予以限制或禁止，对严重违法失信主体实行市场禁入制度。（各相关市场监管部门按职责分工分别负责） 3.《社会信用体系建设规划纲要（2014~2020年）》加强对失信主体的约束和惩戒。强化行政监管约束和惩戒。推动各级人民政府在市场监管和公共服务中，在现有行政处罚措施的基础上，健全失信惩戒制度，建立各行业黑名单制度和市场退出机制。推动各级人民政府在市场监管和公共服务中，结合监管对象的信用类别和程度，使失信者受到惩戒。	质检总局

续表

惩戒措施	法律及政策依据	实施单位
（二十三）依法限制担任国有企业法定代表人、董事、监事	《中华人民共和国企业国有资产法》 第二十三条 履行出资人职责的机构任命或者建议任命的董事、监事、高级管理人员，应当具备下列条件： （一）有良好的品行； （二）有符合职位要求的专业知识和工作能力； （三）有能够正常履行职责的身体条件； （四）法律、行政法规规定的其他条件。 董事、监事、高级管理人员在任职期间出现不符合前款规定情形或者出现《中华人民共和国公司法》规定的不得担任公司董事、监事、高级管理人员职务的情形的，履行出资人职责的机构应当依法子以免职或者提出免职建议。	国资委、财政部等相关部门
（二十四）依法限制登记为事业单位法定代表人	1.《中央编办关于批转〈事业单位、社会团体及企业等组织利用国有资产举办事业单位设立登记办法（试行）〉的通知》（中央编办发〔2015〕132号） 第四条 登记事项要求：（四）法定代表人。应当是具有完全民事行为能力的中国公民，且为该单位主要行政负责人，年龄一般不超过70周岁，无不良信用记录。担任过其他机构法定代表人的，在任职期间，该机构无不良信用记录。 党政机关领导干部在职或退休后拟担任法定代表人的，应当符合干部管理有关规定。 2.《事业单位登记管理暂行条例实施细则》（中央编办发〔2014〕4号） 第三十一条 事业单位的主要行政负责人，违反法律、法规和政策规定产生的事业单位主要行政负责人，不得担任事业单位法定代表人： （一）具有完全民事行为能力的自然人； （二）该事业单位法定代表人。	中央编办
（二十五）加强日常监管检查	1.《社会信用体系建设规划纲要（2014～2020年）》第五部分第一条 完善奖惩制度为重点的社会信用体系运行机制。 运行机制是保障社会信用体系各系统协调运行的制度基础。其中，守信激励和失信惩戒机制直接作用	相关市场监管、行业主管部门

第五章 资本项目外汇管理

续表

惩戒措施	法律及政策依据	实施单位
（二十五）加强日常监管检查	干各个社会主体信用行为，是社会信用体系运行的核心机制。（同第十一项的法律依据） 2.《国务院关于建立完善守信联合激励和失信联合惩戒制度加快推进社会诚信建设的指导意见》（国发〔2016〕33号） （十）依法依规加强对失信行为的行政性约束和惩戒。依法依规采取行政性约束和惩戒措施。从严审核发行债券、限制发行股票以及小额贷款机构以及参股金融机构，核准、限制股票发行债券、限制在全国股份转让系统挂牌融资，限制发起设立或参股设立金融机构、融资担保公司、创业投资公司、互联网融资平台等机构，限制从事互联网信息服务、严格限制申请财政性资金项目，限制参与有关公共资源交易活动，限制参与基础设施和公用事业特许经营。对严重失信当事人，主要负责人及其法定代表人、负责人、直接责任人员实施市场和行业禁入措施。及时撤销严重失信企业及其法定代表人、股东等人员的荣誉称号，取消参加评先评优资格。	相关市场监管、行业主管部门
（二十六）通过主要新闻网站向社会公布	1.《中华人民共和国政府信息公开条例》 第九条 行政机关对符合下列基本要求之一的政府信息应当主动公开： （一）涉及公民、法人或者其他组织切身利益的； （二）需要社会公众广泛知晓或者参与的； （三）反映本行政机关机构设置、职能、办事程序等情况的； （四）其他依照法律、法规和国家有关规定应当主动公开的。 2.《互联网新闻信息服务管理规定》 第三条 互联网新闻信息服务单位从事互联网新闻信息服务，应当遵守宪法、法律和法规，坚持为人民服务，为社会主义服务的方向，坚持正确舆论导向，维护国家民族尊严，推动经济社会发展，促进社会进步的健康、文明的新闻信息。 国家鼓励互联网新闻信息服务单位传播有益于提高民族素质、推动经济发展、促进社会进步的健康、文明的新闻信息。	中央网信办

续表

惩戒措施	法律及政策依据	实施单位
（二十七）依法限制招录（聘）为公务员或事业单位工作人员	1.《中华人民共和国公务员法》 第十二条 公务员应当履行下列义务： （一）模范遵守宪法和法律； （二）按照规定的权限和程序认真履行职责，努力提高工作效率； （三）全心全意为人民服务，接受人民监督； （四）维护国家的安全、荣誉和利益； （五）忠于职守，勤勉尽责，服从和执行上级依法做出的决定和命令； （六）保守国家秘密和工作秘密； （七）遵守纪律，恪守职业道德，模范遵守社会公德； （八）清正廉洁，公道正派； （九）法律规定的其他义务。 第二十四条 下列人员不得录用为公务员： （一）曾因犯罪受过刑事处罚的； （二）曾被开除公职的； （三）有法律规定不得录用为公务员的其他情形的。 2.《公务员录用规定（试行）》 第十六条 报考公务员，应当具备下列资格条件： （四）具有良好的品行； （八）省级以上公务员主管部门规定的拟任职位所要求的资格条件； （九）法律、法规规定的其他条件。	中央组织部、人力资源社会保障部、公务员局等相关部门

续表

惩戒措施	法律及政策依据	实施单位
（二十八）依法限制参评文明单位、道德模范	1.《社会信用体系建设规划纲要（2014～2020年）》第五部分第一条 完善以奖惩制度为重点的社会信用体系运行机制。其中，守信激励和失信惩戒机制直接作用于各个社会主体信用行为，是社会信用体系运行机制的核心机制。（同十一条的依据） 2.《国务院关于建立完善守信联合激励和失信联合惩戒制度加快推进社会诚信建设的指导意见》（国发〔2016〕33号） （十）依法依规加强对失信行为的行政性约束和惩戒。对严重失信主体、各地区、各有关部门应将其列为重点监管对象，依法依规采取行政性约束和惩戒措施。从严审核行政许可审批项目，从严控制生产许可证发放、限制新增项目审批、核准，限制股票发行上市融资或发行债券、融资担保公司、创业投资公司、互联网融资平台融资，限制发起设立或参股金融机构以及小额贷款公司、融资担保公司、创业投资公司、互联网融资平台等机构，限制从事互联网信息服务等。严格限制申请财政性资金项目，限制参与有关公共资源交易活动，限制参与基础设施和公用事业特许经营。对严重失信企业及其法定代表人、主要负责人和对失信行为负有直接责任的注册执业人员等实施市场和行业禁入，及时撤销严重失信企业、股东等人员的荣誉称号，取消参加评先评优资格，高级管理人员执业资格。	中央宣传部、中央文明办

中国人民银行 国家外汇管理局关于人民币合格境外机构投资者境内证券投资管理有关问题的通知

银发〔2016〕227号

中国人民银行上海总部,各分行、营业管理部,各省会(首府)城市中心支行,各副省级城市中心支行;国家外汇管理局各省、自治区、直辖市分局、外汇管理部,计划单列市分局;国家开发银行,各政策性银行、国有商业银行、股份制商业银行,中国邮政储蓄银行:

为规范人民币合格境外机构投资者(以下简称人民币合格投资者)境内证券投资管理,根据《人民币合格境外机构投资者境内证券投资试点办法》(中国证券监督管理委员会 中国人民银行 国家外汇管理局第90号令)及相关规定,现就有关问题通知如下:

一、中国人民银行、国家外汇管理局及其分支机构依法对人民币合格投资者境内证券投资的投资额度(以下简称投资额度)、资金账户、资金收付等实施监督、管理和检查。

二、经中国证券监督管理委员会(以下简称证监会)许可投资境内证券市场的人民币合格投资者,应当委托其境内托管人(以下简称托管人)代为办理本通知所要求的相关手续。

同一人民币合格投资者可委托不超过三家托管人。委托多家托管人的,应指定一家托管人作为主报告人(仅有一家托管人的默认托管人为主报告人),负责代其统一办理投资额度备案和审批申请、主体信息登记等事项。

三、国家外汇管理局对单家人民币合格投资者投资额度实行备案或审批管理。

人民币合格投资者在取得证监会资格许可后，可通过备案的形式，获取不超过其资产规模或其管理的证券资产规模（以下统称资产规模）一定比例的投资额度（以下简称基础额度）；超过基础额度的投资额度申请，应当经国家外汇管理局批准。

境外主权基金、央行及货币当局等机构的投资额度不受资产规模比例限制，可根据其投资境内证券市场的需要获取相应的投资额度，实行备案管理。

四、人民币合格投资者基础额度标准如下：

（一）人民币合格投资者或其所属集团的资产（或管理的资产）主要在中国境外的，计算公式为：等值1亿美元＋近三年平均资产规模×0.2％－已获取的合格境外机构投资者额度（折合人民币计算，以下简称QFII额度）。

（二）人民币合格投资者或其所属集团的资产（或管理的资产）主要在中国境内的，计算公式为：50亿元人民币＋上年度资产规模×80％－已获取的QFII额度（折合人民币计算）。

以上汇率折算参照申请之日上月国家外汇管理局公布的各种货币对美元折算率计算。

中国人民银行、国家外汇管理局可综合考虑国际收支、资本市场发展及开放等因素，对上述标准进行调整。

五、人民币合格投资者基础额度内的投资额度备案，应当向主报告人提交以下材料：

（一）投资额度备案的情况说明，并填写"人民币合格境外机构投资者登记表"（见附件1）。

（二）经审计的人民币合格投资者近三年或上年度资产负债表（或管理的证券资产规模的审计报告等）。

（三）中国证监会资格许可证明文件复印件。

主报告人应认真履行职责，严格审核人民币合格投资者资产规模、已获取的QFII额度等证明性材料，并根据人民币合格投资者或其所属集团资产境内外分布情况，按标准准确核实其基础额度及拟备案的投资额度后，于每月10日前，将人民币合格投资者投资额度备案材料集中报国家外汇管理局备案（格式见附件2）。国家外汇管理局确认后将备案信息反馈给主报告人。

六、人民币合格投资者超过基础额度的投资额度申请，应通过主报告人向国家外汇管理局提交以下材料：

（一）主报告人及人民币合格投资者书面申请，详细说明增加额度的理由以及现有投资额度使用情况。

（二）人民币合格投资者有关托管人备案信息（格式见附件3）。

（三）经审计的人民币合格投资者近三年或上年度资产负债表（或管理的证券资产规模的审计报告等）。

（四）国家外汇管理局要求的其他材料。

人民币合格投资者应做好主报告人与其他托管人之间的额度分配，切实履行额度管理有关要求。

国家外汇管理局将定期在其政府网站（www.safe.gov.cn）公告人民币合格投资者投资额度情况。

七、本通知下发前已取得投资额度的人民币合格投资者，若提出增加投资额度申请，按以下程序办理：

（一）已取得的投资额度未超过基础额度的：若已取得的投资额度加上申请增加的投资额度之和仍未超过基础额度，按本规定第五条要求办理备案手续；若已取得的额度加上申请增加的投资额度超过基础额度，按本规定第六条要求报国家外汇管理局批准。

（二）已获批的投资额度超过基础额度的，按本规定第六条要求报国家外汇管理局批准。

八、人民币合格投资者投资额度实行余额管理，即人民币合格投资者累计净汇入资金不得超过经备案或批准的投资额度。

九、除开放式基金外，人民币合格投资者其他产品（或资金）投资本金锁定期为3个月。本金锁定期自人民币合格投资者累计汇入投资本金达到1亿元人民币之日起计算。

上述所称本金锁定期是指禁止人民币合格投资者将投资本金汇出境外的期限。

十、人民币合格投资者不得以任何形式转卖、转让投资额度给其他机构和个人使用。

人民币合格投资者投资额度自备案或批准之日起1年未能有效使用的，国家外汇管理局有权收回全部或部分未使用的投资额度。

十一、人民币合格投资者应根据《境外机构人民币银行结算账户管理办法》(银发〔2010〕249号文印发)、《中国人民银行关于境外机构人民币银行结算账户开立和使用有关问题的通知》(银发〔2012〕183号)等规定,开立一个境外机构人民币基本存款账户。

人民币合格投资者开立人民币基本存款账户后,应当选择具有合格境外机构投资者托管人资格的境内商业银行开立交易所证券市场交易资金结算专用存款账户和银行间债券市场交易资金结算专用存款账户,分别用于投资交易所证券市场和银行间债券市场。人民币合格投资者参与股指期货交易的,可以在期货保证金存管银行开立专门用于股指期货保证金结算的专用存款账户。

人民币合格投资者开立上述账户时,应当区分自有资金和由其提供资产管理服务的客户资金,并分别开立账户;设立开放式基金的,每只开放式基金应当单独开户。

十二、人民币合格投资者开立专用存款账户应当提供以下材料:

(一)中国证监会关于人民币合格投资者资格许可证明文件复印件。

(二)国家外汇管理局额度备案信息或批复文件。

(三)托管银行的托管资格书面文件。

(四)人民币合格投资者与托管银行的托管协议。

(五)中国人民银行要求的其他文件。

人民币合格投资者投资银行间债券市场参照中国人民银行公告〔2016〕第3号的有关规定执行。人民币合格投资者开立银行间债券市场交易资金结算专用存款账户的,还需同时提供进入银行间债券市场的备案通知书以及托管人的银行间债券市场结算代理资格许可书面文件。

十三、人民币合格投资者专用存款账户的收入范围是:人民币合格投资者从境外汇入的投资本金、出售证券所得、现金股利、利息收入、从依据本通知开立的其他专用存款账户划入的资金及中国人民银行和国家外汇管理局规定的其他收入。

人民币合格境外机构投资者专用存款账户的支出范围是:买入证券支付的价款、汇出本金和投资收益、支付投资相关税费、划出至依据本通知开立的其他专用存款账户的资金及中国人民银行和国家外汇管理局规定的其他支出。

十四、未经批准，人民币合格投资者专用存款账户与其境内其他账户之间不得划转资金；自有资金、客户资金和每只开放式基金账户之间不得划转资金。

未经批准，人民币合格投资者专用存款账户内的资金不得用于境内证券投资以外的其他目的。人民币合格投资者专用存款账户不得支取现金。

十五、人民币合格投资者依据本通知开立的银行结算账户内的资金存款利率，按照中国人民银行有关规定执行。

十六、人民币合格投资者有下列情形之一的，应在 1 个月内变现资产并关闭其账户，其相应的投资额度同时作废：

（一）中国证监会已撤销其资格许可。

（二）国家外汇管理局依法取消人民币合格投资者投资额度。

（三）中国人民银行、国家外汇管理局规定的其他情形。

十七、人民币合格投资者发起设立的开放式基金，可由托管人根据申购或赎回的轧差净额，每日为其办理相应的人民币汇入、汇出境外的手续。其他产品或资金可在锁定期结束后，委托托管人办理有关资金汇出入手续。

人民币合格投资者如需汇出已实现的累计收益，托管人可凭人民币合格投资者书面申请或指令、中国注册会计师出具的投资收益专项审计报告、完税或税务备案证明（若有）等，为其办理相关资金汇出手续。

十八、托管人在为人民币合格投资者办理资金汇出入时，应对相应的资金收付进行真实性与合规性审查，并切实履行反洗钱和反恐怖融资义务。

十九、人民币合格投资者应在首次获得投资额度之日起 10 个工作日内，通过主报告人，向主报告人所在地外汇管理部门申请特殊机构赋码并办理人民币合格投资者主体信息登记。因办理其他跨境或外汇收支业务已经获得特殊机构赋码的，无须重复申请。

托管人应按照《国家外汇管理局关于调整合格机构投资者数据报送方式的通知》（汇发〔2015〕45 号）的要求，报送人民币合格投资者相关的监管和统计数据。

二十、人民币合格投资者有下列情形之一的，主报告人应在 5 个工作日内向国家外汇管理局申请办理变更登记：

（一）人民币合格投资者名称、托管人等重要信息发生变更的。

（二）中国人民银行、国家外汇管理局规定的其他情形。

人民币合格投资者变更主报告人的，由新的主报告人负责为其办理变更登记手续。

人民币合格投资者或其主要股东、实际控制人受到其他监管部门（含境外）重大处罚，会对人民币合格投资者投资运作造成重大影响或相关业务资格被暂停或取消的，主报告人应及时向中国人民银行和国家外汇管理局报告。

二十一、托管人应当在业务发生之日起5个工作日内，向人民币跨境收付信息管理系统报送人民币合格投资者账户开销户信息，投资额度、资金跨境收付信息，以及境内证券投资资产配置情况信息等。

二十二、本通知要求报送的材料为中文文本。同时具有外文和中文译文的，以中文文本为准。

二十三、本通知自发布之日起实施，《中国人民银行关于实施〈人民币合格境外机构投资者境内证券投资试点办法〉有关事项的通知》（银发〔2013〕105号）、《国家外汇管理局关于人民币合格境外机构投资者境内证券投资试点有关问题的通知》（汇发〔2013〕9号）和《国家外汇管理局资本项目管理司关于发布〈人民币合格境外机构投资者额度管理操作指引〉的通知》（汇资函〔2014〕2号）同时废止。

附件：1. 人民币合格境外机构投资者登记表（内容详见光盘）
2. 投资额度备案表（内容详见光盘）
3. 人民币合格境外机构投资者托管人信息备案表（内容详见光盘）

国家外汇管理局关于境外机构投资者投资银行间债券市场有关外汇管理问题的通知

汇发〔2016〕12号

国家外汇管理局各省、自治区、直辖市分局、外汇管理部,深圳、大连、青岛、厦门、宁波市分局;各中资外汇指定银行:

为规范境外机构投资者投资境内银行间债券市场外汇管理,根据《中华人民共和国外汇管理条例》及相关规定,现就有关外汇管理事项通知如下:

一、本通知所称境外机构投资者,是指符合《中国人民银行公告》〔2016〕第3号要求,在中华人民共和国境外依法注册成立的商业银行、保险公司、证券公司、基金管理公司及其他资产管理机构等各类金融机构,上述金融机构依法合规面向客户发行的投资产品,以及养老基金、慈善基金、捐赠基金等中国人民银行认可的其他中长期机构投资者。

二、境外机构投资者投资境内银行间债券市场应办理登记。境外机构投资者在中国人民银行上海总部的备案通知书有效期内,通过其结算代理人在国家外汇管理局资本项目信息系统(以下简称系统)办理登记。结算代理人应留存境外机构投资者的备案通知书复印件备查。

结算代理人为境外机构投资者首次办理业务登记时,应在系统中查询境外机构投资者是否已有主体信息。没有主体信息的,结算代理人应向国家外汇管理局所在地分局(以下简称所在地外汇局)为境外机构投资者申请特殊机构赋码并办理主体信息登记。

结算代理人、意向投资金额等重要信息发生变化的,需办理变更登记。

其中：结算代理人发生变更的，由新的结算代理人持代理协议至原结算代理人所在地外汇局办理变更登记；意向投资金额及其他登记信息发生变化的，通过结算代理人在系统中办理变更登记。

境外机构投资者退出银行间债券市场投资的，由结算代理人向中国人民银行上海总部申请退出备案后，向外汇局申请注销登记。

三、结算代理人凭登记生成的业务凭证，为境外机构投资者开立专用外汇账户（账户性质代码：3400 境外机构/个人境内外汇账户）。

专用外汇账户收入范围是：境外机构投资者从境外汇入的本金、利息收入、从境外机构投资者人民币专用存款账户（以下简称人民币账户）购汇划入的资金及经国家外汇管理局批准的其他收入；支出范围是：结汇划入境外机构投资者人民币账户的资金、汇出境外的本金和收益及经国家外汇管理局批准的其他支出。

境外机构投资者专用外汇账户内的资金不得用于银行间债券市场投资以外的其他目的。

四、结算代理人凭登记生成的业务凭证和系统相关控制信息表的内容，为境外机构投资者办理资金汇出入和结售汇。境外机构投资者累计汇出外汇和人民币资金的比例应与累计汇入外汇和人民币资金的比例保持基本一致，上下波动不超过 10%。首笔汇出可不按上述比例，但汇出外汇或人民币金额不得超过累计汇入外汇或人民币金额的 110%。

五、结算代理人应按照《国家外汇管理局关于印发〈对外金融资产负债及交易统计制度〉的通知》（汇发〔2013〕43 号）、《国家外汇管理局关于发布〈金融机构外汇业务数据采集规范（1.0 版）〉的通知》（汇发〔2014〕18 号）、《国家外汇管理局关于印发〈通过银行进行国际收支统计申报业务实施细则〉的通知》（汇发〔2015〕27 号）以及数据报送规范（见附件），完整、准确、及时地报送境外机构投资者的相关数据。

六、境外机构投资者、结算代理人等有以下行为的，国家外汇管理局依据《中华人民共和国外汇管理条例》予以处罚：

（一）未按规定报告信息或数据，或报告信息或数据内容不全、不实，或提供虚假材料、数据或报告信息证明等；

（二）未按规定办理登记的；

（三）未按规定办理资金汇出（入）的；

（四）未按规定办理相关账户开立或关闭的；

（五）未按规定办理资金购结汇、收付汇的；

（六）未按规定进行国际收支统计申报的；

（七）违反国家外汇管理局其他规定的。

七、境外机构投资者根据本通知向国家外汇管理局及其分局、外汇管理部报送的材料应为中文文本。同时具有外文和中文文本的，以中文文本为准。

八、合格境外机构投资者（QFII）、人民币合格境外机构投资者（RQFII）投资银行间债券市场的相关外汇管理规定仍按照合格境外机构投资者、人民币合格境外机构投资者的现行外汇管理规定执行。

九、本通知由国家外汇管理局负责解释。

十、本通知自发布之日起实施。

各分局、外汇管理部应及时将本通知转发至辖内中心支局、支局、外资银行。各中资外汇指定银行应尽快将本通知转发各分支机构。

执行中如遇问题，请及时向国家外汇管理局反馈。

联系电话：010－68402258。

附件：境外机构投资者数据报送规范——账户信息（内容详见光盘）

二〇一六年五月二十七日

国家外汇管理局关于改革和规范资本项目结汇管理政策的通知

汇发〔2016〕16号

国家外汇管理局各省、自治区、直辖市分局、外汇管理部，深圳、大连、青岛、厦门、宁波市分局；各中资外汇指定银行：

为进一步深化外汇管理体制改革，更好地满足和便利境内企业经营与资金运作需要，国家外汇管理局决定在总结前期部分地区试点经验的基础上，在全国范围内推广企业外债资金结汇管理方式改革，同时统一规范资本项目外汇收入意愿结汇及支付管理。现就有关问题通知如下：

一、在全国范围内实施企业外债资金结汇管理方式改革

在中国（上海）自由贸易试验区、中国（天津）自由贸易试验区、中国（广东）自由贸易试验区、中国（福建）自由贸易试验区相关试点经验的基础上，将企业外债资金结汇管理方式改革试点推广至全国。自本通知实施之日起，境内企业（包括中资企业和外商投资企业，不含金融机构）外债资金均可按照意愿结汇方式办理结汇手续。

二、统一境内机构资本项目外汇收入意愿结汇政策

资本项目外汇收入意愿结汇是指相关政策已经明确实行意愿结汇的资本项目外汇收入（包括外汇资本金、外债资金和境外上市调回资金等），可根

据境内机构的实际经营需要在银行办理结汇。现行法规对境内机构资本项目外汇收入结汇存在限制性规定的，从其规定。

境内机构资本项目外汇收入意愿结汇比例暂定为100%。国家外汇管理局可根据国际收支形势适时对上述比例进行调整。

在实行资本项目外汇收入意愿结汇的同时，境内机构仍可选择按照支付结汇制使用其外汇收入。银行按照支付结汇原则为境内机构办理每一笔结汇业务时，均应审核境内机构上一笔结汇（包括意愿结汇和支付结汇）资金使用的真实性与合规性。

境内机构外汇收入境内原币划转及其跨境对外支付按现行外汇管理规定办理。

三、境内机构资本项目外汇收入意愿结汇所得人民币资金纳入结汇待支付账户管理

境内机构原则上应在银行开立一一对应的"资本项目——结汇待支付账户"（以下简称结汇待支付账户），用于存放资本项目外汇收入意愿结汇所得人民币资金，并通过该账户办理各类支付手续。境内机构在同一银行网点开立的同名资本金账户、境内资产变现账户、境内再投资账户、外债专用账户、境外上市专用账户及符合规定的其他类型的资本项目账户，可共用一个结汇待支付账户。境内机构按支付结汇原则结汇所得人民币资金不得通过结汇待支付账户进行支付。

结汇待支付账户的收入范围包括：由同名或开展境内股权投资企业的资本金账户、境内资产变现账户、境内再投资账户、外债专用账户、境外上市专用账户及符合规定的其他类型的资本项目外汇账户结汇划入的资金，由同名或开展境内股权投资企业的结汇待支付账户划入的资金，由本账户合规划出后划回的资金，因交易撤销退回的资金，符合规定的人民币收入，账户利息收入，以及经外汇局（银行）登记或外汇局核准的其他收入。

结汇待支付账户的支出范围包括：经营范围内的支出，支付境内股权投资资金和人民币保证金，划往资金集中管理专户、同名结汇待支付账户，购付汇或直接对外偿还外债、划往还本付息专用账户，购付汇或直接汇往境外用于回购境外股份或境外上市其他支出，外国投资者减资、撤资资金购付汇

或直接对外支付，为境外机构代扣代缴境内税费，代境内国有股东将国有股减持收入划转社保基金，购付汇或直接对外支付经常项目支出及经外汇局（银行）登记或外汇局核准的其他资本项目支出。

结汇待支付账户内的人民币资金不得购汇划回资本项目外汇账户。由结汇待支付账户划出用于担保或支付其他保证金的人民币资金，除发生担保履约或违约扣款的，均需原路划回结汇待支付账户。

四、境内机构资本项目外汇收入的使用应在经营范围内遵循真实、自用原则

境内机构的资本项目外汇收入及其结汇所得人民币资金，可用于自身经营范围内的经常项下支出，以及法律法规允许的资本项下支出。

境内机构的资本项目外汇收入及其结汇所得人民币资金的使用，应当遵守以下规定：

（一）不得直接或间接用于企业经营范围之外或国家法律法规禁止的支出；

（二）除另有明确规定外，不得直接或间接用于证券投资或除银行保本型产品之外的其他投资理财；

（三）不得用于向非关联企业发放贷款，经营范围明确许可的情形除外；

（四）不得用于建设、购买非自用房地产（房地产企业除外）。

境内机构与其他当事人之间对资本项目收入使用范围存在合同约定的，不得超出该合同约定的范围使用相关资金。除另有规定外，境内机构与其他当事人之间的合同约定不应与本通知存在冲突。

五、规范资本项目收入及其结汇资金的支付管理

（一）境内机构使用资本项目收入办理结汇和支付时，均应填写"资本项目账户资金支付命令函"（见附件）。结汇所得人民币资金直接划入结汇待支付账户的，境内机构不需要向银行提供资金用途证明材料。境内机构申请使用资本项目收入办理支付（包括结汇后不进入结汇待支付账户而是直

接办理对外支付、从结汇待支付账户办理人民币对外支付或直接从资本项目外汇账户办理对外付汇）时，应如实向银行提供与资金用途相关的真实性证明材料。

（二）银行应履行"了解客户""了解业务""尽职审查"等展业原则，在为境内机构办理资本项目收入结汇和支付时承担真实性审核责任。在办理每一笔资金支付时，均应审核前一笔支付证明材料的真实性与合规性。银行应留存境内机构资本项目外汇收入结汇及使用的相关证明材料5年备查。

银行应按照《国家外汇管理局关于发布〈金融机构外汇业务数据采集规范（1.0版）〉的通知》（汇发〔2014〕18号）的要求，及时报送与资本金账户、境内资产变现账户、境内再投资账户、外债专用账户、境外上市专用账户、其他类型的资本项目账户、结汇待支付账户（账户性质代码2113）有关的账户、跨境收支、境内划转、账户内结售汇等信息。其中，结汇待支付账户与其他人民币账户之间的资金划转，应通过填写境内收付款凭证报送境内划转信息，并在"发票号"栏中填写资金用途代码（按照汇发〔2014〕18号文件中"7.10结汇用途代码"填写）；除货物贸易核查项下的支付，其他划转的交易编码均填写为"929070"。

（三）对于境内机构确有特殊原因暂时无法提供真实性证明材料的，银行可在履行尽职审查义务、确定交易具备真实交易背景的前提下为其办理相关支付，并应于办理业务当日通过外汇局相关业务系统向外汇局提交特殊事项备案。银行应在支付完毕后20个工作日内收齐并审核境内机构补交的相关证明材料，并通过相关业务系统向外汇局报告特殊事项备案业务的真实性证明材料补交情况。

对于境内机构以备用金名义使用资本项目收入的，银行可不要求其提供上述真实性证明材料。单一机构每月备用金（含意愿结汇和支付结汇）支付累计金额不得超过等值20万美元。

对于申请一次性将全部资本项目外汇收入支付结汇或将结汇待支付账户中全部人民币资金进行支付的境内机构，如不能提供相关真实性证明材料，银行不得为其办理结汇、支付。

六、进一步强化外汇局事后监管与违规查处

（一）外汇局应根据《中华人民共和国外汇管理条例》（国务院令第532号）、《国家外汇管理局关于发布〈外债登记管理办法〉的通知》（汇发〔2013〕19号）、《国家外汇管理局关于印发〈外国投资者境内直接投资外汇管理规定〉及配套文件的通知》（汇发〔2013〕21号）、《国家外汇管理局关于境外上市外汇管理有关问题的通知》（汇发〔2014〕54号）等有关规定加强对银行办理境内机构资本项目收入结汇和支付使用等业务合规性的指导和核查。核查的方式包括要求相关业务主体提供书面说明和业务材料、约谈负责人、现场查阅或复制业务主体相关资料、通报违规情况等。

（二）对于违反本通知办理资本项目收入结汇和支付使用等业务的境内机构和银行，外汇局依据《中华人民共和国外汇管理条例》及有关规定予以查处。对于严重、恶意违规的银行可依法暂停其资本项下结售汇业务办理。对于严重、恶意违规的境内机构可依法暂停其办理意愿结汇资格或在外汇局资本项目信息系统中对其进行业务管控，且在其提交书面说明函并进行相应整改前，不得为其办理其他资本项下业务或取消业务管控。

本通知自发布之日起实施。《国家外汇管理局关于发布〈外债登记管理办法〉的通知》（汇发〔2013〕19号）、《国家外汇管理局关于境外上市外汇管理有关问题的通知》（汇发〔2014〕54号）、《国家外汇管理局关于改革外商投资企业外汇资本金结汇管理方式的通知》（汇发〔2015〕19号）、《国家外汇管理局关于印发〈跨国公司外汇资金集中运营管理规定〉的通知》（汇发〔2015〕36号）等此前规定与本通知内容不一致的，以本通知为准。

国家外汇管理局各分局、外汇管理部接到本通知后，应及时转发辖内中心支局、支局、城市商业银行及外资银行。各中资外汇指定银行收到本通知后，应尽快转发所辖分支行。执行中如遇问题，请及时向国家外汇管理局资本项目管理司反映。

附件：资本项目账户资金支付命令函（内容详见光盘）

二〇一六年六月九日

附：

改革规范资本项目结汇管理
进一步便利跨境投融资

(国家外汇管理局新闻稿 2016年6月15日)

为进一步深化外汇管理体制改革，更好地满足和便利境内企业经营与资金运作需要，促进跨境投融资便利化，支持实体经济发展，日前，国家外汇管理局发布《国家外汇管理局关于改革和规范资本项目结汇管理政策的通知》（汇发〔2016〕16号，以下简称《通知》）。《通知》的主要内容如下：

一是全面实施外债资金意愿结汇管理，企业可自由选择外债资金结汇时机。二是统一境内机构资本项目外汇收入意愿结汇政策。三是明确境内机构资本项目外汇收入及其结汇资金的使用应符合外汇管理相关规定，对资本项目收入的使用实施统一的负面清单管理模式，并大幅缩减相关负面清单。四是进一步规范资本项目收入及其结汇资金的支付管理，明确银行按照展业三原则承担真实性审核义务。五是外汇局加强事中事后管理，进一步强化事后监管与违规查处。

《通知》自发布之日起施行。

第六章　外汇管理检查

关于印发《关于对纳税信用 A 级纳税人实施联合激励措施的合作备忘录》的通知

发改财金〔2016〕1467 号

各省、自治区、直辖市、新疆生产建设兵团有关部门、机构：

为贯彻党的十八大和十八届三中、四中、五中全会精神，落实《国务院关于印发社会信用体系建设规划纲要（2014～2020 年）的通知》（国发〔2014〕21 号）、《国务院关于建立完善守信联合激励和失信联合惩戒制度加快推进社会诚信建设的指导意见》（国发〔2016〕33 号）等文件关于"褒扬诚信、惩戒失信"的总体要求，由国家发展改革委和税务总局牵头，人民银行、中央文明办、教育部、工业和信息化部、民政部、财政部、人力资源社会保障部、国土资源部、环境保护部、住房城乡建设部、交通运输部、农业部、商务部、文化部、国资委、海关总署、工商总局、质检总局、食品药品监管总局、银监会、证监会、保监会、外汇局、全国总工会、共青团中央、全国工商联、铁路总公司联合制定了《关于对纳税信用 A 级纳税人实施联合激励措施的合作备忘录》。现印发给你们，请认真贯彻执行。

附件：关于对纳税信用 A 级纳税人实施联合激励措施的合作备忘录
　　　（内容详见光盘）

二〇一六年七月八日

关于印发《关于实施优秀青年志愿者守信联合激励加快推进青年信用体系建设的行动计划》的通知

发改财金〔2016〕2012号

各省、自治区、直辖市和新疆生产建设兵团有关部门、机构：

为深入贯彻党的十八大和十八届三中、四中、五中全会精神，落实《国民经济和社会发展第十三个五年规划纲要》、《中共中央关于加强和改进党的群团工作的意见》（中发〔2015〕4号）、《国务院关于印发社会信用体系建设规划纲要（2014~2020年）的通知》（国发〔2014〕21号）、《国务院关于建立完善守信联合激励和失信联合惩戒制度加快推进社会诚信建设的指导意见》（国发〔2016〕33号）等文件精神，树立青年志愿者诚信典型，加大守信激励力度，加快推进青年信用体系建设，促进全社会形成"褒扬诚信、惩戒失信"的良好氛围，国家发展改革委、人民银行、共青团中央、中央宣传部、中央政法委、中央编办、中央文明办、中央网信办、最高人民法院、最高人民检察院、教育部、工业和信息化部、公安部、安全部、民政部、司法部、财政部、人力资源和社会保障部、环境保护部、住房城乡建设部、交通运输部、农业部、商务部、文化部、卫生计生委、国资委、海关总署、税务总局、工商总局、质检总局、新闻出版广电总局、体育总局、安全监管总局、食品药品监管总局、知识产权局、旅游局、法制办、银监会、证监会、保监会、公务员局、民航局、文物局、外汇局、全国总工会、全国妇联、中国科协、中国侨联、全国工商联、中国残联、铁路总公司联合签署了《关于实施优秀青年志愿者守信联合激励加快推进青年信用体系建设的行动计划》。现印发给你们,请认真贯彻执行。

附件:关于实施优秀青年志愿者守信联合激励加快推进青年信用体系建设的行动计划(内容详见光盘)

二〇一六年九月十九日

印发《关于对海关高级认证企业实施联合激励的合作备忘录》的通知

发改财金〔2016〕2190号

各省、自治区、直辖市和新疆生产建设兵团有关部门、机构：

为了贯彻党的十八大、十八届三中、四中、五中全会精神，落实《国务院关于印发社会信用体系建设规划纲要（2014～2020年）的通知》（国发〔2014〕21号）、《国务院关于建立完善守信联合激励和失信联合惩戒制度加快推进社会诚信建设的指导意见》（国发〔2016〕33号）、中央文明委《关于推进诚信建设制度化的意见》（文明委〔2014〕7号）等关于"褒扬诚信、惩戒失信"的总体要求，建立健全守信联合激励机制，完善进出口领域诚信体系建设。国家发展改革委、人民银行、海关总署、中央宣传部、中央文明办、教育部、工业和信息化部、公安部、财政部、人力资源社会保障部、国土资源部、环境保护部、住房城乡建设部、交通运输部、水利部、农业部、商务部、文化部、卫生计生委、国资委、税务总局、工商总局、质检总局、安全监管总局、食品药品监管总局、林业局、知识产权局、旅游局、法制办、中央网信办、银监会、证监会、保监会、外汇局、全国总工会、共青团中央、全国妇联、全国工商联、贸促会、中国铁路总公司联合签署了《关于对海关高级认证企业实施联合激励的合作备忘录》。现印发给你们，请认真贯彻执行。

附件：关于对海关高级认证企业实施联合激励的合作备忘录（内容详见光盘）

二〇一六年十月十九日

印发《关于对严重质量违法失信行为当事人实施联合惩戒的合作备忘录》的通知

发改财金 [2016] 2202 号

各省、自治区、直辖市和新疆生产建设兵团有关部门、机构：

为深入贯彻党的十八大、十八届三中、四中、五中全会精神和中央经济工作会议关于以提高发展质量和效益为中心的要求，落实《国务院关于印发〈质量发展纲要（2011~2020年）〉的通知》（国发 [2012] 9号）、《国务院关于促进市场公平竞争维护市场正常秩序的若干意见》（国发 [2014] 20号）、《国务院关于印发社会信用体系建设规划纲要（2014~2020年）的通知》（国发 [2014] 21号）、《国务院关于建立完善守信联合激励和失信联合惩戒制度加快推进社会诚信建设的指导意见》（国发 [2016] 33号）有关要求，加快推进质量诚信体系建设，建立健全质量失信联合惩戒机制，按照"褒扬诚信、惩戒失信"的原则，严厉打击质量违法失信行为，营造公平竞争、优胜劣汰的市场环境，国家发展改革委、人民银行、质检总局、中央文明办、中央网信办、科技部、财政部、人力资源社会保障部、国土资源部、国资委、交通运输部、农业部、商务部、卫生计生委、海关总署、税务总局、工商总局、新闻出版广电总局、安全监管总局、食品药品监管总局、银监会、证监会、外汇局、全国总工会、共青团中央、全国妇联等部门联合签署了《关于对严重质量违法失信行为当事人实施联合惩戒的合作备忘录》。现印发给你们，请认真贯彻执行。

附件：关于对严重质量违法失信行为当事人实施联合惩戒的合作备忘录
（电子版详见光盘）

二〇一六年十月二十日

附件：

关于对严重质量违法失信行为当事人实施联合惩戒的合作备忘录

为深入贯彻党的十八大、十八届三中、四中、五中全会精神和中央经济工作会议关于以提高发展质量和效益为中心的要求，落实《国务院关于印发〈质量发展纲要（2011～2020年）〉的通知》（国发〔2012〕9号）、《国务院关于促进市场公平竞争维护市场正常秩序的若干意见》（国发〔2014〕20号）、《国务院关于印发社会信用体系建设规划纲要（2014～2020年）的通知》（国发〔2014〕21号）、《国务院关于建立完善守信联合激励和失信联合惩戒制度加快推进社会诚信建设的指导意见》（国发〔2016〕33号）有关要求，加快推进质量诚信体系建设，建立健全质量失信联合惩戒机制，按照"褒扬诚信、惩戒失信"的原则，严厉打击质量违法失信行为，营造公平竞争、优胜劣汰的市场环境，国家发展改革委、人民银行、质检总局、中央文明办、中央网信办、科技部、财政部、人力资源社会保障部、国土资源部、国资委、交通运输部、农业部、商务部、卫生计生委、海关总署、税务总局、工商总局、新闻出版广电总局、安全监管总局、食品药品监管总局、银监会、证监会、外汇局、全国总工会、共青团中央、全国妇联就对产品质量领域严重质量违法失信行为当事人开展联合惩戒工作达成如下一致意见：

一、联合惩戒的对象

联合惩戒的对象为违反产品质量管理相关法律、法规，违背诚实信用原则，经过质检部门认定存在严重质量违法失信行为的生产经营企业（以下简称失信企业）及其法定代表人。上述联合惩戒对象由质检总局定期汇总后提供给签署备忘录的各部门。

二、联合惩戒的措施

各部门依照有关法律、法规、规章及规范性文件的规定，对联合惩戒对象采取下列一种或多种惩戒措施（相关依据和实施部门见附录）。

（一）质量监督检验检疫部门采取的惩戒措施

1. 列为重点监督对象，增加监督检查和产品质量监督抽查的频次。
2. 限制申请获得相关的行政许可。
3. 限制取得认证机构资质；限制获得或撤销管理体系认证证书。
4. 列为出入境检验检疫严重失信企业，实行限制性的管理措施。
5. 失信企业产生新的违法违规行为时，依法依规从严从重处罚。

（二）跨部门联合惩戒措施

6. 将失信企业的失信状况作为设立商业银行或分行、代表处以及参股、收购商业银行审批时的审慎性参考依据。

7. 在审批证券公司、基金管理公司、期货公司的设立和变更持有5%以上股权的股东、实际控制人，以及私募投资基金管理人登记时，依法将失信企业的失信状况作为重要参考依据。

8. 在上市公司或者非上市公众公司收购的事中事后监管中，对有严重失信行为的生产经营单位予以重点关注。

9. 限制取得政府供应土地。

10. 依法限制参与政府采购活动。

11. 限制参与工程等招投标。

12. 暂停审批与失信企业相关的科技项目。

13. 限制因质量违法被停止生产、销售的产品发布广告；正在发布的，应立即予以暂停。

14. 对发行公司（企业）债券和在银行间市场发行非金融企业债务融资工具从严审核。

15. 将失信企业的失信状况作为其融资或对其授信的重要依据或参考。

16. 将失信企业的失信状况作为审核股票发行上市及在全国中小企业股份转让系统挂牌公开转让时的重要参考。

17. 将失信企业的失信状况作为合格境内机构投资者、合格境外机构投资者等外汇额度核准与管理的重要参考依据。

18. 对存在失信行为的生产经营单位进出口货物实施严密监管，在办理通关业务时，加强单证审核或布控查验。

19. 对存在失信行为的生产经营单位申请适用海关认证企业管理的，不予通过认证。已经成为认证企业的，按照规定下调企业信用等级。

20. 将失信企业的失信状况作为纳税信用评价的重要外部参考。

21. 相关市场监督管理部门加大对失信企业日常监督检查频次和提高随机抽查概率。

22. 将失信企业的失信信息通过质检部门门户网站、"信用中国"网站和企业信用信息公示系统向社会公布。

23. 失信企业的失信信息由中央网信办协调互联网新闻信息服务单位向社会公布。

24. 失信企业变更名称的，将变更前后的名称在全国企业信用信息公示系统上公示。

25. 将失信企业及法定代表人的失信信息纳入金融信用信息基础数据库，记入企业及个人信用记录。

26. 限制失信企业享受政府补贴性资金和社会保障资金支持。

27. 限制失信企业受让收费公路权益。

28. 将失信企业失信状况作为享受优惠性政策支持的审慎性参考。

29. 限制失信企业及其法定代表人获得相关部门颁发的荣誉证书、嘉奖和表彰等荣誉性称号。

30. 限制失信企业的法定代表人在食品药品、特种设备等直接关系消费者生命财产安全的领域，担任相关企业法定代表人、董事、监事和高级管理人员。

31. 除以上规定的惩戒措施外，本备忘录签署各部门依据本领域内法律法规规章正在实施的，针对质量安全问题的限制、禁入和其他惩戒措施，应适用于被质检部门列入严重质量违法失信的企业或法定代表人。

三、联合惩戒的实施方式

质检总局通过全国信用信息共享平台定期向签署本备忘录的相关部门提供严重质量违法失信联合惩戒对象的相关信息，并按照有关规定动态更新。同时在"信用中国"网站、质检总局政府网站、全国企业信用信息公示系统等向社会公布。

各部门按照本备忘录约定内容，依法依规对严重质量违法失信联合惩戒对象实施联合惩戒。同时，建立惩戒效果定期通报机制，各部门定期将联合惩戒实施情况通过全国信用信息共享平台反馈给国家发展改革委、质检总局及其他相关部门。

四、其他事宜

各部门和单位应密切协作，积极落实本备忘录，制定严重质量违法失信联合惩戒对象相关信息的使用、撤销、管理、监督的相关实施细则和操作流程，指导本系统各级单位依法依规实施联合惩戒措施。

本备忘录实施过程中涉及部门之间协调配合的问题，由各部门协商解决。

本备忘录签署后，各项惩戒措施依据的法律、法规、规章及规范性文件有修改或调整的，以修改后的法律、法规、规章及规范性文件为准。

第六章 外汇管理检查

附录

（一）质量技术监督检验检疫部门采取的惩戒措施

惩戒措施	法律及政策依据	实施部门
1. 列为重点监管对象，增加监督检查和产品质量监督抽查的频次 2. 限制申请获得相关机构资质、限制或撤销质量管理体系认证证书 3. 限制取得认证认可、不得获得相关的行政许可 4. 列为出入境检验检疫严重失信企业，实行限制性的管理措施 5. 失信企业新发生的违法违规行为时，依法从严从重处罚	《产品质量法》 第十五条 国家对产品质量实行以抽查为主要方式的监督检查制度，对可能危及人体健康和人身、财产安全的产品，影响国计民生的重要工业产品以及消费者、有关组织反映有质量问题的产品进行抽查。抽查的样品在仓库内待销产品中随机抽取。监督抽查工作由国务院产品质量监督部门规划和组织，县级以上地方产品质量监督部门可以组织监督抽查。法律对产品质量监督检查另有规定的，依照有关法律的规定执行。国家监督抽查的产品，地方不得另行重复抽查；上级监督抽查的产品，下级不得另行重复抽查。 《中华人民共和国食品安全法》 第一百条 （四）其他食品安全信息。国家出入境检验检疫部门应当对进出口食品的进口商，出口商和出口食品生产企业实施信用管理，建立信用记录，并依法向社会公布。对有不良记录的进口商、出口商和出口食品生产企业，应当加强对其进出口食品的检验检疫。 《产品质量监督抽查管理办法》 第六条 监督抽查产品主要涉及人身、财产安全的产品，有关组织反映维护市场秩序的产品，影响国计民生的重要工业产品以及消费者、有关组织反映公平竞争维护市场秩序的产品。 《国务院关于促进市场公平竞争维护市场秩序的若干意见》 （十五）建立健全守法信激励和失信惩戒机制，将市场主体的信用信息作为实施行政管理的重要参考。根据市场主体信用状况实行分级分类监管，动态监管，建立健全经营异常名录制度，	质检总局

· 273 ·

续表

惩戒措施	法律及政策依据	实施部门
1. 列为重点监管对象，增加监督检查和产品质量监督抽查的频次 2. 限制申请获得相关的行政许可 3. 限制取得认证机构资质；限制获得或撤销质量管理体系认证证书 4. 列为出入境检验检疫严重失信企业，实行限制性的管理措施 5. 失信企业产生新的违法违规行为时，依法依规从严从重处罚	对违背市场竞争原则和侵犯消费者、劳动者合法权益的市场主体建立"黑名单"制度。（工商总局牵头负责）对守信主体予以支持和激励，对失信主体在经营、投融资、取得政府供应土地、进出口、出入境、注册新公司、工程招投标、政府采购、获得荣誉、安全许可、生产许可、从业任职资格、资质审核等方面依法不予以限制或禁止，对严重违法失信主体实行市场禁入制度。（各相关市场监管部门按职责分工分别负责） 《国务院关于建立完善守信联合激励和失信联合惩戒制度加快推进社会诚信建设的指导意见》 （十）依法依规加强对失信主体的行政性约束和惩戒。对严重失信行为的行政性约束和惩戒措施，各地区、各有关部门应将其列为重点监管对象，从严控制生产许可证发放，限制新增项目审批、核准，限制发行债券，限制在全国股份转让系统挂牌、融资，限制发起设立或参股发起设立金融机构以及小额贷款公司、融资担保公司、创业投资公司、互联网融资平台等机构，限制从事互联网信息服务等。严格限制申请财政性资金项目，限制参与有关公共资源交易活动，限制参与基础设施和公用事业特许经营。对严重失信企业及其法定代表人、主要负责人和对失信行为负有直接责任的注册执业人员和失信行为直接责任人员等实施市场和行业禁入措施。及时撤销严重失信企业的董事、负责人、高级管理人员执业资格，股东等人员的荣誉称号，取消参加评先评优资格。 《社会信用体系建设规划纲要（2014～2020年）》 加强对失信主体的约束和惩戒。强化行政监管性约束和惩戒。在现有行政处罚措施的基础上，健全失信惩戒制度，建立各行业黑名单制度和市场退出机制。推动各级人民政府在市场监管和公共服务的市场准入、资质认定、行政审批、政策扶持等方面实施信用分类监管，结合监管对象的失信类别和程度，使失信者受到惩戒。逐步建立各类机构中有信用记录、配合征信机构开展信用信息采集工作，并开展信用审查，确保申请人在政府推荐的征信机构中有信用记录，配合征信机构开展信用信息采集工作。制定信用基准性评价指标体系和评价方法，推动形成市场性约束和惩戒。	质检总局

第六章 外汇管理检查

续表

惩戒措施	法律及政策依据	实施部门
1. 列为重点监管对象，增加监督检查和产品质量监督抽查的频次 2. 限制申请获得相关的行政许可 3. 限制获取认证机构资质；限制获得或撤销质量管理体系认证证书 4. 列为出入境检验检疫严重失信企业，实行限制性的管理措施 5. 失信企业产生新的违法违规行为时，依法依规从严从重处罚	价方法，完善失信信息记录披露制度，使失信者在市场交易中受到制约和惩戒。通过行业协会制定行业自律规则并督促会员遵守。对违规的失信者，按照情节轻重，对机构会员和个人会员实行警告、行业内通报批评、公开谴责等惩戒措施，推动形成社会性约束和惩戒。完善社会舆论监督机制，加强对失信行为的披露和曝光，发挥群众评议讨论、批评报道等作用，通过社会的道德谴责、约束社会成员的失信行为。 《质量管理认证规则》 4.1.3 认证机构应对申请组织提交的申请资料进行评审，根据申请认证活动范围及场所、员工人数、完成审核所需时间和其他影响认证活动的因素，综合确定是否有能力受理认证申请。对获执法监管部门责令停业整顿或在全国企业信用信息公示系统中被列入"严重违法企业名单"的申请组织，认证机构不应受理其申请。 7.3.1 获证组织有以下情形之一的，认证机构应在获得相关信息并调查核实后 5 个工作日内撤销其认证书。 （1）被注销或撤销法律地位证明文件的。 （2）被国家质量监督检验检疫总局列入严重质量失信企业名单。 （3）拒绝配合认证监管部门实施的监督检查的。 （4）拒绝接受国家的产品和服务质量监督抽查的。 （5）出现重大的产品和服务质量安全事故，经执法监管部门确认是获证组织违法造成的。 （6）有其他严重违反法律法规行为的。 （7）暂停认证证书的期限已满但未得到解决或纠正的（包括持有的与质量管理体系范围有关的行政许可证明、资质证书等已经过期失效但申请未获批准）。	质检总局

· 275 ·

续表

惩戒措施	法律及政策依据	实施部门
1. 列为重点监管对象，增加监督检查和产品质量监督抽查的频次 2. 限制申请相关行政许可 3. 限制取得认证机构资质；限制获得或撤销质量管理体系认证证书 4. 列为出入境检验检疫严重失信企业，实行限制性的管理措施 5. 失信企业产生新的违法违规行为时，依法依规从严从重处罚	（8）没有运行质量管理体系或者已不具备运行条件的。 （9）不按相关规定正确引用和宣传获得的认证信息，造成严重影响或后果，或者认证机构已要求其纠正但超过 2 个月仍未纠正的。 （10）其他应当撤销认证证书的。 《出入境检验检疫企业信用管理办法》 第三十条 "列入严重失信企业名单"指检验检疫机构对在一个评定周期内因严重违法违规行为受行政处罚合计分累计 36 分以上的企业，采取向社会公布并加严监管的措施。	质检总局
（二）跨部门联合惩戒措施		
6. 将失信企业的失信状况作为设立商业银行或分行、代表处以及参股、收购商业银行审批时的审慎性参考依据	《中华人民共和国商业银行法》 第十二条 设立商业银行，应当具备下列条件： （一）有符合本法和《中华人民共和国公司法》规定的章程； （二）有符合本法规定的注册资本最低限额； （三）有具备任职专业知识和业务工作经验的董事、高级管理人员； （四）有健全的组织机构和管理制度； （五）有符合要求的营业场所、安全防范措施和与业务有关的其他设施。 设立商业银行，还应当符合其他审慎性条件。 《中华人民共和国外资银行管理条例》 第九条 拟设立外商独资银行、中外合资银行的股东或者拟设分行、代表处的外国银行应当具备下列条件： （一）具有持续盈利能力，信誉良好，无重大违法违规记录； （二）拟设立外商独资银行的股东、中外合资银行的外方股东或者拟设分行、代表处的外国银行具有从事国际金融活动的经验；	中国银监会

续表

惩戒措施	法律及政策依据	实施部门
6. 将失信企业的失信状况作为设立商业银行或分行、代表处以及参股、收购商业银行审批时的审慎性参考依据	（三）具有有效的反洗钱制度； （四）拟设外商独资银行、中外合资银行的外方股东或者拟设分行、代表处的外国银行受到所在国家或者地区金融监管当局的有效监管，并且其申请所在国家或者地区金融监管当局同意； （五）国务院银行业监督管理机构规定的其他审慎性条件。 拟设外商独资或者中外合资银行、中外合资银行的外方股东或者拟设分行、代表处的外国银行所在国家或者地区应当具有完善的金融监督管理制度，并且其金融监督管理当局已经与国务院银行业监督管理机构建立良好的监督管理合作机制。	中国银监会
7. 在审批证券公司、基金管理公司、期货公司的设立和变更持有5%以上股权的股东、实际控制人，以及私募投资基金管理人登记时，依法将失信企业的失信状况作为重要参考依据	《证券法》 第一百二十四条　设立证券公司，应当具备下列条件： （一）有符合本法规定的注册资本； （二）主要股东具有持续盈利能力，信誉良好，最近三年无重大违法违规记录，净资产不低于人民币2亿元； （三）有符合法律、行政法规规定的公司章程； （四）董事、监事、高级管理人员具备任职资格，从业人员具有证券从业资格； （五）有完善的风险管理与内部控制制度； （六）有合格的经营场所和营业设施； （七）法律、行政法规规定的和经国务院证券监督管理机构批准的国务院证券监督管理机构规定的其他条件。 《证券投资基金法》 第十三条　设立基金管理公司，应当具备下列条件： （一）有符合本法和《中华人民共和国公司法》规定的章程； （二）注册资本不低于1亿元人民币，且必须为实缴货币资本；	中国证监会

· 277 ·

惩戒措施	法律及政策依据	实施部门
7. 在审批证券公司、基金管理公司、期货公司的设立和变更持有5%以上股权的股东、实际控制人，以及私募投资基金管理人登记时，依法将失信企业的失信状况作为重要参考依据	（三）主要股东具有从事证券经营、证券投资咨询、信托资产管理或者其他金融资产管理的较好的经营业绩和良好的社会信誉，最近三年没有违法违规记录，注册资本不低于3亿元人民币； （四）取得基金从业资格的人员达到法定人数； （五）有符合要求的营业场所、安全防范设施和与基金管理业务有关的其他设施； （六）有完善的内部稽核监控制度和风险控制制度； （七）法律、行政法规规定和经国务院批准的国务院证券监督管理机构规定的其他条件。 《期货交易管理条例》第十六条 申请设立期货公司，应当符合《中华人民共和国公司法》的规定，并具备下列条件： （一）注册资本最低限额为人民币3 000万元； （二）董事、监事、高级管理人员具备任职资格，从业人员具有期货从业资格； （三）有符合法律、行政法规规定的公司章程； （四）主要股东以及实际控制人具有持续盈利能力，信誉良好，最近三年无重大违法违规记录； （五）有合格的经营场所和业务设施； （六）有健全的风险管理和内部控制制度； （七）国务院期货监督管理机构规定的其他条件。 《证券投资基金管理公司管理办法》第七条 申请设立基金管理公司，出资或者持有股份占基金管理公司注册资本的比例（以下简称持股比例）在5%以上的股东，应当具备下列条件： （一）注册资本、净资产不低于1亿元人民币，资产质量良好；	中国证监会

续表

惩戒措施	法律及政策依据	实施部门
7. 在审批证券公司、基金管理公司、期货公司的设立和变更持有5%以上股权的股东、实际控制人，以及私募投资基金管理人登记时，依法将失信企业的失信状况作为重要参考依据	（二）持续经营3个以上完整的会计年度，公司治理健全，内部监控制度完善； （三）最近三年没有因违法违规行为受到行政处罚或者刑事处罚； （四）没有挪用客户资产等损害客户利益的行为； （五）没有因违法违规行为正在被监管机构调查，或者正处于整改期间； （六）具有良好的社会信誉，最近三年在金融监管、工商等行政机关，以及自律管理、商业银行等机构无不良记录。 《期货公司监督管理办法》 第七条 持有5%以上股权的股东为法人或者其他组织的，应当具备下列条件： （一）实收资本和净资产均不低于人民币3 000万元； （二）净资产不低于实收资本的50%，或负债低于净资产的50%，不存在对财务状况产生重大不确定影响的其他风险； （三）没有较大数额的到期未清偿债务； （四）近三年未因重大违法违规行为受到行政处罚或者刑事处罚； （五）未因涉嫌重大违法违规正在被有权机关立案调查或者采取强制措施； （六）被收购公司（含金融机构）的股东实际控制人，未有滥用股东权利、逃避股东义务等不诚信行为； （七）不存在中国证监会根据审慎监管原则认定的其他不适合持有期货公司股权的情形。	中国证监会
8. 在上市公司或者非上市公众公司的收购事中事后监管中，对有严重失信行为的生产经营单位予以重点关注	《上市公司收购管理办法》 第六条 任何人不得利用上市公司的收购损害被收购公司及其股东的合法权益。 有下列情形之一的，不得收购上市公司： （一）收购人负有数额较大债务，到期未清偿，且处于持续状态； （二）收购人最近三年有重大违法行为或者涉嫌有重大违法行为； （三）收购人最近三年有严重的证券市场失信行为；	中国证监会

续表

惩戒措施	法律及政策依据	实施部门
8. 在上市公司或者非上市公众公司收购的事中事后监管中，对有严重失信行为的生产经营单位予以重点关注	（四）收购人为自然人的，存在《公司法》第一百四十六条规定情形； （五）法律、行政法规规定以及中国证监会认定的不得收购上市公司的其他情形； （六）最近12个月内不存在违规对外提供担保的行为。 《非上市公众公司收购管理办法》 第六条　进行公众公司收购，收购人及其实际控制人应当具有良好的诚信记录，收购人及其实际控制人为法人的，应当具有健全的公司治理机制。任何人不得利用公众公司收购损害被收购公司及其股东的合法权益。 有下列情形之一的，不得收购公众公司： （一）收购人负有数额较大债务，到期未清偿，且处于持续状态； （二）收购人最近两年有重大违法行为或者涉嫌有重大违法行为； （三）收购人最近两年有严重的证券市场失信行为； （四）收购人为自然人的，存在《公司法》第一百四十六条规定的情形； （五）法律、行政法规规定以及中国证监会认定的不得收购公众公司的其他情形。 《公司债券发行与交易管理办法》 第十七条　存在下列情形之一的，不得公开发行公司债券： （一）最近36个月公司财务会计文件存在虚假记载，或公司存在其他重大违法行为； （二）本次发行申请文件存在虚假记载，误导性陈述或者重大遗漏； （三）对已发行的公司债券或者其他债务有违约或者迟延支付本息的事实，仍处于继续状态； （四）严重损害投资者合法权益和社会公共利益的其他情形。	中国证监会
9. 限制取得政府供应土地	《国务院关于促进市场公平竞争维护市场正常秩序的若干意见》 （十五）建立健全守信激励和失信惩戒机制。将市场主体的信用信息作为实施行政管理的重要参考。根据市场主体信用状况实行分类分级、动态监管，建立健全经营异常名录制度，对违背市场竞争原则和侵犯消费者、劳动者等合法权益的市场主体建立"黑名单"制度。（工	国土资源部

续表

惩戒措施	法律及政策依据	实施部门
	商总局牵头负责）对守信主体予以支持和激励,对失信主体在经营、投融资、取得政府供应土地、进出口、出入境、注册新公司、工程招投标、政府采购、获得荣誉、安全许可、生产许可、从业任职资格、资质审核资金方面依法失职责任分别负责） 《社会信用体系建设规划纲要(2014～2020年)》 二、推进重点领域诚信建设 （一）加快推进政务诚信建设 发挥政府诚信建设示范作用。各级人民政府首先要加强自身诚信建设,以政府的诚信建政、带动全社会诚信意识的树立和诚信水平的提高。在行政许可、政府采购、招标投标、劳动就业、社会保障、科研管理、干部选拔任用和管理监督、申请政府资金支持等领域,率先使用信用信息和信用产品,培育信用服务市场发展。 《企业信息公示暂行条例》 第十八条 县级以上地方人民政府及其有关部门应当建立健全信用约束机制,在政府采购、工程招投标、国有土地出让、授予荣誉称号等工作中,将企业信息作为重要考量因素,对被列入经营异常名录或严重违法企业名单的企业依法予以限制或者禁入。 《国务院关于建立完善守信联合激励和失信联合惩戒制度加快推进社会诚信建设的指导意见》 （十）应对严重失信行为的行政性约束和惩戒。对严重失信主体,各地区、各有关部门要依法将其列为重点监管对象,依法依规采取行政性约束和惩戒措施。对严重失信主体限制新增项目审批、核准,限制发行股票或公司债券,从严控制生产许可证转让发放、核准上市融资或小额贷款公司、融资担保公司、创业投资公司、互联网融资平台等机构,限制参与公共资源交易活动,限制参与基础设施和公用事业特许经营。严格限制申请财政性资金项目。对严重失信企业及其法定代表人、主要负责人和对失信行为负有直接责任	
9.限制取得政府供应土地		国土资源部

·281·

续表

惩戒措施	法律及政策依据	实施部门
10. 依法限制参与政府采购活动	的注册执业人员等实施市场和行业禁入措施。反时撤销严重失信企业及其法定代表人、负责人、高级管理人员的商业信誉和对失信行为负有直接责任的董事、股东等人员的荣誉称号，取消参加评先评优资格。 《中华人民共和国政府采购法》 第二十二条 供应商参加政府采购活动应当具备下列条件： （一）具有独立承担民事责任的能力； （二）具有良好的商业信誉和健全的财务会计制度； （三）具有履行合同所必需的设备和专业技术能力； （四）有依法缴纳税收和社会保障资金的良好记录； （五）参加政府采购活动前三年内，在经营活动中没有重大违法记录； （六）法律、行政法规规定的其他条件。 《社会信用体系建设规划纲要（2014～2020年）》 （一）加快推进政务诚信建设。发挥政府诚信建设示范作用。各级人民政府首先要加强自身诚信建设，以政府的诚信施政，带动全社会诚信意识树立和诚信水平的提高。在行政许可、政府采购、招标投标、劳动就业、社会保障、科研管理、干部选拔任用和管理监督、申请政府资金支持等领域，率先使用信用信息和信用产品，培育信用服务市场发展。 （二）深入推进商务诚信建设。政府采购领域信用建设。制定供应商、政府采购代理机构以及相关从业人员的信用记录和信用行为标准。依法建立政府采购供应商不良行为记录名单，对列入不良行为记录名单的供应商，在一定期限内禁止参加政府采购活动。完善政府采购活动中的政府采购准入和退出机制，充分利用工商、税务、金融、检察等其他部门提供的信用信息，加强政府采购管理系统，提高政府采购当事人和相关人员的信用管理。加快建设全国统一的政府采购交易系统，提高政府采购管理系统，提高政府采购当事人和相关人员的信用管理。	财政部

续表

惩戒措施	法律及政策依据	实施部门
10. 依法限制参与政府采购活动	《国务院办公厅关于运用大数据加强对市场主体服务和监管的若干意见》 (十三)建立健全失信联合惩戒机制。各级人民政府应将信用信息和信用报告嵌入行政管理和公共服务各领域、各环节，作为市场准入、行政审批、资质认定、享受财政补贴和税收优惠政策、国有土地出让、企业上市、货物通关、税收征缴、社保征缴、外汇管理、劳动用工、招标投标、价格制定、电子商务、产品质量、食品药品安全、消费品安全、知识产权、环境保护、治安管理、人口管理、出入境管理、授予荣誉称号等方面，建立跨部门联动响应和失信约束机制，对违法失信主体依法予以限制或者禁入。建立各行业"黑名单"制度和市场退出机制，推动将申请人良好的信用状况作为各类行政许可的必备条件。 《政府信息公示暂行条例》 第十八条 县级以上地方人民政府及其有关部门应当建立健全信用约束机制，在政府采购、工程招标、国有土地出让、授予荣誉称号等工作中，将企业信用信息作为重要考量因素，对被列入经营异常名录或者严重违法失信企业名单的企业依法予以限制或者禁入。	财政部
11. 限制参与工程等招投标	《中华人民共和国招标投标法》 第二十六条 投标人应当具备承担招标项目的能力；国家有关规定对投标人资格条件或者招标文件对投标人资格条件有规定的，投标人应当具备规定的资格条件。 第三十三条 投标人不得以低于成本的报价竞标，也不得以他人名义投标或者以其他方式弄虚作假，骗取中标。 《中华人民共和国招标投标法实施条例》 第四十二条 使用通过受让或者租借等方式获取的资格、资质证书投标的，属于招标投标法第三十三条规定的以他人名义投标。	国家发展改革委等有关单位

续表

惩戒措施	法律及政策依据	实施部门
11. 限制参与工程等招投标	投标人有下列情形之一的，属于招标投标法第三十三条规定的以其他方式弄虚作假的行为： （一）使用伪造、变造的许可证件； （二）提供虚假的财务状况或者业绩； （三）提供虚假的项目负责人或者主要技术人员简历、劳动关系证明； （四）提供虚假的信用状况； （五）其他弄虚作假的行为。 《工程建设项目施工招标投标办法》 第二十条 资格审查应主要审查潜在投标人或者投标人是否符合下列条件： （一）具有独立订立合同的权利； （二）具有履行合同的能力，包括专业、技术资格和能力，资金、设备和其他物质设施状况，管理能力，经验、信誉和相应的从业人员； （三）没有处于被责令停业，投标资格被取消，财产被接管、冻结，破产状态； （四）在最近三年内没有骗取中标和严重违约及重大工程质量问题； （五）法律、行政法规规定的其他资格条件。 资格审查时，招标人不得以不合理的条件限制、排斥潜在投标人或者投标人，不得对潜在投标人或者投标人实行歧视待遇。任何单位和个人不得以行政手段或者其他不合理方式限制投标人的数量。 《国务院办公厅关于运用大数据加强对市场主体服务和监管的若干意见》 （十三）建立健全失信联合惩戒机制。各级人民政府应将使用信用信息和信用报告嵌入行政管理和公共服务的各领域、各环节，作为必要条件或重要参考依据。充分发挥行政、司法、金融、社会等领域的综合监管效能，在市场准入、行政审批、资质认定、政府采购、政府补贴和税收优惠政策、企业法定代表人和负责人任职资格审查、企业上市、国有土地出让、社保缴费、税收征缴、货物通关、外汇管理、信贷、招投标等领域对失信主体服务和监管的若干意见》	国家发展改革委等有关单位

续表

惩戒措施	法律及政策依据	实施部门
11. 限制参与工程等招投标	劳动用工、价格制定、电子商务、产品质量、食品药品安全、消费品安全、知识产权、环境保护、治安管理、人口管理、出入境管理、授予荣誉称号等方面，建立跨部门联动响应和失信约束机制，对违法失信主体依法作出各类行政许可的必备条件。《社会信用体系建设规划纲要（2014～2020年）》 （一）发挥政府诚信建设示范作用。各级人民政府首先要加强自身诚信建设，以政府的诚信施政，带动全社会诚信意识的树立和诚信水平的提高。在行政许可、政府采购、招标投标、劳动就业、社会保障、科研管理、干部选拔任用和管理监督、申请政府资金支持等领域，率先使用信用信息和信用产品，培育信用服务市场发展。 （二）招标投标领域信用建设。扩大招标投标信用信息公开和共享范围，建立涵盖招标投标情况的信用评价标准和评价体系，健全招标投标信用信息公开和共享机制，推动完善信用评标制度，贯彻落实招标投标违法行为记录公告制度，依托电子招标投标系统及其公共服务平台，实现招标投标信用信息和合同履行等信用信息的互联互通，实时交换和整合共享。鼓励市场主体运用基本信用评价结果，并将其作为投标人资格审查、评标、定标和合同签订的重要依据。 《企业信息公示暂行条例》 第十八条 县级以上地方人民政府及其有关部门应当建立健全信用约束机制，在政府采购、工程招投标、国有土地出让、授予荣誉称号等工作中，将企业信息作为重要考量因素，对被列入经营异常名录或者严重违法企业名单的企业依法予以限制或者禁入。	国家发展改革委等有关单位
12. 暂停审批与失信企业相关的科技项目	《国家科技计划项目管理暂行办法》 第八条 申请项目的申请者（包括单位或个人）应当符合以下基本条件： （一）符合该计划项目的主体资格（包括法人性质、经济性质、国籍）等方面要求；	科技部

续表

惩戒措施	法律及政策依据	实施部门
12. 暂停审批与失信企业相关的科技项目	（二）在相关研究领域和专业应具有一定的学术地位和技术优势； （三）具备为完成项目必备的人才条件和技术装备； （四）具有与项目相关的研究经历和研究积累； （五）具备完成项目所需的组织管理和协调能力； （六）具有完成项目与良好信誉度。 《社会信用体系建设规划纲要（2014～2020年）》 加强对失信主体的约束和惩戒。强化行政性约束和惩戒。在现有行政处罚措施的基础上，健全失信惩戒制度，建立各行业黑名单制度和市场退出机制。推动各级人民政府在市场监管和公共服务的市场准入、资质认定、行政审批、政策扶持等方面实施信用分类监管，结合监管对象的失信类别和程度，使失信者受到惩戒。	科技部
13. 限制因质量违法被停止生产、销售的产品发布广告；正在发布的，应当即予以暂停	《中华人民共和国广告法》 第三十七条 法律、行政法规规定禁止生产、销售的产品或者提供的服务，禁止设计、制作、代理、发布广告。 第四十九条 工商行政管理部门履行广告监督管理职责，可以行使下列职权： （一）对涉嫌从事违法广告活动的场所实施现场检查； （二）询问涉嫌违法当事人或者其法定代表人、主要负责人和其他有关人员，对有关单位或者个人进行调查； （三）要求涉嫌违法当事人限期提供有关证明文件； （四）查阅、复制与涉嫌违法广告有关的合同、票据、账簿、广告作品和其他有关资料； （五）查封、扣押与涉嫌违法广告直接相关的广告物品、经营工具、设备等财物； （六）责令暂停发布可能造成严重后果的涉嫌违法广告； （七）法律、行政法规规定的其他职权。 工商行政管理部门应当建立健全广告监测制度，完善监测措施，及时发现和依法查处违法广告行为。	工商总局， 新闻出版广电总局

第六章 外汇管理检查

续表

惩戒措施	法律及政策依据	实施部门
14. 对发行公司（企业）债券和在银行间市场发行非金融企业债务融资工具从严审核	《公司债券发行与交易管理办法》 第十七条 存在下列情形之一的，不得公开发行公司债券： （一）最近36个月内公司财务会计文件存在虚假记载，或公司存在其他重大违法行为； （二）本次发行申请文件存在虚假记载、误导性陈述或者重大遗漏； （三）对已发行的公司债券或者其他债务有违约或者迟延支付本息的事实，仍处于继续状态； （四）严重损害投资者合法权益和社会公共利益的其他情形。 《国家发展改革委关于推进企业债券市场发展、简化发行核准程序有关事项的通知》（发改财金[2008]7号） 第二条第（七）项 企业公开发行企业债券应符合下列条件： （一）股份有限公司净资产不低于人民币3 000万元，有限责任公司和其他类型企业的净资产不低于人民币6 000万元。 （二）累计债券余额不超过企业净资产（不包括少数股东权益）的40%。 （三）最近三年可分配利润（净利润）足以支付企业债券一年的利息；筹集资金的投向符合国家产业政策和行业发展方向，所需相关手续齐全。用于固定资产投资项目的，应符合固定资产投资项目资本金制度的要求，原则上累计发行额不得超过该项目总投资的60%。用于收购产权（股权）的，比照该比例执行。用于调整债务结构的，不受该比例限制，但企业应提供银行同意贷款以偿还贷款的证明。 （四）用于补充营运资金的，不超过发债总额的20%。 （五）债券的利率由企业根据市场情况确定，但不得超过国务院限定的利率水平。 （六）已发行的企业债券或者其他债务未处于违约或者延迟支付本息的状态。 （七）最近三年没有重大违法违规行为。	国家发展改革委、人民银行、中国证监会

惩戒措施	法律及政策依据	实施部门
	《银行间债券市场非金融企业债务融资工具管理办法》（中国人民银行令[2008]第1号） 第十三条 交易商协会 交易商协会依据本办法及中国人民银行相关规定对债务融资工具的发行与交易实施自律管理。交易商协会应依据本办法制定相关自律管理规则，并报中国人民银行备案。 第十七条 交易商协会对违反自律管理规则的机构和人员，可采取警告、诚勉谈话、公开谴责等措施进行处理。 第十八条 中国人民银行依法对交易商协会、同业拆借中心和中央结算公司进行监督管理。 交易商协会、同业拆借中心和中央结算公司应按照中国人民银行的要求，及时向中国人民银行报送与债务融资工具发行和交易等有关的信息。 第十九条 对违反本办法规定的机构和人员，中国人民银行可依照《中华人民共和国中国人民银行法》第四十六条规定进行处罚，构成犯罪的，依法追究刑事责任。 《国家发展改革委 人民银行 中央编办关于在行政管理事项中使用信用记录和信用报告的若干意见》（发改财金[2013]920号） 二、切实发挥在行政管理事项中使用信用记录和信用报告的作用 各级政府、各相关部门应将相关市场主体所提供的信用记录或信用报告作为其实施行政管理的重要参考。对守信者，应探索实行优先办理、简化程序、"绿色通道"和重点支持等激励政策；对失信者，应结合失信类别和程度，严格落实信息惩戒制度。 对食品药品安全、环境保护、产品质量、医疗卫生、工程建设、教育科研、电子商务、股权投资、融资担保等关系到人民群众切身利益，经济健康发展和社会和谐稳定的重点领域，各级政府、各相关部门应率先推进在行政管理事项中使用信用记录和信用报告。 三、探索完善在行政管理事项中使用信用记录和信用报告的制度规范 各级政府、各相关部门应结合地方和部门实际，在政府采购、招标投标、行政审批、市	国家发展改革委、人民银行、中国证监会
14. 对发行公司（企业）债券和银行间市场发行非金融企业债务融资工具从严审核		

续表

惩戒措施	法律及政策依据	实施部门
14. 对发行公司（企业）债券和在银行间市场发行非金融企业债务融资工具从严审核	场推人、资质审核等行政管理事项中依法要求相关市场主体提供由第三方信用服务机构出具的信用记录或信用报告。 五、不断健全社会守信激励和失信惩戒的联动机制 各级政府、各相关部门应根据履职需要，研究明确信用记录和信用报告的主要内容和运用规范。 各级政府、各相关部门要大力树立大局意识，推动形成信用记录和信用报告跨部门、跨区域应用的联动协同配合，把在行政管理事项中使用信用报告的工作纳入重要工作日程。要加强协同配合，推动形成信用记录和信用报告在行政管理事项中的联合应用，逐步建立健全全社会守信激励和失信惩戒的联动机制。	国家发展改革委、人民银行、中国证监会
15. 将失信企业的失信状况作为其融资或对其投信资据或参考	《征信业管理条例》 第二十一条　征信机构可以通过信息主体、企业交易对方、行业协会提供信息，政府有关部门依法公布的信息，人民法院依法公布的信息，裁定等渠道，采集企业信息。 征信机构不得采集法律、行政法规禁止采集的其他不良信息。 （三）不良信息，是指对信息主体信用状况构成负面影响的下列信息：信息主体在借贷、赊购、担保、租赁、保险、使用信用卡等活动中未按照合同履行义务的信息，对信息主体的行政处罚信息，人民法院判决或者裁定信息主体履行义务以及强制执行的信息，以及国务院征信业监督管理部门规定的其他不良信息。 《全国银行间债券市场金融债券发行管理办法》 第十五条　金融债券的发行应由具有债券信用评级能力的信用评级机构进行信用评级。金融债券发行后信用评级机构应每年对该发行人及该期金融债券进行跟踪信用评级。如发生影响该金融债券信用评级的重大事项，信用评级机构应及时调整该金融债券的信用评级，并向投资者公布。 《贷款通则》 第十七条　借款人申请贷款，应当具备产品有市场，生产经营有效益，不挤占挪用信贷	人民银行、中国银监会

续表

惩戒措施	法律及政策依据	实施部门
15. 将失信企业的失信状况作为对其授信的重要依据或参考	资金、恪守信用等基本条件，并且应当符合以下要求： （一）有按期还本付息的能力，原应付贷款利息和到期贷款本息已清偿；没有清偿的，已经做了贷款人认可的偿还计划； （二）除自然人和不需要经工商部门核准登记的事业法人外，应当经过工商部门办理年检手续； （三）已开立基本账户或一般存款账户； （四）除国务院规定外，有限责任公司和股份有限公司对外股本权益性投资累计额未超过其净资产总额的50%； （五）借款人的资产负债率符合贷款人的要求； （六）申请中期、长期贷款的，新建项目的投资项目所需总投资的比例不低于国家规定的投资项目的资本金比例。 第二十二条　贷款人的权利 根据贷款条件和贷款程序自主审查和决定贷款，除国务院批准的特定贷款外，有权拒绝任何单位和个人强令其发放贷款或者提供担保。 （一）要求借款人提供与借款有关的资料； （二）根据借款人的条件，决定贷与不贷、贷款金额、期限和利率等； （三）了解借款人的生产经营活动和财务活动； （四）以合同约定从借款人账户上划收贷款本金和利息； （五）借款人不能履行借款合同规定的偿还债务的，贷款人有权依合同约定要求借款人提前归还贷款或停止支付尚未使用的贷款； （六）在贷款将受或已受损失时，可依据合同规定，采取使贷款免受损失的措施。 《商业银行法》 第三十五条　商业银行贷款，应当对借款人的借款用途、偿还能力、还款方式等情况进行严格审查。	人民银行、中国银监会

续表

惩戒措施	法律及政策依据	实施部门
15. 将失信企业的失信状况作为其融资或其授信的重要依据或参考	商业银行贷款，应当实行审贷分离、分级审批的制度。 《社会信用体系建设规划纲要（2014～2020年）》 发挥政府诚信建设示范作用。各级人民政府首先要加强自身诚信建设，以政府的诚信建设带动全社会诚信意识的树立和诚信水平的提高。在行政许可、政府采购、招标投标、劳动就业、社会保障、科研管理、干部选拔任用和管理监督、申请政府资金支持等领域，率先使用信用信息和信用产品，培育信用服务市场发展。 《国务院办公厅关于运用大数据加强对市场主体服务和监管的若干意见》 （十三）建立健全失信联合惩戒机制。各级人民政府应将使用信用信息和信用报告嵌入行政管理和公共服务等领域的各环节。作为必要条件或重要依据，充分发挥行政、司法、金融、社会等领域的综合监管效能。在市场准入、行政审批、资质认定、政府采购、政府补贴、税收优惠政策、招标投标、企业法定代表人和负责人任职资格审查、政府购买服务、银行信贷、劳动用工、价格制定、电子商务、产品质量、食品药品安全、消费品安全、知识产权、外汇管理、保护、治安管理、人口管理、出入境管理、授予荣誉称号等方面，建立跨部门联动响应和失信约束机制，对违法失信主体依法予以限制或禁入。建立各行业"黑名单"制度和市场退出机制。推动将申请人良好的信用状况作为各类行政许可的必要条件。 《国务院关于建立完善守信联合激励和失信联合惩戒制度加快推进社会诚信建设的指导意见》 （十一）加强对失信行为的市场性约束和惩戒。对严重失信主体，有关部门和机构应以统一社会信用代码为索引，及时公开披露相关信息，便于市场识别失信行为，防范信用风险。督促有关企业和个人履行法定义务，对有履行能力拒不履行严重失信行为的，可实施限制出境和限制购买不动产、乘坐飞机、乘坐高等级列车和席位、旅游度假、入住星级以上宾馆及其他高消费行为等措施。支持征信机构采集失信行为信息，纳入信用记录和信用报告。引导商业银行、证券期货经营机构、保险公司等金融机构按照风险定价原则，对严重失信主体提高贷款利率和财产保险费率，或者限制向其提供贷款、保荐、承销、保险等服务。	人民银行、中国银保会

续表

惩戒措施	法律及政策依据	实施部门
16. 将失信企业的失信状况作为审核股票发行上市及在全国中小企业股份转让系统挂牌公开转让时的重要参考	《证券法》 第十三条　公司公开发行新股，应当符合下列条件： （一）具备健全且运行良好的组织机构； （二）具有持续盈利能力，财务状况良好； （三）最近三年财务会计文件无虚假记载，无其他重大违法行为； （四）经国务院批准的国务院证券监督管理机构规定的其他条件。 第五十条　股份有限公司申请股票上市，应当符合下列条件： （四）公司最近三年无重大违法行为，财务会计报告无虚假记载。 《国务院关于全国中小企业股份转让系统有关问题的决定》 申请挂牌的公司应当业务明确，产权清晰，依法规范经营，公司治理健全，可以尚未盈利，但须履行信息披露义务，所披露的信息应当真实、准确、完整。 《非上市公众公司监督管理办法》 第三条　公众公司应当按照法律、行政法规、本办法和公司章程的规定，做到股权明晰，合法规范经营，公司治理机制健全，履行信息披露义务。	中国证监会
17. 将失信企业的失信状况作为合格境内机构投资者、合格境外机构投资者等外汇额度核准与管理的重要参考依据	《国务院办公厅关于运用大数据加强对市场主体服务和监管的若干意见》 （十三）建立健全失信联合惩戒机制。各级人民政府应将使用信用信息和信用报告纳入行政管理和公共服务的各领域、各环节，作为必要条件或重要参考依据。充分发挥行政法、金融、社会等领域的综合监管效能，在市场准入、行政审批、资质认定、政府采购、招标投标、企业法定代表人和负责人任职资格审查、政府采购、政府购买服务、银行信贷、劳动用工、治安管理、人口管理、出入境管理、食品药品安全、消费品质量、知识产权、外汇管理、保护、价格制定、电子商务、国有土地出让、企业上市、货物通关、税收征缴、社保缴费、授予荣誉称号等方面，建立跨部门联动响应机制和市场退出约束机制，对违法失信主体依法予以限制或禁人。建立各行业"黑名单"制度和市场退出机制。	外汇局

续表

惩戒措施	法律及政策依据	实施部门
17. 将失信企业的失信状况作为合格境内机构投资者、合格境外机构投资者等外汇额度核准与管理的重要参考依据	机制。推动将申请人良好的信用状况作为各类行政许可的必备条件。 《合格境外机构投资者境内证券投资管理办法》 第六条 申请合格投资者资格，应当具备下列条件： （一）申请人的财务稳健，资信良好，达到中国证监会规定的资产规模等条件； （二）申请人的从业人员符合所在国家或者地区的有关从业资格的要求； （三）申请人有健全的治理结构和完善的内控制度，经营行为规范，近三年未受到监管机构的重大处罚； （四）申请人所在国家或者地区有完善的法律和监管制度，其证券监管机构已与中国证监会签订监管合作谅解备忘录，并保持着有效的监管合作关系； （五）中国证监会根据审慎监管原则规定的其他条件。 《人民币合格境外机构投资者境内证券投资试点办法》 第五条 申请人民币合格投资者资格，应当具备下列条件： （一）财务稳健，资信良好、注册地、业务资格等符合中国证监会的规定； （二）公司治理和内部控制有效，从业人员符合所在国家或者所在地区有关的规定； （三）经营行为规范，最近三年或者自成立起未受到所在地监管部门的重大处罚； （四）中国证监会根据审慎监管原则规定的其他条件。 《合格境内机构投资者境外证券投资管理试行办法》 第五条 申请境内机构投资者资格，应当具备下列条件： （一）申请人的财务稳健，资信良好，资产管理规模、经营年限等符合中国证监会的规定； （二）拥有符合规定的具有境外投资管理相关经验的人员； （三）具有健全的治理结构和完善的内控制度，经营行为规范； （四）最近三年没有受到监管机构的重大处罚，没有重大事项正在接受司法部门、监管机构的立案调查；	外汇局

续表

惩戒措施	法律及政策依据	实施部门
17. 将失信企业的失信状况作为合格境内机构投资者、合格境外机构投资者外汇额度核准与管理的重要参考依据	（五）中国证监会根据审慎监管原则规定的其他条件。《国务院办公厅关于运用大数据加强对市场主体服务和监管的若干意见》（十三）建立健全失信联合惩戒机制。各级人民政府应将使用信用信息和信用报告嵌入行政管理和公共服务的各领域、各环节，作为必要条件或重要参考依据。充分发挥行政、司法、金融、社会等领域的综合监管效能，企业法定代表人和负责人任职资格审查、行政审批、资质认定、享受财政补贴和税收优惠政策、国有土地出让、企业上市、货物通关、政府采购、政府购买服务、银行信贷、招标投标、电子商务、产品质量、食品药品安全、消费安全、税收征缴、社保缴费、外汇管理、劳动用工、治安管理、人口管理、出入境管理、授予荣誉称号等方面，建立跨部门联动响应和失信约束惩戒机制，对违法失信主体依法予以限制或禁入。推动将不良信用状况作为各类行政许可的必备条件。	外汇局
18. 对存在失信行为的生产经营单位进出口货物实施严密监管，在办理通关业务时，加强单证审核或布控查验	《国务院关于促进市场公平竞争维护市场正常秩序的若干意见》（国发〔2014〕20号）（十五）建立健全守信激励和失信惩戒机制。将市场主体信用信息作为实施行政管理的重要参考。根据市场主体信用状况实行分级分类管理，动态监管，建立健全经营异常名录制度、对违背市场竞争原则和侵犯消费者、劳动者合法权益的市场主体建立"黑名单"制度（工商总局牵头负责）。对守信主体予以支持和激励，对失信主体在经营、投融资、取得政府供应土地、进出口、出入境、注册新公司、工程招投标、政府采购、获得荣誉、安全许可、生产许可、从业任职资格、资质审核等方面依法予以限制或禁止，对严重违法失信主体实行市场禁入制度（各相关市场监管部门按职责分工分别负责）。《社会信用体系建设规划纲要（2014～2020年）》加强对失信主体的约束和惩戒。强化行政性约束和惩戒。在现有行政处罚措施的基础上，健全各行业失信惩戒制度，建立各行业黑名单制度，推动各级人民政府在市场准入、资质认定、行政审批、政策扶持等方面实施信用分类监管，结合监管对象的失信类别和程度，使失信者受到惩戒。	海关总署

续表

惩戒措施	法律及政策依据	实施部门
19. 对存在失信行为的生产经营单位申请适用海关认证企业管理的，不予通过认证。已经通过认证成为企业信用等级的，按照规定下调认证。	《海关认证企业标准》 （九）未有不良外部信用（高级认证第23项、低级认证第20项）企业或者其法定代表人（负责人）、负责关务的高级管理人员、财务负责人连续一年在工商、商务、税务、银行、外汇、检验检疫、公安、检察院、法院等部门未被列入经营异常名录、失信企业或者人员名单、黑名单企业、人员。 《中华人民共和国海关企业信用管理暂行办法》 第十条 企业有下列情形之一的，海关认定为失信企业： （一）有走私犯罪行为或者走私行为的； （二）非报关企业一年内违反海关监管规定行为次数超过上年度报关单、进出境备案清单等相关海关行政处罚票数千分之一且被海关行政处罚金额累计超过100万元的； 报关企业一年内违反海关监管规定行为次数超过上年度报关单、进出境备案清单总票数万分之五的，或者被海关行政处罚金额累计超过10万元的； （三）拖欠应缴税款、应缴罚没款项的； （四）上一季度报关差错率高于同期全国平均报关差错率一倍以上的； （五）经过实地查看，确认登记的信息实际无法与企业取得联系的； （六）被海关依法暂停从事报关业务的； （七）涉嫌走私、违反海关监管规定或者其他案件拒不配合海关进行调查的； （八）假借海关名义或者伪造海关印信牟取不当利益的； （九）弄虚作假、伪造企业信用信息的； （十）其他海关认定为失信企业的情形。 第十四条 企业有下列情形之一的，海关应当终止认证： （一）发生涉嫌走私或者违反海关监管规定的行为被海关立案侦查或者调查的； （二）主动撤回认证申请的； （三）其他应当终止认证的情形。	海关总署

续表

惩戒措施	法律及政策依据	实施部门
20. 将失信企业的失信状况作为纳税信用评价的重要外部参考	《纳税信用管理办法（试行）》 第十条　纳税信用信息包括纳税人信用历史信息、税务内部信息、外部信息。纳税人信用历史信息包括纳税人基本信息和评价年度之前的纳税信用评定的优良信用记录和不良信用记录。 税务内部信息包括经常性指标信息和非经常性指标信息。经常性指标信息是指涉税申报信息、税（费）款缴纳信息、发票与税控器具信息、登记与账簿信息等纳税人在评价年度内经常产生的指标信息；非经常性指标信息是指税务检查信息等纳税人在评价年度内不经常产生的指标信息。 外部信息包括外部参考信息和外部评价信息。外部参考信息是指从相关部门取得的影响纳税人纳税信用的指标信息；外部评价信息是指外部相关部门评价信息形成联评的指标信息。 第十六条　外部参考信息在年度纳税信用评价结果中记录，与纳税信用评价信息形成联动机制。 第二十条　有下列情形之一的纳税人，本评价年度直接判为D级： （一）存在逃避缴纳税款、逃避追缴欠税、骗取出口退税、虚开增值税专用发票等行为，经判决构成涉税犯罪的； （二）存在前项所列行为，未构成犯罪，但偷税（逃避缴纳税款）金额10万元以上且占各税种应纳税总额10％以上，或者存在逃避追缴欠税、骗取出口退税、虚开增值税专用发票等税收违法行为，已缴纳税款、滞纳金、罚款的； （三）在规定期限内未按税务机关结论缴纳或者足额缴纳税款、滞纳金和罚款的； （四）以暴力、威胁方法拒不缴纳税款或者拒绝、阻挠税务机关依法实施税务稽查执法行为的；	税务总局

续表

惩戒措施	法律及政策依据	实施部门
20. 将失信企业的失信状况作为纳税信用评价的重要外部参考	（五）存在违反增值税发票管理规定或者违反其他发票管理规定的行为，导致其他单位或者个人未缴、少缴或者骗取税款的； （六）提供虚假申报材料享受税收优惠政策的； （七）骗取国家出口退税款，被停止出口退（免）税资格未到期的； （八）有非正常户记录或者由非正常户直接责任人员注册登记或者负责经营的； （九）由D级纳税人的直接责任人员注册登记或者负责经营的； （十）存在税务机关依法认定的其他严重失信情形的。 《社会信用体系建设规划纲要（2014~2020年）》 税务领域信用建设。建立跨部门信息共享机制。开展纳税人基础信息、各类交易信息、财产保有和转让信息以及纳税信用记录等涉税信息的交换、比对和应用工作。进一步完善纳税信用等级评定和发布制度，加强税务领域信用分类管理，发挥信用评价差异对纳税人的奖惩作用。建立违法违规纳税人与其他社会失信纳税人信用联动管理，提升纳税人税法遵从度。	税务总局
21. 相关市场监督管理部门加大对失信企业日常监督检查频次和提高随机抽查概率	《社会信用体系建设规划纲要（2014~2020年）》 完善以奖惩制度为重点的社会信用体系运行机制。 运行机制是保障社会信用体系各主体协调运行的制度基础。其中，守信激励和失信惩戒机制直接作用于各个社会信用主体信用行为，是社会信用体系运行的核心机制。 （一）构建守信激励和失信惩戒机制。 加强对守信行为的奖励和激励。加大对守信行为的表彰和宣传力度。按规定对诚信企业和模范个人给予表彰，任劳动保护、住房城乡建设、交通运输、商务、工商、税务、质检、安全监管、发展改革、金融、环境保护、市场监管和公共服务过程中，要深化信用信息和信用产品的应用，对诚信知识产权等部门，简化办理程序，在市场监管和公共服务过程中，要深化信用信息和信用产品的应用，对诚实守信者实行优先办理、"绿色通道"等支持激励政策。	各有关单位

续表

惩戒措施	法律及政策依据	实施部门
21. 相关市场监督管理部门加大对失信企业日常监督检查频次和提高随机抽查概率	加强对失信主体的约束和惩戒。强化行政监管性约束和惩戒。在现有行政处罚措施的基础上，健全失信惩戒制度，建立各行业黑名单制度和市场退出机制。推动各级人民政府在市场监管和公共服务方面的市场准入、资质认定、行政审批、政策扶持等方面实施信用分类监管，结合监管对象的失信类别和程度，使失信者受到惩戒。逐步建立行政许可申请人信用承诺制度，开展对申请人信用审查，确保申请人在政府推荐的征信机构中有信用记录，配合征信体系建设开展信用信息采集工作。推动信用基准性评价指标体系和评价方法，推动信用机构开展信用评价工作。完善失信信息记录和披露制度，使失信者在市场交易中受到制约。推动形成行业性约束和惩戒。通过行业协会制定行业自律规则并督促遵守，对违规的失信者，按照情节轻重，对机构和会员个人会员实行警告、行业内通报批评、公开谴责等惩戒措施，形成行业性约束和惩戒。完善社会舆论监督机制，加强对失信行为的披露和曝光，发挥群众评议讨论、批评报道等作用，通过社会的道德谴责，形成社会震慑力，约束社会成员的失信行为。建立失信行为有奖举报制度。切实落实对举报人的奖励，保护举报人的合法权益。建立多部门、跨地区信用联合奖惩机制，通过信用信息交换共享，实现多部门、跨地区信用奖惩联动，使守信者处处受益，失信者寸步难行。 《国务院关于印发社会信用体系建设规划纲要(2014—2020年)的通知》(国发[2014]21号) 《国家发展改革委 人民银行 中央编办关于在行政管理事项中使用信用记录和信用报告的若干意见》(发改财金[2013]920号) 二、切实发挥在行政管理事项中使用信用记录和信用报告的作用 各级政府、各相关部门应将相关行政管理事项中使用的信用记录或信用报告作为其实施行政管理的重要参考。对守信者，应结合失信类别和程度，简化程序，"绿色通道"和重点支持等激励政策；对失信者，环境保护、产品质量、医疗卫生、工程建设、教育科研、电子商务、股权投资、融资担保等关系到人民群众切身利益、经济健康发展和社会和谐稳定的重点领域，各级政府、各相关部门应率先推进在行政管理事项中使用相关市场主体的信用记录和信用报告。	各有关单位

续表

惩戒措施	法律及政策依据	实施部门
21. 相关市场监督管理部门加大对失信企业日常监督检查频次和提高随机抽查概率	《国务院关于建立完善守信联合激励和失信联合惩戒制度加快推进社会诚信建设的指导意见》（十）依法依规加强对严重失信行为的行政性约束和惩戒。对严重失信主体监管对象，依法依规采取行政性约束和惩戒措施，限制任其列为重点监管对象。从严审核其行政许可审批项目，从严控制生产许可证发放、限制股票发行上市、债券发行及小额贷款公司、融资担保公司、创业投资机构、互联网融资平台等公共资源交易活动，限制参与政府采购、出让土地等公共资源交易活动。限制申请财政性资金项目。限制参与有关公共资源交易活动。对严格实施失信联合惩戒的对象，严格实施市场禁入措施。及时撤销失信企业及其法定代表人、主要负责人和对失信行为负有直接责任的董事、监事、高级管理人员执业资格、荣誉称号，取消参加评先优优资格。	各有关单位
22. 将失信企业的失信信息通过质检部门门户网站、"信用中国"网站和企业信用信息公示系统向社会公布	《国务院办公厅关于运用大数据加强对市场主体服务和监管的若干意见》（十九）大力推进市场主体信息公示。严格执行《企业信息公示暂行条例》，加快实施经营异常名录制度和严重违法企业名单制度。严格执行企业信用年度报告、经营异常名录和严重违法企业信用信息公示。建设国家企业信用信息以及企业信息公示报告，行政处罚信息，行政许可、行政处罚信息公示。提高市场透明度，并与国家统一的信息共享交换平台"信用中国"网站有机对接和信息共享。支持探索开展社会化的信用信息公示服务，实现信用信息一站式查询。建设"信用中国"网站及其部门网站，各级政府网站及其相关的应向社会公开的信用信息，各部门掌握的应向社会公开的信用信息。各级政府网站及其部门网站归集各地区、社会政务公开信息和相关市场违规信息在"信用中国"网站公开。 《企业信息公示暂行条例》第七条 工商行政管理部门以外的其他政府部门（以下简称其他政府部门）应当公示其…	国家发展改革委、质检总局、工商总局

续表

惩戒措施	法律及政策依据	实施部门
22. 将失信企业的失信信息通过质检部门门户网站、"信用中国"网站和企业信用信息公示系统向社会公布	在履行职责过程中产生的下列企业信息： （一）行政许可准予、变更、延续信息； （二）行政处罚信息； （三）其他依法应当公示的信息。其他政府部门可以通过企业信用信息公示系统，也可以通过其他系统公示的企业信息。工商行政管理部门和其他政府部门应当按照国家社会信用信息平台建设的总体要求，实现企业信息的互联共享。 《社会信用体系建设规划纲要（2014～2020年）》 （二十三）加强和规范政府数据采集。建立健全政务大数据采集制度，明确信息采集责任。各部门在履职过程中，要依法及时、准确、规范、完整地记录和采集相关信息，妥善保存并定期更新。加强对市场主体相关信息的记录，形成信用档案，对严重违法失信的市场主体，按照有关规定列入"黑名单"并公开曝光。 《国务院关于建立完善守信联合激励和失信联合惩戒制度加快推进社会诚信建设的指导意见》 （十七）建立健全信用信息公开制度。除法律法规另有规定外，推动政务信用信息公开。县级以上人民政府在7个工作日内通过政府网站公开、行政处罚等信息，行政处罚信息要在作出行政处罚决定的7个工作日内通过政府网站公开，全面落实行政许可和行政处罚信息上网公开制度。各级行政机关和其他有关组织依法依规将信用信息归集至"信用中国"网站，为社会提供"一站式"查询服务。推动各类自然人、法人和其他组织的行政许可、行政处罚等信息通过政府网站公开，并及时归集至"信用中国"网站，为社会提供"一站式"查询服务。推动司法机关按照有关规定在企业信用信息公示系统公示企业信用信息公示。涉及司法机关的相关信息按照国务院关于企业信息公示暂行条例规定在企业信用信息公示系统公示。推动司法机关的相关信息按照企业信息公示暂行条例执行。失信被执行人名单等信用信息。	国家发展改革委、质检总局、工商总局
23. 失信企业的失信信息由中央网信办协调互联网新闻信息服务单位向社会公布	《中华人民共和国政府信息公开条例》 第九条 行政机关对符合下列基本要求之一的政府信息应当主动公开： （一）涉及公民、法人或者其他组织切身利益的； （二）需要社会公众广泛知晓或者参与的； （三）反映本行政机关机构设置、职能、办事程序等情况的；	中央网信办

· 300 ·

续表

惩戒措施	法律及政策依据	实施部门
23. 失信企业的失信信息由中央网信办协调互联网新闻信息服务单位向社会公布	（四）其他依照法律、法规和国家有关规定应当主动公开的。 《互联网新闻信息服务管理规定》 第三条 互联网新闻信息服务单位从事互联网新闻信息服务，应当遵守宪法、法律和法规，坚持为人民服务、为社会主义服务的方向，坚持正确的舆论导向，维护国家利益和公共利益。 《国务院关于建立完善守信联合激励和失信联合惩戒制度 加快推进社会诚信建设的指导意见》 （十七）建立健全信用信息公示制度。除法律法规另有规定外，推动政务信用信息公开，县级以上人民政府及其部门要将各类行政处罚信息上网公开。行政许可、行政处罚等信息在7个工作日内通过政府网站和行政处罚信息公开系统等途径向社会公开，并及时归集至"信用中国"网站和其他组织的"信用中国"网站。涉及企业的相关信用信息按照企业信息公示条例规定在企业信用信息公示系统公示。推动司法机关在"信用中国"网站公示司法判决、失信被执行人名单等信用信息。	中央网信办
24. 失信企业变更名称，将变更前后的名称在全国企业信用信息公示系统上公示	《企业信息公示暂行条例》 第十二条 政府部门发现其公示的信息不准确的，应当及时更正。公民、法人或者其他组织有证据证明政府部门公示的信息不准确的，有权要求该政府部门予以更正。 企业发现其公示的信息不准确的，应当及时更正，但是，企业年度报告公示信息的更正应当同时公示。 应当在每年6月30日之前完成。更正前后的信息应当同时公示。 《国务院关于建立完善守信联合激励和失信联合惩戒制度 加快推进社会诚信建设的指导意见》 （十七）建立健全信用信息公示制度。除法律法规另有规定外，推动政务信用信息公开，县级以上人民政府及其部门要将各类行政处罚信息上网公开。行政许可、行政处罚等信息在7个工作日内通过政府网站和行政处罚信息公开系统等途径向社会公开，并及时归集至"信用中国"网站和其他组织的"信用中国"网站。涉及企业的相关信用信息按照企业信息公示条例规定在企业信用信息公示系统公示。推动司法机关在"信用中国"网站公示司法判决、失信被执行人名单等信用信息。	工商总局

续表

惩戒措施	法律及政策依据	实施部门
25. 将失信企业及法定代表人的失信信息纳入企业及个人金融信用信息基础数据库，记入企业及个人信用记录	《征信业管理条例》 第二十一条 征信机构可以通过信息主体、企业交易对方、行业协会提供信息、政府有关部门依法已公开的信息、人民法院依法公布的判决、裁定等渠道，采集企业信息。 第四十四条 本条例下列用语的含义： （一）信息提供者，是指向征信机构提供信息的单位和个人，以及向金融信用信息基础数据库提供信息的单位。 （二）信息使用者，是指从征信机构获取信息的单位和个人。 （三）不良信息，是指对信息主体信用状况构成负面影响的下列信息：信息主体在借贷、赊购、担保、租赁、保险、使用信用卡等活动中未按照合同履行义务的信息，对信息主体的行政处罚信息，人民法院判决或者裁定信息主体履行义务及强制执行的信息，以及国务院征信业监督管理部门规定的其他不良信息。 《社会信用体系建设规划纲要（2014～2020年）》 加快信用体系建设。征信机构开展征信业务，应建立以企事业单位及其他社会组织、个人为对象的征信系统，依法采集、整理、保存、加工信用信息，乘坐高等级列车席次、旅游度假，纳入信用风险定价原则，保险公司能限制向其提供贷款、保险、承销、保险等服务。 《国务院关于建立完善守信联合激励和失信联合惩戒制度加快推进社会诚信建设的指导意见》 （十一）社会信用代码为索引，及时公开披露相关信息，对有履行能力但拒不履行严重失信行为主体实施出境和限制购买不动产、乘坐飞机、乘坐高等级列车席次、旅游度假，人住信用记录，对严重失信行为主体的，引导消费行为等措施。支持征信机构采集严重失信行为信息，纳入信用报告，引导金融机构按照风险定价原则，对严重失信行为主体提高贷款利率和财产保险费率，证券期货经营机构、保险公司能限制向其提供贷款、保险、承销、保险等服务。	人民银行

续表

惩戒措施	法律及政策依据	实施部门
25. 将失信企业及法定代表人金融信用信息基础数据库，记入企业及个人信用记录	（十四）完善个人信用记录，推动联合惩戒措施落实到人。对企事业单位严重失信行为，在记入企事业单位信用记录的同时，记入其法定代表人、主要负责人和其他负有直接责任的人员的个人信用记录。在对失信企事业单位进行联合惩戒的同时，依照法律法规和政策规定对相关责任人员采取相应的联合惩戒措施。通过建立完整的个人信用记录及联合数据库及联合惩戒机制，使失信惩戒措施落实到人。 《国家发展改革委 人民银行 中央编办关于在行政管理事项中使用信用记录和信用报告的若干意见》（发改财金司[2014]920号） 一、建立完善社会信用主体信用记录。各级政府、各相关部门在行政管理事项中使用信用记录和信用报告的基础性工作。各地区各部门要结合本地区各部门、各单位信息化工程建设，形成统一的信用报告共享平台。各相关部门要结合国家政务信息化工程建设、完善行业信用信息记录，加快推进行业内信用信息互联互通，各地方、各部门要大力推进政府其他组织的信用信息，支持征信机构根据市场需求，依法采集个人、企业、事业单位及其他社会组织的信用信息，建立信用信息数据库，提供专业化的征信服务。要加快建立完善重点领域社会成员信用记录，疏通信用信息来源渠道。	人民银行
26. 限制失信企业享受政府补贴性资金和社会保障资金支持	《社会信用体系建设规划纲要（2014～2020年）》 发挥政府诚信建设示范作用。各级人民政府首先要加强自身诚信建设，以政府的诚信施政，带动全社会诚信意识的树立和诚信水平的提高。在行政许可、政府采购、招标投标、劳动就业、社会保障、科研管理、干部选拔任用和管理监督、申请政府资金支持等领域，率先使用信用信息和信用产品，培育信用服务市场发展。 《国务院办公厅关于运用大数据加强对市场主体服务和监管的若干意见》 （十三）建立健全失信联合惩戒机制。各级人民政府应将使用信用信息和信用报告嵌入	国家发展改革委、财政部、人力资源社会保障部、国资委等有关单位

续表

惩戒措施	法律及政策依据	实施部门
26. 限制失信企业享受政府补贴性资金和社会保障资金支持	行政管理和公共服务的各领域、各环节，作为必要条件或重要参考依据。充分发挥行政、司法、金融、社会等领域的综合监管效能，在市场准入、行政审批、政府财政补贴和税收优惠政策、企业法定代表人和负责人任职资格审查、信贷、招投标、劳动用工、价格制定、国有土地出让、企业上市、货物通关、税收征缴、社保缴费、外汇管理、保护、治安管理、人口管理、出入境管理、食品药品安全、产品质量、电子商务、产品荣誉称号等方面，建立跨部门联动响应和市场退出机制，对违法失信主体依法予以限制或禁入，授予荣誉称号等方面，建立跨部门联动响应和市场退出机制。推动将守信用良好的申请人良好的信用状况作为各类行政许可的必备条件。	国家发展改革委、财政部、人力资源社会保障部、国资委等有关单位
27. 限制失信企业受让收费公路权益	《收费公路权益转让办法》 第十二条 公路收费权益的受让方应当具备下列条件： （一）财务状况良好，企业所有者权益不低于受让项目实际造价的35%； （二）商业信誉良好，在经济活动中无重大违法违规行为； （三）法律、法规规定的其他条件。 《国务院关于建立完善守信联合激励和失信联合惩戒制度加快推进社会诚信建设的指导意见》 （九）对重点领域失信行为做出处理和评价结果，在有关部门和社会组织依法依规对严重失信行为采取联合惩戒措施。通过信息共享，重点包括：一是严重危害人民群众身体健康和生命安全的行为，包括食品药品、生态环境、工程质量、安全生产、消防安全、强制性产品认证等领域的严重失信行为。二是严重破坏市场公平竞争秩序和社会正常秩序的行为，包括贿赂、逃税骗税、恶意逃废债务、恶意拖欠货款或服务费、恶意欠薪、非法集资、合同欺诈、传销、无证照经营、制售假冒伪劣产品和故意侵犯知识产权、出借和借用资质investigation标、围标串标、虚假广告、侵害消费者或投资者合法权益，严重破坏网络空间传播秩序、聚众扰乱社会	交通运输部

续表

惩戒措施	法律及政策依据	实施部门
27. 限制失信企业受让收费公路权益	秩序等严重失信行为。三是拒不履行法定义务，严重影响司法机关、行政机关公信力的行为，包括当事人在司法机关、行政机关做出判决或决定后，有履行能力但拒不履行、逃避执行等严重失信行为。四是拒不履行国防义务，拒绝、拖延兵役，拒绝、拖延民用资源征用决定或者阻碍对被征用的民用资源进行改造，危害国防利益、破坏国防设施等行为。 （十）依法依规加强对失信行为的行政性约束和惩戒。依法依规采取行政性约束和惩戒性措施。对严重失信主体、各地区、各有关部门应将其列为重点监管对象。从严审核行政许可审批项目、债券发行等申报事项，限制新增项目审批、核准。限制发起设立或参股金融机构以及小额贷款公司、融资担保公司、创业投资公司、互联网融资平台等机构。限制从事互联网信息服务等。严格限制申请财政性资金项目，限制参与有关公共资源交易活动，限制参与基础设施和公用事业特许经营。对严重失信企业及其法定代表人、主要负责人和对失信行为负有直接责任的注册执业人员和相关责任人员等实施市场和行业禁入措施。及时撤销严重失信企业及其人员的荣誉称号，负责人、高级管理人员在失信行为负有直接责任的董事、股东等人员取消参加评先评优资格。	交通运输部
28. 将失信企业失信状况作为享受优惠性政策支持的审慎性参考	《社会信用体系建设规划纲要（2014～2020年）》 五、完善以奖惩制度为重点的社会信用体系运行机制 运行机制是保障社会信用体系各系统协调运行的制度基础。其中，守信激励和失信惩戒机制直接作用于各个社会信用主体信用行为，是社会信用体系运行的核心机制。 （一）构建守信激励和失信惩戒机制。 加强对守信信用主体给予奖励和激励。加大对守信行为的表彰和宣传力度。按规定对诚信企业和模范个人给予表彰，通过新闻媒体广泛宣传，营造守信光荣未来的舆论氛围。发展改革、财政、	国家发展改革委、质检总局、商务部、海关总署、税务总局等有关单位

续表

惩戒措施	法律及政策依据	实施部门
28. 将失信企业失信状况作为享受优惠性政策支持的审慎性参考	金融、环境保护、住房城乡建设、交通运输、商务、工商、税务、质检、安全监管、海关、知识产权等部门，在市场监管和公共服务过程中，要深化信用信息和信用产品的应用，对诚实守信者实行优先办理、简化程序等"绿色通道"，支持激励政策。加强对失信主体的约束惩戒和惩戒。健全各类名单制度和市场退出机制。推动各级人民政府在市场监管和公共服务的市场准入、资质认定、行政审批、政策扶持等方面实施信用分类监管，结合失信对象申请信用审查，使失信申请人在政府推行信用信息采集制方法，并开展申请人信用审查工作，推动形成市场性约束和惩戒。逐步建立行政许可申请人信用承诺制度，建立信用信息记录和披露制度，确保失信者在市场交易中受到制约。配合征信机构开展失信信息采集工作，推动形成市场性约束和惩戒。使失信者在市场交易中受到制约。制定信用基准性评价指标体系和评价方法。完善失信信息记录和披露制度。通过行业自律规范和监督公约遵守，对违规的失信者，按照有关社会性约束和惩戒。通过行业协会制定行业自律规章、行业内通报批评、公开谴责等惩戒措施，推动形成社会性约束和惩戒。完善会员和个人会员守法监督机制，加强对失信行为的披露和曝光，发挥群众评议、批评报道等作用。通过社会舆论监督的道德谴责，形成对失信行为的社会震慑力，约束社会成员的失信行为。建立失信行为有奖举报制度，切实落实有奖举报人的奖励，保护举报人的合法权益。信用奖惩联动，跨地区联合处受益，通过信用信息交换共享，实现多部门、跨地区信用奖惩联动，使守信者处处受益，失信者寸步难行。《国务院办公厅关于运用大数据加强对市场主体服务和监管的若干意见》（十三）建立健全失信联合惩戒机制。各级人民政府应将使用信用信息和信用报告人行政管理和公共服务的各领域、各环节，作为必要条件或重要参考依据。充分发挥行政、司法、金融、社会等领域的综合监管效能，在市场准入、行政审批、资质认定、享受财政补贴和税收优惠政策、企业法定代表人和负责人任职资格审查、政府采购、政府购买服务、银行信贷、招标投标、国有土地出让、企业上市、货物通关、税收征缴、社保缴费、外汇管理	国家发展改革委、质检总局、商务部、海关总署、税务总局等有关单位

第六章 外汇管理检查

续表

惩戒措施	法律及政策依据	实施部门
28. 将失信企业及其法定代表人获得相关部门颁发的荣誉证书、嘉奖性政策支持作为享受优惠性政策支持的审慎性参考	劳动用工、价格制定、电子商务、产品质量、食品药品安全、消费品安全、知识产权、环境保护、治安管理、人口管理、出入境管理、授予荣誉称号等方面，建立跨部门联动应对和失信约束机制，对违法失信主体依法采取以限制或禁入。推动将良好的信用状况作为各类行政许可的必备条件。《国务院关于建立完善守信联合激励和失信联合惩戒制度加快推进社会诚信建设的指导意见》（十）依法依规加强对失信行为的行政性约束和惩戒。从严审核发行上市融资许可事项，限制新增项目审批、核准，限制发行股票融资金融机构发起设立股权投资机构，限制发行债券、融资、创业投资、互联网融资平台等活动，限制参与有关公共资源交易服务项目。严格限制申请财政性资金项目，主要负责人和对失信企业及其法定代表人、负有直接责任的董事、高级管理人员实施市场和行业禁入措施，及时撤销失信人员注册执业资格和对失信行为负有直接责任的董事、股东等人员参加评先评优资格。	国家发展改革委、质检总局、商务部、海关总署、税务总局等有关单位
29. 限制失信企业及其法定代表人、主要负责人和对失信行为负有直接责任的董事、股东等人员取消、终止其享有的荣誉称号	《社会信用体系建设规划纲要（2014～2020年）》（十三）建立健全失信联合惩戒机制。各级人民政府应将使用信用信息和信用报告嵌入行政管理和公共服务的各领域、各环节，作为必要条件或重要参考依据，充分发挥行政、社会监督的综合监督效能，在市场准入、行政审批、资质认定、政府采购、招标投标、国有土地出让、企业上市、货物通关、税收征缴、社保缴费、外汇管理、信贷、招投标、国有土地出让、企业上市、货物通关、食品药品安全、消费品安全、知识产权、环境保护、治安管理、人口管理、出入境管理、授予荣誉称号等方面，建立跨部门联动应对和失信	中央文明办牵头，各部门共同采取措施

续表

惩戒措施	法律及政策依据	实施部门
29. 限制失信企业及其法定代表人、主要负责人和对失信行为负有直接责任的董事、股东等人员参加评先评优活动，及时撤销严重失信企业及其法定代表人、主要负责人和对失信行为负有直接责任的董事、股东等人员的荣誉称号。	信约束机制，对违法失信主体依法子以限制或禁入。推动将申请人良好的信用状况作为各类行政许可正常秩序的必备条件。《国务院关于促进市场公平竞争维护市场正常秩序的若干意见》 （十五）建立健全守信激励和失信惩戒机制。根据市场主体的信用信息作为实施行政管理的重要参考。对守信主体子以支持和激励，对失信主体在经营、投融资、取得政府供应土地、进出口、出入境、注册新公司、工程招投标、政府采购、获得荣誉、安全许可、生产许可、从业任职资格、资质审核等方面依法予以限制或禁止，对严重违法失信主体实行市场禁入制度。 《企业信息公示暂行条例》 第十八条 县级以上地方人民政府及有关部门应当建立健全信用约束机制，在政府采购、工程招投标、国有土地出让、授予荣誉称号等工作中，将企业信息作为重要考量因素，对被列入经营异常名录或者严重违法企业名单的企业依法子以限制或者禁入。 《国务院关于建立完善守信联合激励和失信联合惩戒制度加快推进社会诚信建设的指导意见》 依法依规加强对失信行为的行政性约束和惩戒。对严重失信行为，各有关部门应依法采取行政许可审批项目，从严审核行政许可事项，各地区、各部门可在融资贷款和公用基础设施建设等领域，限制严重失信主体及其法定代表人、主要负责人和对失信行为负有直接责任人员等取得荣誉称号，取消参加评先评优的资格。	中央文明办牵头，各部门共同采取措施

· 308 ·

第六章 外汇管理检查

续表

惩戒措施	法律及政策依据	实施部门
30. 限制失信企业的法定代表人在食品、特种设备等直接关系消费者生命财产安全的领域，担任相关企业法定代表人、监事、董事和高级管理人员	《中华人民共和国公司法》 第一百四十七条 有下列情形之一的，不得担任公司的董事、监事、高级管理人员： （一）无民事行为能力或者限制民事行为能力； （二）因贪污、贿赂、侵占财产、挪用财产或者破坏社会主义市场经济秩序，被判处刑罚，执行期满未逾五年，或者因犯罪被剥夺政治权利，执行期满未逾五年； （三）担任破产清算的公司的董事或者厂长、经理，对该公司、企业的破产负有个人责任的，自该公司、企业破产清算完结之日起未逾三年； （四）担任因违法被吊销营业执照、责令关闭的公司、企业的法定代表人，并负有个人责任的，自该公司、企业被吊销营业执照之日起未逾三年； （五）个人所负数额较大的债务到期未清偿。公司违反前款规定选举、委派董事、监事或者聘任高级管理人员的，该选举、委派或者聘任无效。董事、监事、高级管理人员任职期间出现本条第一款所列情形的，公司应当解除其职务。 《企业法人法定代表人登记管理规定》 第四条 有下列情形之一的，不得担任企业法定代表人，企业登记机关不予核准登记： （一）无民事行为能力或者限制民事行为能力的； （二）正在被执行刑罚或者正在被执行刑事强制措施的； （三）正在被公安机关或者国家安全机关通缉的； （四）因犯有贪污贿赂罪、侵犯财产罪或者破坏社会主义市场经济秩序罪，被判处刑罚，执行期满未逾五年的；因犯有其他罪，被判处刑罚，执行期满未逾三年的；或者因犯罪被判处剥夺政治权利，执行期满未逾五年的； （五）担任因经营不善破产清算的企业的法定代表人或者董事、经理，并对该企业的破产负有个人责任，自该企业破产清算完结之日起未逾三年的。 （六）担任因违法被吊销营业执照的企业的法定代表人，并对该企业违法行为负有个人	工商总局

续表

惩戒措施	法律及政策依据	实施部门
30. 限制失信企业的法定代表人在食品药品、特种设备、安全生产等直接关系消费者生命财产安全的领域，担任相关企业法定代表人、监事、董事和高级管理人员	责任，自该企业被吊销营业执照之日起未逾三年的。 （七）个人负债数额较大，到期未清偿的。 （八）法律和国务院规定的其他不能担任企业法定代表人的。 《企业信息公示暂行条例》 第十七条 有下列情形之一的，由县级以上工商行政管理部门列入经营异常名录，通过企业信用信息公示系统向社会公示，提醒其履行公示义务；情节严重的，由有关主管部门依照有关法律、行政法规规定给予行政处罚；造成他人损失的，依法承担赔偿责任；构成犯罪的，依法追究刑事责任： （一）企业未按照本条例规定的期限公示年度报告或者未按照工商行政管理部门责令的期限公示有关企业信息的； （二）企业公示信息隐瞒真实情况、弄虚作假的。 被列入经营异常名录的企业依照本条例规定履行公示义务的，由县级以上工商行政管理部门移出经营异常名录；满三年未依照本条例规定履行公示义务的，由国务院工商行政管理部门或者省、自治区、直辖市人民政府工商行政管理部门列入严重违法企业名单，并通过企业信用信息公示系统向社会公示。被列入严重违法企业名单的企业的法定代表人、负责人，三年内不得担任其他企业的法定代表人、负责人。 企业自被列入严重违法企业名单之日起满五年未再发生第一款规定情形的，由国务院工商行政管理部门或者省、自治区、直辖市人民政府工商行政管理部门移出严重违法企业名单。 《国家发展改革委 人民银行 中央编办关于在行政管理事项中使用信用记录和信用报告的若干意见》（发改财金[2014]920号） 一、建立完善社会信用主体信用记录 建立完善信用主体信用记录是各级政府、各相关部门、各单位在行政管理事项中使用信用记录和信用报告的基础性工作。各地方要对本地区各部门、各相关部门、各单位的信用信息进行整合，形成统一的信用信息共享平台。各相关部门要结合国务政务信息化工程建设，完善信用行业信息统一的信用信息共享平台。	工商总局

第六章 外汇管理检查

续表

惩戒措施	法律及政策依据	实施部门
30. 限制失信企业的法定代表人在食品药品、特种设备安全等直接关系消费者生命财产安全的领域，担任相关企业法定代表人、监事、董事和高级管理人员	记录，加快推进行业内信用信息互联互通。各地方、各部门要大力推进政府信息公开，支持征信机构根据市场信息需求，依法采集个人、企业、事业单位及其他社会组织的信用信息，建立信用信息数据库，提供专业化的征信服务。加快建立完善社会领域重点监管的若干意见》，疏通信用信息来源渠道。 《国务院办公厅关于运用大数据加强对市场主体服务和监管的若干意见》 （十三）建立健全失信联合惩戒机制。各级人民政府应使用信用信息和信用报告嵌入行政管理和公共服务的各领域、各环节，依法在市场准入、行政审批、政府采购、招标投标、国有土地出让、价格制定、电子商务、出入境管理、人口管理、治安管理、劳动用工、保护、价格制定、电子商务、出入境管理、人口管理、治安管理、食品药品安全、知识产权、环境保护、税收征缴、社保缴费、授予荣誉称号等方面，建立跨部门"黑名单"制度和市场退出机制，对违法失信主体依法予以限制或禁人。推动将申请人良好的信用状况作为各类行政许可的必备条件。 《国务院关于建立完善守信联合激励和失信联合惩戒制度加快推进社会诚信建设的指导意见》 （十）依法将其列为重点监管对象，依法采取行政性约束和惩戒措施。对严重失信行为的行政许可审批，从严审核行政许可审批，从严控制新增生产许可证发放，限制新增项目审批，限制股票发行上市融资或发行债券，限制在全国股份转让系统挂牌、融资，限制发起设立金融机构以及小额贷款公司、融资担保公司、创业投资公司、互联网金融平台等公共资源交易活动，限制参与有关公用事业特许经营。对严重失信市场失信主体，主要负责人和对失信行为负有直接责任的有关人员申请财政性资金项目。及时撤销严重失信企业及其法定代表人、负责人、高级管理人员和对失信行为负有直接责任的董事、股东等失信等人员的荣誉称号。取消参加评先评优资格。	工商总局

国家外汇管理局综合司关于印发《外汇行政许可和行政处罚信息公开工作制度》的通知

汇综发〔2016〕59号

国家外汇管理局各省、自治区、直辖市分局、外汇管理部,深圳、大连、青岛、厦门、宁波市分局:

为保障外汇市场公平竞争,维护外汇市场正常秩序,提高外汇行政管理的执法透明度和公信力,国家外汇管理局(以下简称总局)制定了《外汇行政许可和行政处罚信息公开工作制度》(见附件,以下简称《制度》),现印发给你们,请遵照执行。为顺利推进相关工作,现将有关事项通知如下:

一、总局为相关业务司及各分局、外汇管理部(以下简称分局)发布员设置用户名如下:

(一)行政许可信息发布用户

总局国际收支司用户名:100000gjsz

分局国际收支处用户名:分局代码+gjsz

总局经常项目管理司用户名:100000jcxm

分局经常部门用户名:分局代码+jcxm

总局资本项目管理司用户名:100000zbxm

分局资本部门用户名:分局代码+zbxm

(二)行政处罚信息发布用户

总局管理检查司用户名:100000whjc

分局检查部门用户名：分局代码 + whjc

以上用户初始口令将通过门户网邮箱通知，请尽快登录总局政府网站及分局政府网站修改。

二、2016年5月10日，总局政府网站及分局政府网站行政许可和行政处罚信息公开功能模块的后台上传功能上线试运行，6月1日，后台上传及前台查询功能正式上线运行。

三、总局相关业务司及各分局应按《制度》规定的时限和程序发布2016年6月1日起作出决定的行政许可或行政处罚信息（以文书正式印发时间为准，下同）。如需发布6月1日之前的行政许可信息，请于6月1日之前完成。6月1日之前的行政处罚信息，仍由总局统一发布。

总局各部门及各分局应高度重视行政许可和行政处罚信息公开（以下简称"双公开"）工作，严格按照《制度》的规定，做好"双公开"工作，确保信息公开的及时和准确。执行中如遇问题，请及时向总局反馈。

联系人：
收支司：霍东海，（010）68402295
经常司：秦朗，（010）68402104
资本司：李宗民，（010）68402127
管检司：徐浩雄，（010）68402391
监测中心技术支持电话：（010）68402354

特此通知。

附件：外汇行政许可和行政处罚信息公开工作制度（内容详见光盘）

二〇一六年五月三日

附 录

现行有效外汇管理主要法规目录
（截至 2016 年 12 月 31 日）[①]

一、综合（20 项）

（一）基本法规（7 项）

1. 中华人民共和国外汇管理条例　国务院令第 532 号
2. 境内外汇划转管理暂行规定（97）汇管函字第 250 号
3. 个人外汇管理办法　中国人民银行令 2006 年第 3 号
4. 个人外汇管理办法实施细则　汇发〔2007〕1 号
5. 国家外汇管理局关于印发《海关特殊监管区域外汇管理办法》的通知　汇发〔2013〕15 号
6. 国家外汇管理局关于印发《跨国公司外汇资金集中运营管理规定》的通知　汇发〔2015〕36 号
7. 国家外汇管理局关于进一步促进贸易投资便利化完善真实性审核的通知　汇发〔2016〕7 号

---

① 共收录外汇管理法规 209 件。

（二）账户管理（6项）

8. 境内外汇账户管理规定　银发［1997］416号
9. 境外外汇账户管理规定　［97］汇政发字第10号
10. 国家外汇管理局综合司关于驻华使领馆经常项目外汇账户管理有关问题的通知　汇综发［2007］114号
11. 国家外汇管理局关于对公外汇账户业务涉及有关外汇管理政策问题的批复　汇复［2007］398号
12. 国家外汇管理局综合司关于驻华外交机构外汇业务有关问题的批复　汇综复［2008］53号
13. 国家外汇管理局关于境外机构境内外汇账户管理有关问题的通知　汇发［2009］29号

（三）行政许可（1项）

14. 国家外汇管理局关于外汇管理行政审批有关工作事项的通知　汇发［2015］31号

（四）其他（6项）

15. 国家外汇管理局关于印发《国家外汇管理局政府信息公开指南》《国家外汇管理局政府信息公开目录》《国家外汇管理局依申请公开政府信息工作规程》的通知　汇发［2008］12号
16. 国家外汇管理局法律咨询工作管理规定　汇综发［2009］106号
17. 国家外汇管理局综合司关于办理二氧化碳减排量等环境权益跨境交易有关外汇业务问题的通知　汇综发［2010］151号
18. 国家外汇管理局关于废止和修改涉及注册资本登记制度改革相关规范性文件的通知　汇发［2015］20号
19. 国家外汇管理局关于亚洲基础设施投资银行和新开发银行外汇管理有关问题的通知　汇发［2016］10号
20. 国家外汇管理局公告　2016年第2号

二、经常项目外汇管理（23项）

（一）经常项目综合（5项）

21. 国家外汇管理局关于免税商品外汇管理有关问题的通知　汇发［2006］16号

22. 国家外汇管理局关于调整经常项目外汇管理政策的通知　汇发〔2006〕19号

23. 国家外汇管理局关于境内机构自行保留经常项目外汇收入的通知　汇发〔2007〕49号

24. 国家外汇管理局关于改进海关特殊监管区域经常项目外汇管理有关问题的通知　汇发〔2013〕22号

25. 国家外汇管理局关于开展支付机构跨境外汇支付业务试点的通知　汇发〔2015〕7号

（二）货物贸易外汇管理（7项）

26. 国家外汇管理局综合司关于商业银行办理黄金进出口收付汇有关问题的通知　汇综发〔2012〕85号

27. 国家外汇管理局　海关总署　国家税务总局关于货物贸易外汇管理制度改革的公告　国家外汇管理局公告2012年第1号

28. 国家外汇管理局关于印发货物贸易外汇管理法规有关问题的通知　汇发〔2012〕38号

29. 国家外汇管理局综合司关于做好货物贸易外汇管理应急工作有关问题的通知　汇综发〔2012〕123号

30. 中华人民共和国海关总署　国家外汇管理局公告2013年第52号

31. 国家外汇管理局关于完善银行贸易融资业务外汇管理有关问题的通知　汇发〔2013〕44号

32. 国家外汇管理局关于规范货物贸易外汇收支电子单证审核的通知　汇发〔2016〕25号

（三）边境贸易（1项）

33. 国家外汇管理局关于边境地区贸易外汇管理有关问题的通知　汇发〔2014〕12号

（四）服务贸易外汇管理（4项）

34. 国家外汇管理局关于外币旅行支票代售管理等有关问题的通知　汇发〔2004〕15号

35. 国家外汇管理局关于境内机构捐赠外汇管理有关问题的通知　汇发〔2009〕63号

36. 国家外汇管理局关于印发服务贸易外汇管理法规的通知　汇发

〔2013〕30号

37. 国家税务总局 国家外汇管理局关于服务贸易等项目对外支付税务备案有关问题的公告 国家税务总局 国家外汇管理局公告2013年第40号

（五）个人经常项目外汇管理（2项）

38. 国家外汇管理局关于进一步完善个人结售汇业务管理的通知 汇发〔2009〕56号

39. 国家外汇管理局关于进一步完善个人外汇管理有关问题的通知 汇发〔2015〕49号

（六）外币现钞与外币计价管理（4项）

40. 携带外币现钞出入境管理暂行办法 汇发〔2003〕102号

41. 携带外币现钞出入境管理操作规程 汇发〔2004〕21号

42. 国家外汇管理局 海关总署关于印发《银行调运外币现钞进出境管理规定》的通知 汇发〔2014〕24号

43. 国家外汇管理局关于印发《境内机构外币现钞收付管理办法》的通知 汇发〔2015〕47号

三、资本项目外汇管理（76项）

（一）资本项目综合（6项）

44. 国家外汇管理局关于下放部分资本项目外汇业务审批权限有关问题的通知 汇发〔2005〕63号

45. 国家外汇管理局关于调整部分资本项目外汇业务审批权限的通知 汇发〔2010〕29号

46. 国家外汇管理局关于鼓励和引导民间投资健康发展有关外汇管理问题的通知 汇发〔2012〕33号

47. 国家外汇管理局关于推广资本项目信息系统的通知 汇发〔2013〕17号

48. 国家外汇管理局关于进一步改进和调整资本项目外汇管理政策的通知 汇发〔2014〕2号

49. 国家外汇管理局关于改革和规范资本项目结汇管理政策的通知 汇发〔2016〕16号

（二）外商直接投资外汇管理（13 项）

基本法规

50. 利用外资改组国有企业暂行规定　国家经济贸易委员会、财政部、国家工商行政管理总局、国家外汇管理局令 2002 年第 42 号

51. 外商投资创业投资企业管理规定　对外贸易经济合作部、科学技术部、国家工商行政管理总局、国家税务总局、国家外汇管理局令 2003 年第 2 号

52. 外国投资者对上市公司战略投资管理办法　商务部、中国证券监督管理委员会、国家税务总局、国家工商行政管理总局、国家外汇管理局令 2005 年第 28 号

53. 关于外国投资者并购境内企业的规定　商务部、国务院国有资产监督管理委员会、国家税务总局、国家工商行政管理总局、中国证券监督管理委员会、国家外汇管理局令 2006 年第 10 号（《商务部关于修改〈关于外国投资者并购境内企业的规定〉的决定》（商务部令 2009 年第 6 号）修改）

54. 国家外汇管理局关于进一步改进和调整直接投资外汇管理政策的通知　汇发〔2012〕59 号

55. 国家外汇管理局关于印发《外国投资者境内直接投资外汇管理规定》及配套文件的通知　汇发〔2013〕21 号

56. 国家外汇管理局关于进一步简化和改进直接投资外汇管理政策的通知　汇发〔2015〕13 号

57. 国家外汇管理局关于改革外商投资企业外汇资本金结汇管理方式的通知　汇发〔2015〕19 号

其他

58. 国家外汇管理局　建设部关于规范房地产市场外汇管理有关问题的通知　汇发〔2006〕47 号

59. 住房和城乡建设部　国家外汇管理局关于进一步规范境外机构和个人购房管理的通知　建房〔2010〕186 号

60. 建设部　商务部　国家发展和改革委员会　中国人民银行　国家工商行政管理总局　国家外汇管理局关于规范房地产市场外资准入和管理的意见　建住房〔2006〕171 号

61. 住房城乡建设部、商务部、国家发展改革委、人民银行、工商总

局、外汇局关于调整房地产市场外资准入和管理有关政策的通知（建房〔2015〕122号）

62. 商务部　外汇局关于进一步改进外商投资房地产备案工作的通知（商资函〔2015〕895号）

（三）境外投资外汇管理（4项）

63. 国家外汇管理局关于境内企业境外放款外汇管理有关问题的通知　汇发〔2009〕24号

64. 境内机构境外直接投资外汇管理规定　汇发〔2009〕30号

65. 国家外汇管理局关于境内银行境外直接投资外汇管理有关问题的通知　汇发〔2010〕31号

66. 国家外汇管理局关于境内居民通过特殊目的公司境外投融资及返程投资外汇管理有关问题的通知　汇发〔2014〕37号

（四）境外融资及有价证券管理（6项）

境外发债及上市

67. 国务院办公厅转发国家计委、人民银行关于进一步加强对外发债管理意见的通知　国办发〔2000〕23号

68. 国家外汇管理局关于境外上市外汇管理有关问题的通知　汇发〔2014〕54号

套期保值

69. 国有企业境外期货套期保值业务管理办法　证监发〔2001〕81号

70. 国家外汇管理局关于国有企业境外期货套期保值业务外汇管理有关问题的通知　汇发〔2013〕25号

其他

71. 国家外汇管理局关于调整境内发行B股和境外上市股票外汇专用账户的开立和募股收入结汇审批权限的通知　汇发〔1999〕380号

72. 中国人民银办公厅关于A股上市公司外资股东减持股份及分红所涉账户开立与外汇管理有关问题的通知　银办发〔2009〕178号

（五）证券市场投资外汇管理（14项）

境内证券市场投资外汇管理

73. 合格境外机构投资者境内证券投资管理办法　中国证券监督管理委员会　中国人民银行　国家外汇管理局令2006年第36号

74. 国家外汇管理局综合司关于绿庭（香港）有限公司减持 A 股资金管理有关问题的批复　汇综复〔2010〕58 号

75. 国际开发机构人民币债券发行管理暂行办法　中国人民银行　财政部　国家发展和改革委员会　中国证券监督管理委员会公告〔2010〕第 10 号

76. 人民币合格境外机构投资者境内证券投资试点办法　中国证券监督管理委员会　中国人民银行　国家外汇管理局令　2013 年第 90 号

77. 国家外汇管理局关于境外交易者和境外经纪机构从事境内特定品种期货交易外汇管理有关问题的通知　汇发〔2015〕35 号

78. 国家外汇管理局关于调整合格机构投资者数据报送方式的通知　汇发〔2015〕45 号

79. 合格境外机构投资者境内证券投资外汇管理规定　国家外汇管理局公告 2016 年第 1 号

80. 国家外汇管理局关于境外机构投资者投资银行间债券市场有关外汇管理问题的通知　汇发〔2016〕12 号

81. 中国人民银行　国家外汇管理局关于人民币合格境外机构投资者境内证券投资管理有关问题的通知　银发〔2016〕227 号

境外证券市场投资外汇管理

82. 商业银行开办代客境外理财业务管理暂行办法　银发〔2006〕121 号

83. 保险资金境外投资管理暂行办法　中国保险监督管理委员会、中国人民银行、国家外汇管理局令 2007 年第 2 号

84. 信托公司受托境外理财业务管理暂行办法　银监发〔2007〕27 号

85. 合格境内机构投资者境外证券投资外汇管理规定　国家外汇管理局公告 2013 年第 1 号

其他

86. 内地与香港证券投资基金跨境发行销售资金管理操作指引　中国人民银行　国家外汇管理局公告〔2015〕第 36 号

（六）外债及对外担保管理（19 项）

基本法规

87. 国家外汇管理局关于印发《银行外汇业务管理规定》等规章的通知

附件：境内机构借用国际商业贷款管理办法 [97] 汇政发字第 06 号

88. 外债管理暂行办法 国家发展计划委员会、财政部、国家外汇管理局令 2003 年第 28 号

89. 境内外资银行外债管理办法 国家发展和改革委员会 中国人民银行 中国银行业监督管理委员会令 2004 年第 9 号

90. 境内金融机构赴香港特别行政区发行人民币债券管理暂行办法 中国人民银行、国家发展改革委员会公告 2007 年第 12 号

91. 中国人民银行关于在全国范围内实施全口径跨境融资宏观审慎管理的通知 银发 [2016] 132 号

外债统计与管理

92. 外债统计监测暂行规定

93. 国家外汇管理局关于印发《银行外汇业务管理规定》等规章的通知 附件：外债统计监测实施细则 [97] 汇政发字第 6 号

94. 国家计委 中国人民银行 国家外汇管理局关于国有商业银行实行中长期外债余额管理的通知 计外资 [2000] 53 号

95. 国家外汇管理局关于调整我国外债口径及相关问题的通知 汇发 [2001] 174 号

96. 国家外汇管理局关于发布《外债登记管理办法》的通知 汇发 [2013] 19 号

97. 国家外汇管理局关于核定 2015 年度境内机构短期外债余额指标有关问题的通知 汇发 [2015] 14 号

担保

98. 国家外汇管理局关于发布《跨境担保外汇管理规定》的通知 汇发 [2014] 29 号

99. 中国人民银行公告 [2014] 第 13 号

100. 国家外汇管理局关于对部分非银行机构内保外贷业务实行集中登记管理的通知 汇发 [2015] 15 号

贸易信贷

101. 中国人民银行关于商业银行办理信用证和保函业务有关问题的通知 银发 [2002] 124 号

外汇贷款

102. 国家外汇管理局关于实施国内外汇贷款外汇管理方式改革的通知 汇发〔2002〕125号

103. 境内企业内部成员外汇资金集中运营管理规定 汇发〔2009〕49号

104. 国家外汇管理局关于境内企业外汇质押人民币贷款政策有关问题的通知 汇发〔2011〕46号

105. 国家外汇管理局关于印发《外债转贷款外汇管理规定》的通知 汇发〔2014〕5号

（七）个人资本项目外汇管理（14项）

资产转移

106. 《个人财产对外转移售付汇管理暂行办法》 中国人民银行公告2004年第16号

107. 《个人财产对外转移售付汇管理暂行办法》操作指引（试行） 汇发〔2004〕118号

108. 国家外汇管理局 外交部 公安部 监察部 司法部关于实施《个人财产对外转移售付汇管理暂行办法》有关问题的通知 汇发〔2005〕9号

109. 国家税务总局 国家外汇管理局关于个人财产对外转移提交税收证明或者完税凭证有关问题的通知 国税发〔2005〕13号

证券投资

110. 国家外汇管理局 中国证券监督管理委员会关于国内证券经营机构从事B股交易有关问题的通知 〔95〕汇管函字第140号

111. 中国证券监督管理委员会 国家外汇管理局关于境内居民个人投资境内上市外资股若干问题的通知 证监发〔2001〕22号

112. 国家外汇管理局关于贯彻实施《关于境内居民个人投资境内上市外资股若干问题的通知》中有关问题的通知 汇发〔2001〕26号

113. 国家外汇管理局关于境内居民投资境内上市外资股有关问题的补充通知 汇发〔2001〕31号

114. 国家外汇管理局关于贯彻实施《关于境内居民个人投资境内上市外资股若干问题的通知》中有关问题的补充通知 汇发〔2001〕32号

115. 国家外汇管理局关于境内居民个人外汇存款投资B股市场有关问

题的补充通知 汇发〔2001〕33号

116. 国家外汇管理局综合司关于境内个人投资B股购汇有关问题的批复 汇综复〔2011〕148号

117. 国家外汇管理局关于境内个人参与境外上市公司股权激励计划外汇管理有关问题的通知 汇发〔2012〕7号

118. 国家外汇管理局关于重庆长安汽车股份有限公司回购B股股份购汇额度等外汇管理事项的批复 汇复〔2012〕21号

外汇质押人民币贷款

119. 国家外汇管理局关于境内居民个人以外汇抵押人民币贷款政策问题的通知 汇发〔2003〕2号

四、金融机构外汇业务监管（40项）

（一）基本法规（5项）

120. 国家外汇管理局关于下发《银行外汇业务管理规定》和《非银行金融机构外汇业务管理规定》的补充规定的通知 附件：关于非银行金融机构外汇业务管理的相关规定 〔93〕汇业函字第83号

121. 非银行金融机构外汇业务范围界定 〔96〕汇管函字第142号

122. 关于规范金融机构同业业务的通知 银发〔2014〕127号

123. 国家外汇管理局关于修订《银行执行外汇管理规定情况考核办法》相关事宜的通知 汇发〔2015〕26号

124. 国家外汇管理局综合司关于印发《银行执行外汇管理规定情况考核内容及评分标准（2016年）》的通知 汇综发〔2016〕31号

（二）银行结售汇业务（14项）

银行结售汇业务

125. 国家外汇管理局关于境外黄金借贷和衍生产品交易业务外汇管理问题的批复 汇复〔2005〕253号

126. 国家外汇管理局关于银行贵金属业务汇率敞口外汇管理有关问题的通知 汇发〔2012〕8号

127. 银行办理结售汇业务管理办法 中国人民银行令〔2014〕第2号

128. 国家外汇管理局关于印发《银行办理结售汇业务管理办法实施细则》的通知 汇发〔2014〕53号

129. 中国人民银行关于外资银行结售汇专用人民币账户管理有关问题的通知　银发〔2015〕12号

银行结售汇头寸管理

130. 国家外汇管理局综合司关于调整银行结售汇综合头寸统计报表及报送方式的通知　汇综发〔2012〕129号

银行结售汇报表

131. 银行结售汇统计制度　汇发〔2006〕42号

132. 国家外汇管理局关于进一步规范银行结售汇统计管理有关问题的通知　汇发〔2008〕54号

133. 国家外汇管理局综合司关于将人民币购售业务纳入结售汇统计有关问题的通知　汇综发〔2010〕99号

134. 国家外汇管理局关于进一步强化国际收支核查工作的通知　汇发〔2011〕47号

135. 国家外汇管理局综合司关于调整银行结售汇统计报表及报送方式的通知　汇综发〔2012〕152号

136. 国家外汇管理局综合司关于调整银行结售汇统计报表相关指标的通知　汇综发〔2014〕65号

结售汇相关产品管理

137. 中国人民银行关于政策性银行为合格境外机构办理人民币贷款业务和货币互换业务有关问题的通知　银发〔2007〕81号

138. 国家外汇管理局关于合作办理远期结售汇业务有关问题的通知　汇发〔2010〕62号

（三）离岸业务（2项）

139. 离岸银行业务管理办法　银发〔1997〕438号

140. 离岸银行业务管理办法实施细则　〔98〕汇管发字第09号

（四）银行卡相关业务（2项）

141. 国家外汇管理局关于规范银行外币卡管理的通知　汇发〔2010〕53号

142. 国家外汇管理局关于银联国际有限公司承接银联卡境外业务相关外汇业务资质等事宜的批复　汇复〔2013〕125号

（五）不良债权（1项）

143. 国家发展改革委、国家外汇管理局关于规范境内金融机构对外转让不良债权备案管理的通知　发改外资〔2007〕254号

（六）银行相关其他业务（4项）

144. 中国人民银行关于内地银行与香港和澳门银行办理个人人民币业务有关问题的通知　银发〔2004〕254号

145. 国家外汇管理局关于中国银行福建省分行开办个人外汇保证金交易的批复　汇复〔2006〕95号

146. 国家外汇管理局关于交通银行开办代理境外分支机构开户见证业务的批复　汇复〔2010〕208号

147. 国家外汇管理局关于新台币兑换管理有关问题的通知　汇发〔2013〕11号

（七）保险公司（2项）

148. 国家外汇管理局关于印发《保险业务外汇管理指引》的通知　汇发〔2015〕6号

149. 国家外汇管理局综合司关于上线保险业务数据报送系统的通知　汇综发〔2015〕97号

（八）信托公司、金融资产公司及其他非银行金融机构（5项）

150. 中国人民银行关于金融资产管理公司外汇业务经营范围的通知　银发〔2000〕160号

151. 中国证券监督管理委员会　国家外汇管理局关于证券经营机构从事B股业务若干问题的补充通知　证监发〔2001〕26号

152. 国家外汇管理局关于外资参股基金管理公司有关外汇管理问题的通知　汇发〔2003〕44号

153. 国家外汇管理局关于汽车金融公司有关外汇管理问题的通知　汇发〔2004〕72号

154. 国家外汇管理局关于金融资产管理公司对外处置不良资产外汇管理有关问题的通知　汇发〔2015〕3号

（九）外币代兑机构、个人本外币兑换特许机构、自助兑换机（5项）

155. 国家外汇管理局关于印发《个人本外币兑换特许业务试点管理办法》的通知　汇发〔2012〕27号

156. 国家外汇管理局综合司关于规范个人本外币兑换特许业务和外币

代兑业务有关事项的通知　汇综发〔2015〕38号

157. 国家外汇管理局关于个人本外币兑换特许机构办理调运外币现钞进出境及外币批发业务的批复　汇复〔2015〕169号

158. 国家外汇管理局关于个人本外币兑换特许机构通过互联网办理兑换业务有关问题的通知　汇发〔2015〕41号

159. 国家外汇管理局关于印发《外币代兑机构和自助兑换机业务管理规定》的通知　汇发〔2016〕11号

五、人民币汇率与外汇市场（19项）

（一）汇价（5项）

160. 关于完善人民币汇率形成机制改革有关事宜　中国人民银行公告〔2005〕第16号

161. 关于进一步完善银行间即期外汇市场、改进人民币汇率中间价形成方式有关事宜　中国人民银行公告〔2006〕第1号

162. 关于扩大银行间即期外汇市场人民币兑美元交易价浮动幅度　中国人民银行公告〔2007〕第9号

163. 中国人民银行公告〔2014〕第5号

164. 中国人民银行关于银行间外汇市场交易汇价和银行挂牌汇价管理有关事项的通知　银发〔2014〕188号

（二）外汇交易市场（14项）

165. 国家外汇管理局关于加强对外汇市场监管规范办公程序的通知　〔95〕汇国函字第009号

166. 银行间外汇市场管理暂行规定　银发〔1996〕423号

167. 关于在香港办理个人人民币存款、兑换、银行卡和汇款业务的有关银行清算安排事宜　中国人民银行公告〔2003〕第16号

168. 国家外汇管理局关于在银行间外汇市场推出即期询价交易有关问题的通知　汇发〔2005〕87号

169. 非金融企业和非银行金融机构申请银行间即期外汇市场会员资格实施细则（暂行）　汇发〔2005〕94号

170. 中国人民银行关于加快发展外汇市场有关问题的通知　银发〔2005〕202号

171. 中国人民银行关于在银行间外汇市场开办人民币外汇货币掉期业务有关问题的通知　银发〔2007〕287号

172. 货币经纪公司外汇经纪业务管理暂行办法　汇发〔2008〕55号

173. 中国人民银行　国家外汇管理局关于停办外币清算业务有关事宜的通知　银发〔2009〕137号

174. 国家外汇管理局关于中国外汇交易中心在银行间外汇市场推出人民币对外汇期权交易的批复　汇复〔2011〕30号

175. 国家外汇管理局关于修订《银行间外汇市场做市商指引》的通知　汇发〔2013〕13号

176. 国家外汇管理局关于调整金融机构进入银行间外汇市场有关管理政策通知　汇发〔2014〕48号

177. 国家外汇管理局关于境外中央银行类机构投资银行间市场外汇账户管理有关问题的通知　汇发〔2015〕43号

178. 中国人民银行　国家外汇管理局公告〔2015〕第40号

六、国际收支与外汇统计（12项）

（一）国际收支统计综合法规（2项）

179. 国家外汇管理局　国家质量监督检验检疫总局关于在外汇业务工作中全面使用组织机构代码标识的通知　汇发〔2002〕24号

180. 国务院关于修改《国际收支统计申报办法》的决定　中华人民共和国国务院令第642号

（二）国际收支统计间接申报（5项）

181. 国家外汇管理局关于印发《境内银行涉外收付凭证管理规定》的通知　汇发〔2014〕19号

182. 国家外汇管理局关于印发《涉外收支交易分类与代码〔2014版〕》的通知　汇发〔2014〕21号

183. 国家外汇管理局关于印发《通过银行进行国际收支统计申报业务实施细则》的通知　汇发〔2015〕27号

184. 国家外汇管理局综合司关于印发《通过银行进行国际收支统计申报业务核查规则（暂行）》的通知　汇综发〔2015〕101号

185. 国家外汇管理局关于印发《通过银行进行国际收支统计申报业务

指引（2016年版）》的通知　汇发〔2016〕4号

（三）国际收支统计直接申报（4项）

186. 国家外汇管理局关于中资金融机构报送外汇资产负债统计报表的通知　汇发〔2009〕6号

187. 国家外汇管理局综合司关于调整中资金融机构外汇资产负债等报表报送方式的通知　汇综发〔2012〕136号

188. 商务部　国家统计局　国家外汇管理局关于印发《对外直接投资统计制度》的通知　商合函〔2015〕6号

189. 国家外汇管理局关于印发《对外金融资产负债及交易统计制度》的通知　汇发〔2016〕15号

（四）抽样调查制度（1项）

190. 国家外汇管理局关于印发《贸易信贷调查制度》的通知　汇发〔2016〕1号

七、外汇检查与法规适用（11项）

（一）办案程序（3项）

191. 国家外汇管理局外汇检查处罚权限管理规定　汇发〔2001〕219号

192. 国家外汇管理局行政处罚听证程序　汇发〔2002〕79号

193. 国家外汇管理局行政复议程序　汇发〔2002〕80号

（二）法律依据（3项）

194. 国家外汇管理局关于转发《关于骗购外汇、非法套汇、逃汇、非法买卖外汇等违反外汇管理规定行为的行政处分或者纪律处分暂行规定》的通知　汇发〔1999〕102号

195. 国家外汇管理局关于《中华人民共和国外汇管理条例》第七章法律责任部分条款内容含义和适用原则有关问题的通知　汇发〔2008〕59号

196. 对国家外汇管理局关于提请解释《外汇管理条例》法律责任有关条款的复函　国法函〔2012〕219号

（三）其他（5项）

197. 中国证监会、国家外汇管理局、国家工商行政管理局、公安部关于严厉查处非法外汇期货和外汇按金交易活动的通知　证监发字〔1994〕

165 号

198. 中国证券监督管理委员会 国家工商行政管理局 国家外汇管理局 公安部关于印发《关于贯彻中国证监会、国家外汇管理局、国家工商行政管理局、公安部〈关于严厉查处非法外汇期货和外汇按金交易活动的通知〉的会议纪要》的通知 证监发字 [1994] 196 号

199. 国家外汇管理局 国家工商行政管理局关于禁止国内私自以外币计价结算和禁止发布含有外币计价结算内容的广告的通知 [96] 汇管函字第 177 号

200. 国家外汇管理局、公安部关于严厉打击非法买卖外汇违法犯罪活动的通知 汇发 [2001] 155 号

201. 国家外汇管理局综合司关于非法网络炒汇行为有关问题认定的批复 汇综复 [2008] 56 号

八、外汇科技管理（8 项）

202. 国家外汇管理局信息系统代码标准化工作管理办法（暂行）汇综发 [2008] 162 号

203. 国家外汇管理局综合司关于信息系统代码标准化工作有关事项的通知 汇综发 [2009] 101 号

204. 国家外汇管理局综合司关于修订印发《国家外汇管理局信息系统代码标准管理实施细则》的通知 汇综发 [2011] 131 号

205. 国家外汇管理局 国家质量监督检验检疫总局关于修订印发《特殊机构代码赋码业务操作规程》的通知 汇发 [2014] 16 号

206. 国家外汇管理局综合司关于报送对外金融资产负债及交易数据、个人外币现钞存取数据和银行自身外债数据的通知 汇综发 [2014] 95 号

207. 国家外汇管理局综合司关于扩大企业联机接口服务应用范围的通知 汇综发 [2015] 35 号

208. 国家外汇管理局关于发布《金融机构外汇业务数据采集操作规程》的通知 汇发 [2015] 44 号

209. 国家外汇管理局关于发布《金融机构外汇业务数据采集规范（1.1 版）》的通知 汇发 [2016] 22 号

索　引

（按文件文号分类排序）

国家外汇管理局公告［2016］第 1 号 …………………………（209）
国家外汇管理局公告［2016］第 2 号 …………………………（ 1 ）
关于印发《关于对纳税信用 A 级纳税人实施联合激励措施的合作
　　备忘录》的通知
发改财金［2016］1467 号 ………………………………………（263）
关于印发《关于实施优秀青年志愿者守信联合激励加快
　　推进青年信用体系建设的行动计划》的通知
发改财金［2016］2012 号 ………………………………………（264）
印发《关于对海关高级认证企业实施联合激励的合作备忘录》的通知
发改财金［2016］2190 号 ………………………………………（266）
印发《关于对严重质量违法失信行为当事人实施联合惩戒的
　　合作备忘录》的通知
发改财金［2016］2202 号 ………………………………………（267）
印发《关于对财政性资金管理使用领域相关失信责任主体实施
　　联合惩戒的合作备忘录》的通知
发改财金［2016］2641 号 ………………………………………（211）
海关总署　商务部　税务总局　工商总局　质检总局　外汇局关于
　　进一步优化电子口岸企业入网资格审查流程的通知
署岸发［2016］165 号 …………………………………………（206）
中国人民银行　国家外汇管理局关于人民币合格境外机构投资者
　　境内证券投资管理有关问题的通知
银发［2016］227 号 ……………………………………………（248）
国家外汇管理局关于印发《贸易信贷调查制度》的通知
汇发［2016］1 号 ………………………………………………（ 21 ）

索　引

国家外汇管理局关于印发《通过银行进行国际收支统计
　　申报业务指引（2016年版）》的通知
　　汇发〔2016〕4号 ………………………………………………（41）

国家外汇管理局关于进一步促进贸易投资便利化完善真实性审核的通知
　　汇发〔2016〕7号 …………………………………………………（3）

国家外汇管理局关于印发《外币代兑机构和自助兑换机
　　业务管理规定》的通知
　　汇发〔2016〕11号 ………………………………………………（18）

国家外汇管理局关于境外机构投资者投资银行间债券市场
　　有关外汇管理问题的通知
　　汇发〔2016〕12号 ………………………………………………（254）

国家外汇管理局关于宣布废止失效14件和修改1件外汇
　　管理规范性文件的通知
　　汇发〔2016〕13号 ………………………………………………（13）

国家外汇管理局关于印发《对外金融资产负债及交易统计制度》的通知
　　汇发〔2016〕15号 ………………………………………………（42）

国家外汇管理局关于改革和规范资本项目结汇管理政策的通知
　　汇发〔2016〕16号 ………………………………………………（257）

国家外汇管理局关于规范货物贸易外汇收支电子单证审核的通知
　　汇发〔2016〕25号 ………………………………………………（208）

国家外汇管理局关于公布废止和失效27件外汇管理规范性文件的通知
　　汇发〔2016〕29号 ………………………………………………（15）

国家外汇管理局综合司关于印发《外汇行政许可和行政处罚信息
　　公开工作制度》的通知
　　汇综发〔2016〕59号 ……………………………………………（312）

国家外汇管理局综合司关于印发《国家外汇管理局2016年政务
　　公开工作要点及任务分工》的通知
　　汇综发〔2016〕73号 ……………………………………………（17）

国家外汇管理局综合司关于上海易兑外币兑换有限公司新增
　　外币电子旅行支票产品种类的批复
　　汇综复〔2016〕25号 ……………………………………………（20）